当代西方学术经典译丛

《存在论——实际性的解释学》，
  [德]马丁·海德格尔著，何卫平译

《思的经验（1910-1976）》，
  [德]马丁·海德格尔著，陈春文译

《道德哲学的问题》，
  [德]T.W.阿多诺著，谢地坤、王彤译

《社会的经济》，
  [德]尼克拉斯·卢曼著，余瑞先、郑伊倩译

《社会的法律》，
  [德]尼克拉斯·卢曼著，郑伊倩译

《环境与发展———种社会伦理学的考量》，
  [瑞士]克里斯托弗·司徒博著，邓安庆译

《文本性理论——逻辑与认识论》，
  [美]乔治·J.E.格雷西亚著，汪信砚、李志译

《知识及其限度》，
  [英]蒂摩西·威廉姆森著，刘占峰、陈丽译，陈波校

《论智者》，
  [法]吉尔伯特·罗梅耶-德尔贝著，李成季译，高宣扬校

《德国古典哲学》，
  [法]贝尔纳·布尔乔亚著，邓刚译，高宣扬校

《美感》，
  [美]乔治·桑塔耶纳著，杨向荣译

《哲学是什么?》，
  [美]C.P.拉格兰、[美]萨拉·海特编，韩东晖译

《海德格尔的道路》，
  [德]伽达默尔著，何卫平译（即出）

《论解释——评弗洛伊德》，
  [法]利科著，汪堂家、李之喆、姚满林译（即出）

《为濒危的世界写作——美国及其他地区的文学、文化和环境》，
  [美]劳伦斯·布伊尔著，岳友熙译

《文本：本体论地位、同一性、作者和读者》，
  [美]乔治·J.E.格雷西亚著，汪信砚、李白鹤译

《美的现实性——艺术作为游戏、象征、节庆》，
  [德]伽达默尔著，郑湧译（即出）

当代西方学术经典译丛

Texts:
Ontological Status, Identity, Author, Audience

文本：
本体论地位、同一性、作者和读者

[美]乔治·J.E.格雷西亚 著

汪信砚 李白鹤 译

人民出版社

目　录

Contents

中文版序

文本构成了一种基本的人类实在，没有文本，也就没有人类。既然人类是目前所知的生命中唯一会创作文本的生命，那么，就人之为人正在于其有创造文本的能力而言，与其把我们这个物种称为"智人"，倒不如称为"文本人"。

文本的重要性为所有的文化所公认，但是，直到最近人们才开始在哲学上有意识地去探究文本是什么以及文本如何发挥作用。对文本的这种兴趣是在 20 世纪后期发展起来的。甚至 20 世纪早期的语言哲学家们也错过了很多有关文本性的问题。

我们所经验到的和我们所做的任何事情都与文本有关。其原因很简单：我们的思考和交流都要通过文本。我们用文本在脑海中形成观念，我们通过文本将那些观念传达给他人。有一种常见的错误——认为文本仅仅只是笔头的，因为在我们的经验中，笔头文本是最显而易见的。但实际上，在我们思考时，我们使用着精神文本；在我们说话时，我们使用着口头文本；在我们用手势发信号时，我们使用的是手势文本。当我们试图理解概念时，我们是通过定义或描述来理解它的,而定义或者描述是在精神命题中成形的。我们的讲话是由口头语音和被用作指示符号的手势信号构成的,这些口头语音和手势信号,与精神命题或笔头文本一样,也是文本。

笔头文本之所以如此重要的原因之一在于:它们为我们交流、保存我们的思想和发现提供了一种便利的方式。精神文本不适用于交流的原因在于它们无法为他人所获得。口头文本和手势文本对于交流而言十分有用,但相较于笔头文本,口头文本和手势文本的存续十分短暂。直至最近,我们仍无法保存它们。一旦被说出或被演示出后,这个文本也就消失了。书写这一发现解决了这个问题,正是由于有了这一发明,人类文明才得以将知识世代相传,使得后代能够受益于前人的见识。

文本和所有形式的知识相关,但科学和哲学间的不同影响着这种相关。在科学中,新的发现通常超越和取代先前的发现。随着科学的发展,以前的一些理论会变得陈旧并且最终被摒弃,用来表达和陈述这些理论的文本也是如此。如今,不会再有人认为托勒密对于宇宙的看法是合理的。因此,人们也就没有什么动力去保存旧的科学文本,那些旧文本的价值仅仅在于作为历史珍藏品。

但是,哲学却很不相同。哲学观点并不会随着时间流逝而变得陈旧。现今,我们仍然认为亚里士多德和孔子的学说、柏拉图和孟子的学说具有重要的价值。实际上,哲学经典著作在课堂上、在哲学讨论发生的任何地方都生机盎然。哲学文本的持久价值来自这个学科的性质。没有哪种哲学理论曾被证明是错误的。哲学理论不会被取代,它们只会变得不流行和被冷落,但仅仅只在某个时期。我们可能会暂停讨论它们,例如,在20世纪后半期我们停止了对亨利·柏格森理论的讨论;但潮流之风往往又会吹向他们,例如,对柏格森思想的关注现今又在复兴。

哲学的这种独特特征使得文本对于哲学家而言普遍都很重要,然而并非任何文化都对年代久远的文本和这些文本所提出的观点有着相同的关注和敬重。在西方,对来自过去的哲学文本的敬重程度和使用程度都取决于相关的哲学传统。例如,对于托马斯主义和马克思主义而言,文本以及对文本的研究都是必不可少的,因为它们的传统都是建立在托马斯·阿奎那和卡尔·马克思的思想的基础上的,而阿奎那和马克思的思想仅仅只有通过保存它们的文本才能为我们所知。但是,其他的西方传统对文本并不怎么重视,它们仅仅对那些新近出现的文本有兴趣。例如,分析哲学家们对待年代久远的文本的态度与他们经常将自己与之类比的科学家们对待文本的态度非常类似:他们主要关注那些他们用以理解当代理论的当代文本,这些理论被提出是为了解答特定的哲学问题。他们并未感到有以文本为基础特别是以年代久远的文本为基础进行哲学探讨的必要。因此,他们并不重视文本,并不重视对文本的研究和解释。对于他们来说,哲学探讨并不需要文本,除了那些在这一探讨过程中被创作出来的文本。

在其他的传统中,情况又有很大的不同。在中国,对于哲学事业来说,经典文本被视为最为基础的东西。进行哲学探讨也就是在解释"过去",而这又是通过对文本的解释进行的,对文本的解释成为对文本的理解的来源。这里我们举出两类最重要的中国典籍——孔子和孟子的著作,对于中国哲学家来说,它们是极为重要的。原因之一在于,哲学并不被视为一种科学,而是一种文化反思,这就使得溯古思今成为必要。要理解"现在"就必须弄清"现在"何以产生,而要弄清"现在"何以产生,就只有回到"过去"、回到呈现"过去"的文本;通过这些文本,我们才能在"现在"中接近"过去"。我们今天所拥有的哲学观念是各种历史力量的结果,如果要超越那些观念,我们就必须理解各种历史力量,而理解各种历史力量的途径就是理解记录它们的文本。

正是因为在中国哲学中文本如此地重要,因而对于哲学家来说,知道文本是什么,知道它们如何发挥作用,都是必不可少的。这正是本书的目的,也是为什么这本书可能会被证明对于当今中国的哲学能有所帮助的原因。感谢汪信砚教授和李白鹤博士的精到翻译,使得本书能够出现在中国读者面前。非常感谢他们对我的著作的关注以及为翻译我的著作所付出的辛劳。我最大的愿望,就是这本书能够激发中国的哲学家们思考中国悠久灿烂的哲学传统所提出的文本性问题。

乔治·J.E.格雷西亚

纽约州立大学布法罗分校

2014 年 4 月 16 日

序　言

　　近年来,文本和文本性不仅是在文学界而且在哲学家们中都成为引发人们极大兴趣的源泉。文本在某种程度上一直都是哲学家们关注的焦点之一,因为哲学家们所关注的哲学观点都是用文本表达出来的。但是,最近哲学家们对文本感兴趣,不仅是因为文本所表达的观点,而且也因为"文本是什么"这一问题。近来,关于文本,除了有关理解和解释的传统认识论问题,文本的本体论地位、同一性及其与读者和作者的关系等问题也被提了出来。研究这些问题的文献已有很多而且其数量还在持续稳定增长,但迄今还没有这样的尝试:提出一种理论,以便为这些问题提供一个全面系统的解决方案。正因为如此,所以人们经常会在文献中发现一些看起来令人诧异的表述,这些表述与人们长期以来所持有的信念和相当普遍的常识相矛盾。我这本书的目的旨在采取一些步骤来改变这一状况,也就是对文本性问题进行整体考察,把它们看作相互关联的系列问题而不是把它们彼此隔绝起来考虑。

2

　　我所探讨的这些问题与我在《文本性理论》(1995)①一书中讨论的问题具有紧密的联系,但它们并没有重合。整个讨论分为四章,在这四章之前有篇导言,在讨论的最后加上了一个简短的结语。导言旨在列出这本书中所讨论的问题的样本,并且概述文本性理论的逻辑部分亦即在前一本书(即《文本性理论》——译者注)中所得出的一些结论。第一章依据在前面的研究中所形成的文本概念,对文本进行了一种本体论的描述。第二章转向同一性问题,探讨了各种不同的文本的同一性问题,并以对关于文本的识别和再识别的认识论论题的讨论结束。第三章和第四章讨论了读者、作者、它们的同一性、功能、它们与文本的关系等问题。最后,除了简短的结语之外,还列出了主要参考文献、与研究相关的人名索引和主题索引。参考文献列出了引文的来源以及其他的一些参考资料。相关的背景资料一般没有标明,但读者可以查阅《文本性理论》的参考文献,那份参考文献所包含的书目更为完整。

　　在准备这本书时,我用到了以下先前出版的资料:《文本及其解释》,载《形而上学评论》第 43 卷(1990 年),第 495—542 页;《文本及其解释》,见《哲学及其历史:哲学的历史编纂学中的问题》(奥尔巴尼:纽约州立大学出版社,1992 年),第 177—222 页;《可能存在没有历史作者的文本吗?》,载《美国哲学季刊》第 31 卷第 3 期(1994 年),第 245—253 页;《可能存在没有读者的文本吗?——读者的

----

　　①　即《文本性理论:逻辑与认识论》,该书已有中文版(汪信砚、李志译,人民出版社 2009 年 3 月版)。——译者注

身份和功能》，载《形而上学评论》第 47 卷（1994 年），第711—734 页；《作者与约束》，载《当代哲学》第 16 卷第 4 期（1995 年），第 23—29 页；以及《文本的同一性》，载《连锁》第 2 卷（1995 年），第 57—75 页。感谢以上这些期刊的编辑裘德·多尔蒂、尼古拉斯·瑞舍尔、皮特·雷德帕思、洛伦佐·皮纳以及纽约州立大学出版社社长威廉·伊斯门允许我使用这些材料。所借用的这些材料没有哪一样是没有经过实质性的加工改造而出现在本书中的。

　　我还要对那些通读了书稿或部分书稿并提出了有益批评和建议的人致以谢意。在他们当中，我特别要提到的是大卫·格里瑟姆、爱德华·宝斯、伊格那兹奥·安杰莱利、乔治·卢卡斯、詹姆斯·布恩、布鲁斯·里切巴赫，以及迈克尔·戈曼、杰里米·范托、威廉·艾尔文、肯尼思·肖克利、伊塞亚·阿伯西和丹尼尔·巴德威克。在本书写作期间，上面提到的最后六人在不同时期担任了我的研究助手，并在研究、校对以及对书中所提观点进行批判性分析等方面给了我帮助。我还要感谢肯尼思·施密茨、保罗·艾森伯格和雷加·伍德。前两人是 1994 年美国哲学协会东部地区分会年会期间专门专门讨论我的书《哲学及其历史》的会议上的评论人。他们提出的许多问题使我对本书中的一些观点进行了更深入的思考。而最后那位则出席了那次讨论会并且对我关于伪历史作者的概念提出了一些值得关注的问题。我对所有这些人的谢意难以尽述。

导　言

　　文本是个体的,还是普遍的,或者既是个体的又是普遍的?我们可以很容易地得出如下结论:我的那只猫吱吱或者我写下这些字所用的那支钢笔都是个体的。相应地,得出如下结论也不难:猫和钢笔都是普遍的。但是,对文本,我们能作出怎样的论断呢?与我们刚才所举的关于个体的和普遍的例子不同,文本看似既具有与个体相联系的一些特征,又具有与共相相联系的一些特征。一方面,文本是历史实体,在某个时间由某个作者在特定的环境下创作出来,由此像其他所有的历史实体一样,表现为个体的。然而,另一方面,它们看起来不仅仅能够例示(instantiation),而且能够多重例示。实际上,常常可以看到同一文本呈现出很多个例。以《堂吉诃德》为例。一方面,《堂吉诃德》的文本是一种特定环境下的历史实体,在17世纪早期由塞万提斯完成,因而它像所有其他类似的历史实体一样,表现为个体的;另一方面,《堂吉诃德》的文本看起来不仅能够例示,而且可以多重例示,比如图书馆里的那么多本《堂吉诃德》以及我办公室里的那本,都是它的个例。

2

《堂吉诃德》的例子将我们引向另一个问题，也就是同一性的问题。布法罗大学图书馆里有很多本标题为《堂吉诃德》的书，它们的作者都被认为是塞万提斯。但是，这些书却有着非常重要的不同：它们占据不同的时空；它们印在不同的打字稿上，印在不同硬度的纸上，每一页上的字数不相同，等等。但是，尽管有这些不同，我们仍然把这些不同的书册看作是同一文本的不同印本，而且，图书馆的使用者们识别出它们是同一文本的不同印本也不会有任何问题。于是，我们会问：什么使得它们是同一的？实际上，我们还可以提出一个更普遍的问题：什么使得文本是同一的？

一种可能的回答是从作者的角度作出的。但是，这种回答也有自身的问题，因为是否所有的文本都需要有意向和意识，这并不明确。"无限猴子定理"①中的猴子果真不能打印出一册《哈姆雷特》吗？这个例子看似牵强，但是，一只猴子偶然地在打字机上按下键盘打出诸如"火！"或"打扰了！"等类似的表述，这也并不稀奇或并非不可能。然而，我们的直觉告诉我们，文本在创作它们的人那里要有关于文本意义的意向和意识。文本是被用来表达些什么的。然而，猴子在敲击打字机的键时，它并没有这种要表达某种意义的意向，即便人们认为它有某种意向。电脑创作出的所谓的文本或者鹦鹉所作出的表述也是这样。但是，如果文本果真不需要有意向和意识，那么文本就不需要作者了。

在从读者的角度来考虑时，也产生了类似的问题。近来，

---

① "无限猴子定理"的具体表述版本很多，一种常见的表述是：让一只猴子在打字机键盘上随机地敲键，持续无限久的时间，必然能够打出莎士比亚的全部作品。——译者注

一些哲学家和文学批评家对"没有读者的文本不是文本"这种流传已久的观点提出了质疑。他们搬出了很多论据来说明文本不需要读者，或许其中最令人印象深刻的论据是一些作者声称自己在创作文本时并未考虑读者。例如，新小说派（*nouveau roman*）的实践者们就认为，写作者的目标就是写作，作者所写的是否被阅读实际上并不重要。由这一观点可以得出的结论是：对于作者而言，读者既不必要也不重要。如果果真如此，那么对于一个文本的存在或理解而言，对读者的考虑就既非必要也不重要。但是，"有其读者"看起来似乎是文本的本质要求，因为文本是被打算要被某人所理解的。这种印象如何解释上述的那些作者所持的观点呢？那些作者认为自己在创作文本时并未考虑任何人。

　　这四个问题足以概括本书将要进行的讨论。这些问题的提出，源于我们以看起来相互矛盾的方式考虑文本。我们既把文本看作是普遍的也看作是个体的，既看作是"一"又看作是"多"，既看作是有读者和作者的，又看作是没有读者和作者的。哲学家们对于自相矛盾是难以容忍的，至少在理论上是如此；他们的任务向来就是在我们所使用的概念框架中建立秩序、理解为什么和怎么样，并尽可能地消除矛盾。因此，文本向他们提出了挑战。不过，还应当看到，文本正是构成哲学的基本要素。一些人把文本看作是哲学的工具，把别的某些东西视为哲学本质必需的东西，却无视一个显而易见的事实：离开了文本，哲学也无法继续存在下去。如果哲学果真离不开文本，那么哲学家们对我们所提出的与文本相关的哲学问题进行探讨，就是明智的，或者甚至是必须做的。

　　这就是我在《文本性理论》和这本书中努力想解决的问

题。在前一本书中，我主要论述的是逻辑和认识论的问题，在这里，我转向讨论本体论、同一性、作者和读者。不同于当代哲学中的那些碎片化分析，我致力于提供一幅关于文本性的总体图景，因为在我看来，除非整体考虑，否则就不可能解决关于文本的这些错综复杂的问题。这种解决问题的方法在今天并不流行，但我认为没有别的方法能够达致哲学家们所追寻的那种关于文本性的理解。当然，采用这种解决方法也有危险，然而冒这些险是值得的，因为即使这里所提出的理论在最后看来仍然有其不足，但通过采用这种方法，我们能在论述的过程中对该理论想解决的问题获得更好的理解。为了防范这种解决方法的危险，我们必须牢记这些理论不是独断的，提出它们的目的是为了启发人们的思考。本书所提出的看法旨在建立一个能够对我们的经验作出解释的概念体系，而不是将这个体系强加于我们的经验。

我力图使我在本书中所持的观点独自成立①，但要充分地理解它们，还必须考虑它们的逻辑基础。下面是对相关逻辑基础的简要说明。②

Ⅰ. 文本的逻辑

我所使用的文本概念是把文本定义为一组用作符号的实体，它们被作者选择、排列并赋予意向，从而向一定语境中的特定读者传达特定的意义。这一定义表明文本是复杂的实

---

① 即不依赖于前一本书《文本性理论》的有关论证而成立。——译者注

② 《文本性理论》，第一部分。

体,并因此是由其他的实体构成的。它也表明,文本包括诸如表述、句子、段落和书之类的东西。《堂吉诃德》是一个文本,"2+2=4"、"火!"也是文本。

文本由符号构成。例如,"那只猫在垫子上",这句话就是由"那只"、"猫"、"在"等符号构成的。但是,符号本身又是由用以传达意义的实体构成的。因为这些实体构成符号,而符号构成文本,因而也可以说这些实体构成了文本。因此,"那只猫在垫子上"这句话就是由"那只"、"猫"、"在"等符号构成的,并且是由纸上构成这些符号的记号所构成的。

将构成文本的实体(ECTs)、构成文本的符号与文本本身区别开来,以及将文本和符号分别与构成它们的实体区别开来,是十分重要的。文本是由符号构成的,但是,文本和符号都是由用作传达意义的符号的实体构成的。因此,文本和符号与构成它们的实体之间的区别在于:后者在仅仅被视为实体时,是没有意义的,而文本和符号则与作者或使用者想通过它们传达的意义相关。文本与符号的区别在于这样的事实:文本总是由不止一个符号组成的,而且文本的意义至少部分地是构成文本的符号的意义的结果。相较而言,符号也可能是由其他一些符号构成的,但它们的意义并不是构成它们的符号的意义的结果,也并非部分地是构成它们的符号的意义的结果。①

构成文本的实体有意义仅当它们被用作符号并由此构成文本;仅仅考虑它们本身时,它们并没有意义,但当它们被用

---

① "sign"这个语词有很多常用的意义。例如,"sign"可能指的是张贴于某处的告示。但是,这不是我在这里所考虑的意义。

作或被视为符号时,它们就由此获得意义。符号就是那些被赋予意义的实体。纸上的记号所构成的句子"那只猫在垫子上"有意义,仅当这些记号被用作或被视为符号。

文本的意义本身是在一个文本被理解时我们所理解到的那个东西,由此它既与文本相关,也与理解行为相关。这个关于意义的概念保持一定的中立地位,允许文本的意义多样化;它可以与三种最常见的关于意义的观点相协调并避免它们各自所面临的困难。这三种观点就是指称论、观念论和功能论。上述关于意义的概念能够与指称论相协调,是因为文本的意义可以被理解为当我们理解文本时我们所理解到的事情或事态;能够与观念论相协调,是因为文本的意义可以被理解为文本所表达的观念;能够与功能论相协调,是因为文本的意义可以被视为文本借以实现的特定功能。

文本的首要功能是传达意义,并不意味着传达意义是文本的唯一功能。文本除了产生理解之外,经常可以起别的作用,但在起别的作用时它们也必须产生理解。对于一个文本可以具有的其他任何功能而言,产生理解是一个必要条件,即使在作者或使用者的意向中某种其他的功能才是首要的。

这一关于文本的定义使得另一个关于文本的重要观点也变得清晰了,这就是:文本总是以某种意向为前提的。除非这一原则被接受,否则对文本的使用就没有意义。但是,意向不应被混同于对意向的内容的充分意识或对意向的充分意识。一个人可能没有充分意识到某个文本的意义,却有着去传达它的意向。一个人可能没有充分意识到传达意义的意向,但却意欲去传达意义。

由文本的这一定义,我们可以得出的一个重要推论是:文本是约定的实体。文本的约定性是指文本的意义与构成文本的实体之间的关系，因为构成文本的符号的意义与构成文本的实体之间，或文本的意义与那些实体之间并没有自然的语意联系。它们之间的联系来自那些将构成文本的实体用作文本的符号和构成要素的人所建立的约定。符号与意义之间的联系不是自然的，在此意义上，符号从来都不是自然的。符号排列的语义意义以及语境的作用也都具有这种约定性特征。

语境虽非文本的构成要素，却能够影响文本的意义。某些语境可能很大程度上取决于正被讨论的文本的类型，而其他的一些则不是这样。语境的重要性可以由这样的事实表现出来：比如，文本是作者有目的地面向某些特定读者的，并且因此而设定了某种语言，等等。语境的重要还可以由这样的事实体现出来，即大多数文本都是省略的，因而意味着要通过那些不是文本的构成要素并且仅由读者在一定的语境中提供的添加物来完善。文本对语境的依赖，并不意味着它们同等程度地依赖于语境或者它们以几乎相同的方式依赖于语境。不同的文本将会以不同的方式不同程度地依赖于语境。

我所提出的文本定义最为重要的影响之一是：它相当可观地缩小了文本性的范畴，排除了各种被近来的解释学家、文学评论家和语言哲学家们认为是文本的东西。文本构成了一个关于实体的限定范畴，这些实体具有特定的用途、被用以传达意义，还要服从与作者、读者和语境相关的严格条件。同时，我所提出的文本概念对被用作构成文本的符号的实体的选择给予了充分的自由。实际上，这两者间的混淆——文本与构成文本的实体间的混淆——至少部分地要为将文本的范畴错误地延伸至那些实际上并不是文本的实体负责任。

这一定义也使我们有可能区分文本的范畴和其他有时与文本相混淆的范畴,如语言、人造物、艺术客体和作品等范畴。大多数文本是由属于自然语言的符号组成的,这些符号的排列遵循着在自然语言中起作用的规则,但文本不是语言。文本不是由规则构成的,而语言则部分地是由规则构成的。文本有着确定的结构,语言则没有。文本具有历史确定性,而活的语言总在持续不断地发生着变化。文本在逻辑上以语言为前提,语言却并不在逻辑上以文本为前提。文本有着特定的目的,而语言,除了人工语言外,并没有特定的目的。大多数文本都有可以确认的作者,而自然语言的作者是无法确认的。最后,文本拥有读者,语言则没有。

将文本与语言相混淆可能会得出这样的结论:文本,像大多数的语言一样,是灵活可变的,它没有严格的同一性条件,并且是独立于作者和读者的。但事实上,文本比语言少一些灵活性,它有着确定的结构,通常还拥有可以确认的作者和读者。因此,那种认为文本缺少定义和限定的结论是错误的。这就是为什么理解文本与语言之间的区别是很重要的原因之一。当然,还需指出的是,语言与文本的区别并不意味着文本在语义上不是灵活可变的,也不意味着文本在各个不同的方面都不独立于其作者和读者;它仅仅意味着,即使文本果真如此,也不是因为它们是语言或类似语言的东西。

文本也不应与人造物相混淆。文本与人造物的混淆也是可以理解的,因为文本总是人造的,因而与人造物共有一些基本特征。人造物是这样的实体:它们是有意向的活动和计划的产物,或不是有意向的活动和计划的产物,但它们或它们的语境经历了一些变化,二者中的任一变化都是有意向的活动和计划的产物,而这个人造实体必须被置身于发生这种变化的语境而不是脱离该语境来加以考虑。

艺术客体的范畴与此类似。尽管一些艺术客体可能是文本,但并非所有的艺术客体都是文本,也并非所有的文本都是艺术客体。某个东西是艺术客体,它就必然是人造物,并且必然能够引起某种艺术体验。把艺术客体与文本联系起来的首先条件是,像艺术客体一样,所有的文本都是人造物。但是,并非所有的文本都能够引起某种艺术体验。能够引起艺术体验的客体要能满足两个条件:它们必须被视为人造物,并且能引起某种审美体验。因此,成为一个艺术客体的条件包括:是一个人造物,被视为人造物,被视为能够引起某种审美体验。艺术客体并不必然是由符号构成的,即使它们的目的在于传达意义,它们的首要功能仍然与引起某种艺术体验有关。相较而言,文本不需要既被视为人造物又被视为能引起艺术体验,即使它们像艺术客体那样具有人工性、有作者和读者。

最后,文本不应与作品相混淆。作品是某些文本的意义。并非所有文本的意义都是作品;作品是这样一些文本的意义,某种文化将其视为作品,是因为它们符合由这种文化发展起来的一定的标准。这意味着并没有那种普遍的规则,在所有的时刻和地点都能用于确定究竟是什么构成了一部作品。文本的长度、创作文本所付出的努力程度或者允许出现多种并相互冲突的解释的事实,都不能用以确定哪些文本存在着与之对应的作品。作品的概念是以一定的文化为先决条件的,它是由特定的文化赋予某些文本的功能所决定的。

文化功能这一概念的引入很自然地带来了这样的考虑:依据文本所具有的功能将它们划分为不同类型的文本。功能不仅在确定某个文本的意义是否构成作品时起着重要作用，而且在文本的理解和解释中也起着重要作用。

功能可以以许多不同的方式来理解，这里主要涉及其中的两种。第一种是关于语言功能的观念。文本具有语言的特征，文本的某些功能就源于这一事实。像语言一样，文本可以用以告知、指示、表达、评价和执行。文本的文化功能虽然不是最基本的，但其同样十分重要，这一功能并不源于文本的语言本质。文本的文化功能取决于各种不同的文化现象以及它们如何影响文本的用途。因此，文本可以被划分为：法律的、文学的、哲学的、科学的、宗教的、历史的、教育的、忏悔的、娱乐的、启示的、备忘的等。所列出的这些不同的功能都不被看作是彼此排斥的。文本可以在不同时间或同一时间实现不同的功能，这取决于许多相当不同的因素。这些范畴也没有穷尽文本的所有功能，因为它们依赖于许多会随着环境的改变而变化的因素。

文本也可以依据形态进行分类，划分为现实的、意向的或理想的。现实文本是存在于解释者头脑之外的文本。它包括历史文本、当代文本和中间状态的文本。历史文本是历史作者实际已创作出来的文本，不论我们是否拥有它。当代文本是我们可以按其由以产生的原始语言加以使用的文本；有的时候，当某个历史文本被完整地保存至今时，其当代文本和历史文本就是相同的。中间状态的文本，既不是我们实际拥有的文本也不是历史文本，而是在某一时期存在过的、在当时作为读者的当代文本起过作用的文本。意向文本被认为是作者意欲创作却没有创作出来的文本，尽管我认为这种对意向文本的理解是不合情理的。意向文本不过是一组关于文本及其

意义的模糊观念和意向。最后,理想文本是解释者认为历史
作者应当创作出来的文本。

Ⅱ. 总体纲要

　　为了方便我在这本书中提出的关于文本的问题的讨论,
我将这些问题划分为四组,分别涉及本体论地位、同一性、作
者和读者。每一组都用单独的一章进行讨论。

　　本体论力图根据一些基本的范畴形成一种关于世界的图
像。例如,实体—偶性本体论(a substance-accident ontology)
将会告诉我们世界是由实体和偶性构成的,并力图解释两者
之间的关系。但是,拒斥实体的本体论会致力于用别的术语
来描述现实。而且,本体论力求说明和解释存在的最基本的
属性之间的关系,诸如统一性、同一性、相似性等。

　　如果本体论是上述这种普遍研究,那么,本体论的描述就
包含着将被研究的东西在一个普遍的范畴图像中予以定位。
例如,人们可能会问,被讨论的这个东西是一个实体还是一个
特征。接着,人们还会问,什么是实体,它与特征之间的关系
是什么。将人定义为没有羽毛的两足动物不属于本体论的内
容,但确定人究竟是实体还是特征束(bundles of features)却
是本体论的内容。

　　文本提出了人们在进行本体论研究时可能会提出的基本
问题中的大多数问题。例如,人们可能会问,文本是实体还是
特征,什么是文本的同一性的基础,等等。但是,我准备主要
围绕下述范畴来开展文本的本体论研究:普遍性、个体性、物
理性、聚合特征、实体性、存在和所在。我也讨论了文本的历

史性。

另一个问题与同一性相关。我以"相同"和"相异"为框架来对这个问题展开论述。简而言之，这个问题与文本的相同和相异的充分必要条件的确定相关。因为我认为文本可以是普遍的也可以是个体的，而相同和相异又是以时间性为条件的，因而我对同一性的问题作了相应的划分。因此，我探讨了普遍文本和个体文本的无时间性的相同、共时性的相同和历时性的相同。在这一分析中所得出的结论，稍作修改后显然也可用于关于文本相异的讨论。

在关于同一性的那一章中还提出了其他的两个问题。它们是认识论的问题，涉及文本的识别和再识别。识别是指认识者能够通过把某个东西与其他东西区别开来而将其挑选出来的过程。"再识别"则是指两次或多次识别。

另一系列的问题与文本的作者和读者有关。就作者而言，我探讨的问题涉及同一性、功能、作者的必要、约束特性和主体性。我还讨论了四种类型的作者：历史作者、伪历史作者、复合作者和解释作者。

对读者的考察提出了许多有趣的哲学问题。我首先探讨了同一性的问题，接着讨论了读者的功能、读者的必要、读者的颠覆和约束特性。正如对作者的分类一样，对读者也可以按照许多不同的方式进行分类。我明确地讨论了以下五类读者：作为读者的作者、意向中的读者、同时代的读者、中间状态的读者以及当代读者。

心中有了开场白所指明的总方向，我们现在就可以转向本书更为实质性和更为具体的部分。我的讨论就从本体论地位开始。

第一章　本体论地位

　　本体论是研究存在并寻求建立关于它的最普遍范畴的哲学分支。将这些范畴应用于某物就是确定该物的本体论地位。哲学家们已经确定了许多这样的范畴。例如，亚里士多德就确定了其中的十个，而且从那时起，其他的一些哲学家一直在往这十个范畴中添加或减去一些范畴。① 但是，就我们的讨论目的而言，我相信我们有必要考察的是这四对范畴：个体的—普遍的、物理的—非物理的、实体—特征、聚合—非聚合。我之所以挑选这些范畴是因为它们经常在哲学上被使用，而且至少其中的一些曾被应用于文本。② 这里我们将要着手进行的对文本的本体论地位的确定，将包含着对这些范畴应用于文本是否合适的考察。需要指出的是，使用这些范畴并不意味着我认可这些范畴。关于这些范畴的可行性，哲

---

　　① 亚里士多德自己并未固定为十个——这个数字总是在变化的——但是，在《范畴》(*Categories*)中他列出了十个。见 1b25，第 8 页。

　　② 其他的用以形容文本的本体论地位的范畴有行为、事件、过程、可能性、组合等。见本章的第五部分和注释 37。也可见利科 (Ricoeur)：《文本的模式：作为文本的富有意义的行为》("The Model of the Text: Meaningful Action Considered as a Text")。

学家们有着相当大的分歧,因此,我也无法在专注研究别的东西的过程中解决这些问题。

在上述范畴中,最一般的本体论范畴是个体性和普遍性,由于这个原因,在近来的文献中,本体论地位通常被用来指这两个范畴。但是,在这里,我将不仅仅讨论个体性和普遍性的问题,也会讨论物理性、实体性和聚合特征问题。另外,由于本体论与"是"(being)相关,我们也将提出关于存在(existence)、所在(location)和历史性的问题。

文本是一组用作符号的实体,它们被作者选择、排列并赋予意向,从而向一定语境中的特定读者传达特定的意义。这就使得文本是人造物,是在某种语境中在一定的实体和意义之间约定俗成地建立起联系的产物。文本也就是具有某种意义的构成文本的实体(ECTs),作者想通过这些实体传达这一意义。就文本的本体论而言,这一结论的最重要之处在于:文本是一组与意义相关的实体,因此,文本的本体论地位,和那些与意义具有约定性联系的实体的本体论地位是相同的。①文本既不是脱离意义的 ECTs、脱离 ECTs 的意义、ECTs 与意义之间的关系,也不是 ECTs 与意义的联系在其中建立起来的语境。

这一论点中并没有什么奇怪之处,从下面的例子可以很清楚地看到这一点。考虑一块被用作压纸石的石头。显然,在本体论上,石头和压纸石仅仅在用途上不同,而用途又是由石头与使用者之间的关系建立的。石头和压纸石都有一定的

---

① 但是由此并不能得出像某些哲学家所提出的那种观点,即文本是关系。

重量、颜色等。它们之间的不同在于：被视为石头，这是离开了它与用它去压纸的使用者之间的关系来看待它；而压书石则被视为某人用以压纸的石头。同样地，一个文本在本体论上是构成它的实体（ECTs），既然 ECTs 仅仅被看做是缺少意义的实体，那就除非是被视作文本的 ECTs 与缺失的意义有某种关系。构成文本的纸上记号，如果离开意义来看待它们，它们就并非文本，而不过是纸上的记号。

有人可能会认为，对文本的本体论地位的确定，所涉及的基本问题是对构成文本的实体的本体论地位的确定。但这并不十分确切，因为意义本质上与文本相关。因此，如果我们想提供一种令人满意的关于文本的本体论描述，我们必须考察意义的本体论地位以及 ECTs 与意义之间的那种关系。

Ⅰ．文本是个体的还是普遍的

就我们关于文本的讨论而言，涉及文本的个体性和普遍性，有两个相关的问题可以被提出。第一个问题涉及文本是个体的还是普遍的。第二个问题仅在如果在第一问题的回答上我们得出结论认为存在着个体文本时才会被提出；它想要确定文本的个体性的充分必要条件。

某物是个体的，当且仅当它是某个可例示的东西的一个个例，而且这个个例是不可例示的，而共相则是可以加以例示的，也就是说，它们是能够例示的。① 例如，"皮特"是个体的，

————————

①　格雷西亚（Gracia）：《个体性》（Individuality），第 45 页及以下诸页。

因为他是人类的一个个例,但其本身又是不可例示的。"皮特"是一个不可例示的个例。相较而言,"人类"则是普遍的,因为它可以被例示,它的确可以在皮特、玛丽等人身上例示。"这种白颜色"(不可例示的个例)与"白颜色"(可例示的)之间的情形亦然。

于是,关于文本的个体性和普遍性,我们必须论述的第一个问题就是:文本是不可例示的个例还是能够例示的? 如果是前者,那么它们就必须被视为是个体的;如果是后者,那么它们就是普遍的。

个体文本与普遍文本之间的区别相当于皮尔士对于殊型(token)和类型(type)的区别。① 在一个诸如"A 是 A"的真同一句(a true identity sentence)中,词项(term)和表达式如果既能放在系词之前又能放在系词之后,那么它们就是作为类型(type)起作用的。在这种情况下,"A"代表着类型,这个句子意指这个普遍的 A 与其自身是同一的。而当词项和表达式不能满足该条件时,它们就是作为殊型(token)起作用的。在这种情况下,"A 与 A 是同一的"就可能为假,因为句子开头的个体 A 与结尾的个体 A 不是同一个体。"殊型"和"类型"的概念是"个体的"与"普遍的"概念的子范畴。殊型是个体的符号或文本,类型则是普遍的符号或文本。某个文本是一个"类型",是因为它是具有许多作为个例的殊型文本的那类文本;某个文本是一个"殊型",则是因为它是某个文本类型的不可例示的个例。每个殊型都只出现一次,但数个殊型可

---

① 并不是每个人都同意这一论断。见马戈里斯(Margolis):《艺术作品的本体论特性》("The Ontological Peculiarity of Works of Art"),第 47 页。关于皮尔士(Peirce),见《论文集》(Collected Papers)第 4 卷,第 537 页。

以属于同一类型。这样,"殊型"和"类型"的概念就只适用于在语义上有意义的对象。然而,"个体的"与"普遍的"概念适用于所有类别的对象。谈殊型文本或个体的文本,这是指相同的东西;谈类型文本或普遍的文本,也是如此。

个体的东西不应被仅仅等同于实体(substances),共相不应仅仅等同于特征(features),尽管这些范畴在哲学论文中时常互换使用。① 它们之所以被混淆,是因为实体是在我们的经验中能被找到的最显而易见的关于个体的例子。但是,在哲学史上,特征能够并且经常地被视为是个体的。②

使用亚里士多德的区分标准,实体既不能述说其他某个事物也不能存在于其他某个事物里。③ 这样,"能作谓项"和"能存在于其他某个事物里"就是将实体和它的特征区分开来的标准。与此不同,"个体的"和"普遍的"之间的区分与是否可例示有关,而且这两个范畴都可以应用于实体:那只名叫"吱吱"的猫便是个体的实体的例子,而猫则是普遍的实体的例子。同样,尽管吱吱衣服的黑颜色是一个特征,但是,人们既可以把它作为黑颜色的个例(吱吱衣服这一个体的黑颜色)来谈论,也可以把它作为可例示的黑颜色(吱吱衣服这种普遍的黑颜色)——吱吱衣服的黑颜色是它的一个个例——来谈论。

---

① 参见卡斯坦内德(Castaneda):《个体化和不同一性》("Individuation and Non-Identity"),第 132b 页;布格(Bunge):《个体是什么?》("Que es un individuo?"),第 123 页。

② 大多数 12 世纪后的经院哲学家都是这么认为的。例如,见苏亚雷斯(Suarez):《形而上学的争论》(*Disputationes metaphysicae*) Vol.5,1,4 和 5,7;见格雷西亚译本的第 32、139 页。

③ 亚里士多德:《范畴》(*Categories*) 2a11,第 9 页。

之所以有必要提出文本的个体性或普遍性的问题，是因为：从表面上来看，文本究竟是个体的还是普遍的，这并不清楚。不像前面所举出的关于共相和个体的例子，文本看起来有一些与个体相联系的特征，也具有共相所特有的一些特征。① 一方面，文本是历史的，是个体的作者在某一时间、在一系列特定的环境下的行为的结果，因此，就像其他的历史实体一样，它会被视为是个体的。另一方面，文本看起来不仅能够例示，而且能够多重例示。考虑《堂吉诃德》的文本的例子。这个文本是一个历史实体，在 1605 年到 1615 年间由塞万提斯发表，因此，它看起来和其他的历史实体一样是个体的。但是，《堂吉诃德》的文本表现出不仅能够例示，而且能够多重例示，因为在图书馆和其他的一些地方有许多本《堂吉诃德》。

从表面上来看，文本表现为既是个体的又是普遍的，在这一意义上，文本与艺术客体非常相似。② 这是因为，艺术客体

---

① 参见艾耶尔（Ayer）:《个体》（"Individuals"），第 1 页及以下诸页，以及我在《个体性》（Individuality）第 58—60 页的讨论。

② 关于艺术客体的本体论地位问题有着大量的讨论，见泽迈克（Zemach）:《嵌套》（"Nesting"），第 296 页及以下诸页；格雷西亚（Gracia）:《个体性》（Individuality），第 102—103 页；沃尔特斯多夫（Wolterstorff）:《走向艺术作品的本体论》（"Toward an Ontology of Art Works"），第 115 页及以下诸页；马戈里斯（Margolis），《艺术作品的本体论特性》（"The Ontological Peculiarity of Works of Art"），第 45—50 页；还有英伽登（Ingarden）的《艺术的文学作品》（The Literary Work of Art）整本书都在讨论这个问题。沃尔特斯多夫的观点是：艺术客体是"类（kinds）"（如普遍物）。马戈里斯（Margolis）的观点是：它们是存在于物理对象中的某个类型（type）的殊型（token）。英伽登提及理念概念。我也在《个体性》一书中指出艺术客体的本体论地位很大程度上依赖于人们对"艺术客体"的理解，类似的观点也适用于文本。口头文本的说出与文本之间的联系方式，看起来类似于某个音乐片段的演奏与该片段之间的联系方式。

看起来是个体的,同时,它们不仅能够例示,甚至能够多重例示。例如,毕加索的《格尼卡尔》(*Guernica*)的原稿在西班牙的一个博物馆里,但是在许多不同的地方有很多它的复制品,其中包括我办公室里保存的我的一个女儿从西班牙寄给我的一张明信片。就这些复制品中的一些可能很难与原稿区分开来而言,我们难道不能说它们是原稿的个例,并由此说毕加索的《格尼卡尔》是能够例示的因而是普遍的? 然而,《格尼卡尔》的原稿是一个历史的人造物,仅仅在某个时间某个地方存在,而且具有通常是与个体相联系的所有那些特征。

文本的情况就更加让人迷惑了,因为就文本本身而言,文本的原始印刷与后来因各种目的和意图的印刷,似乎是无法区分的。① 换言之,尽管有人会说这一次印刷与那一次印刷是不同的,但这些印刷的文本仍会被视为是相同的。那么,文本究竟是普遍的还是个体的?

我对这一问题的回答是:关于文本是个体的还是普遍的争论来自一种混淆。不同的人对于文本是个体的还是普遍的问题作出了不同的回答,源于他们对文本的不同看法。文本是复杂的,而且是由用作传达意义的实体(ECTs)构成的。但是,正如我们将会在第二章中清楚地看到的那样,并非任何人都这样看待文本。一些人将文本等同于 ECTs,而另外一些人将文本等同于它们的意义。这就导致了关于文本是个体的还

---

① 正如坦塞勒(Tanselle)在《文本批评的基本原理》(*A Rationale of Textual Criticism*)第 51 页所指出的那样,没有哪两个印刷文本是完全相似的,甚至当它们使用相同类型的字体时。但是,我在这里对这种不同并未给予关注,因为这种不同在现实中不会引起我们对文本的同一性的质疑。实际上,我认为字体的不同(例如,安色尔字体与哥特式字体)也不会改变文本的同一性。更多的讨论见第二章。

是普遍的问题上的不同看法，因为 ECTS 和意义二者是否都可以既是个体的又是普遍的，或者如果是这样的话，它们是否总是既是个体的又是普遍的，这些都不是显然明了的。我认为，一旦弄清楚了什么是文本，关于文本的个体性和普遍性的难题也就能够得到解决。① 我觉得有必要从 ECTs 的个体性和普遍性开始讨论。

A. ECTs 的个体性和普遍性

ECTs 可以是普遍的或个体的。任何能够作为一个实体起作用的东西，都和其他的实体一起，被用作传达意义的符号。而且，我假定个体性和普遍性的范畴是共同穷尽且互相排斥的(jointly exhaustive and mutually exclusive)，所以任何单一的东西或者是个体的，或者是普遍的，但不可能是两者都是。ECTs 可能还有很多种。例如，可能有物理的和精神的 ECTs，但这不应使我们混淆我们所讨论的实体的个体性或普遍性。文本的意义也不应与它的 ECTs 的共相相混淆。普遍的物理的 ECTs 有着物理的(例如，写出来或说出来的)不可例示的个例；普遍的精神的 ECTs 有着精神的(例如，想象的)不可例示的个例。但是，普遍的 ECTs 并不是个体的 ECTs 在用作文本时被认为传达的意义，而是这些物理个体或精神个

---

① 一些文本批评家采用了一种完全不同的策略；他们似乎是将类型或共相等同于作品，把殊型或个体等同于文本。例如，见麦克拉弗蒂(McLaverty)：《艺术的文学作品的存在模式》，第 83—86 页。希林斯伯格(Shillingsburg)看似是把共相等同于作品和它的个例，等同于他所说的物质文本(material texts)。见《作为事件、概念和行为的文本》("Text as Matter, Concept, and Action")，第 75、81 页。我的方案中没有采用上述观点。

体的类型。这可以通过下列文本来加以说明：

1. $2+2=4$

2. $2+2=4$

3. Two and two make four.

4. Two plus two equals four.

5. Dos y dos son cuatro.

在文本1—5中我们有五组个体的 ECTs，它们仅仅对应四组普遍的 ECTs（因为1和2在类型上是相同的）。① 文本1—5的 ECTs 例示了四个不同的共相：一个由数学符号构成（1和2），两个由英语单词构成（3和4），还有一个由西班牙语单词构成（5）。类似的论述也可以用于相应的口头的或精神的文本所对应的口头的或精神的 ECTs。口头的 ECTs 由我们在说出文本时所发出的声音构成，精神的 ECTs 是我们在想象文本时脑海里的形象。因此，这样的各组物理的或者精神的 ECTs 并没有单一的共相，即使它们具有相同的意义。

从以上的讨论可以很明显地看出：将 ECTs 归类为普遍的和个体的，与将命题按照逻辑标准归类为全称的和单称的，是毫不相关的。考虑下列命题：

6. 所有的S是P。

7. 所有的S是P。

8. 某个S是P。

9. 某个S是P。

---

① 3和4的意义是否相同，这可能涉及许多问题，但即使它们不是相同的，这也不会给我的观点带来很大的影响，因为这些问题只是关于这些例子的，而不涉及这些例子所要阐明的观点。

根据逻辑标准归类,6 和 7 是全称的,8 和 9 是单称的。但按照我们的分类,6—9 的 ECTs 都是个体的。然而,文本 6 和 7 都是同一个可以例示的共相"所有的 S 是 P"的个例。文本 8 和 9 也是如此,它们都是共相"某个 S 是 P"的个例。因此,在 6—9 中我们有四组个体的 ECTs,它们是仅仅两组普遍的 ECTs 的个例。

总之,构成文本的 ECTs 可以是个体的或普遍的。但是,意义的情况又如何呢? 我们要解决文本的个体性或普遍性的问题,就必须先考察意义的个体性和普遍性。

B. 意义的个体性和普遍性

意义是文本性的必要条件,但是文本并不被等同于它们的意义。文本的意义是我们在理解文本时所理解到的东西。例如,"2+2＝4"的意义就是二加二等于四。但是,这并没有告诉我们意义是个体的还是普遍的。

意义的本体论地位是哲学上争论最多的问题之一,因此,想在这本关于文本的书中我所能给予的有限篇幅内解决这一问题,有点自以为是。尽管如此,对意义的本体论地位,我们也必须进行一些讨论,以使得我正详细阐述的文本性理论不至于残缺不全,但我在这里所述的只是一个尝试性的探讨。

在回答文本的意义是个体的还是普遍的问题上要取得一些进展,方法之一是考察一些例子。当然,意义并不仅限于文本。例如,单词也有意义,而根据我所提出的对意义的理解,"白"的意义就是白。但在这里,我仅仅关注文本的意义。让我们从考虑下列文本开始:

10. 猫是哺乳动物。

11. 小猫吱吱是哺乳动物。

12. 天使是无形的。

13. 天使加百利是无形的。

14. 精神形象可以非常生动。

15. 乔治所拥有的精神形象非常生动。

这样,10—15 的意义如下:

10m. 猫是哺乳动物。

11m. 小猫吱吱是哺乳动物。

12m. 天使是无形的。

13m. 天使加百利是无形的。

14m. 精神形象可以非常生动。

15m. 乔治所拥有的精神形象非常生动。

对意义 10—15 的考虑必然会得出这样的结论:意义可以是普遍的或个体的。意义 10m、12m 和 14m 是普遍的,因为它们不涉及任何个体的猫、天使或精神形象,而是涉及每一个猫、天使和精神形象。与此相对照,意义 11m、13m 和 15m 是个体的,因为它们涉及的仅仅是个体的猫、个体的天使和个体的精神形象。11、13 和 15 的意义与不可例示的个例"吱吱"、"天使加百利"和"乔治所拥有的精神形象"有关。简言之,这些例子表明文本的意义可以是普遍的或个体的。

人们可能会从多个方面质疑这一结论。例如,有人可能会认为,说意义是普遍的或个体的显得非常奇怪。而且,如果意义是普遍的或个体的,它们为什么也没有我们平常归于事物的那些特征。例如,为什么意义不是白的或蓝的、甜的或苦的呢？

我认为这一质疑是建立在表面的语法的基础上的。我对于文本的意义的看法是：文本的意义是我们在理解文本时所理解到的东西。这样，"2+2＝4"的意义就是二加二等于四，"我办公室的墙被刷成白色"的意义就是我办公室的墙被刷成白色。在前一例子中，我理解到的是共相；而在第二个例子中，我理解到的是个体。实际上，那些将命题理解为一定句子的意义的哲学家会说：由例子1我理解到一个普遍的命题，由例子2我理解到一个个体的（或单称的）命题。而那些将意义等同于事件的状态的哲学家会说：由例子1我理解到一种事件的普遍状态，由例子2我理解到一种事件的个体状态。然而，就例子2来说，人们不也应该说我理解到某些白色的东西吗？

对这一问题的回答在一定范围内是肯定的，这一范围是：我所理解到的是墙是白色的。那些接受了关于意义的命题观点的人会补充说，我理解到一个描述了白色的墙的命题。而那些赞同关于意义的事件状态观点的人则会说，我理解到墙是白色的这一事件状态等。但是，说意义具有诸如颜色之类的特征是错误的，因为个体性和普遍性与颜色并不在同一本体论层次上。

文本的意义究竟是命题、事件状态、指示物、用途，还是哲学家们将其所等同的其他东西，我并不想陷入这一问题，因为就我有限的目的而言，并不需要进行这一讨论。阐明文本的意义能够是个体的或普遍的，这就足够了。

对于关于文本意义的本体论地位的以上论述，另一个质疑指出：上述描述只是对特定文本的意义作了一种分类，而对于文本意义本身，却并没有告诉我们多少东西。离开特定的文本意义而仅就其自身而言，意义究竟是普遍的还是个体的？

对这一质疑的回答是：所提到的范畴并不适用于文本的意义本身；它们仅仅适用于这个或那个文本的意义。想将它们应用于文本的意义本身，就好比是极力想将外延范畴应用于内涵，或者相反。我将通过论述符号的意义来说明这一点。有人可能会认为，有些符号的意义只不过是词的外延（用苏格拉底来指"苏格拉底"）；有些符号的意义是词的内涵（用人类来指"人类"）。若果真如此，那么将同样的范畴和方法应用于这两种符号就并非总是成立的。例如，用"种加属差"的方式来定义苏格拉底，这是没有道理的。之所以不像"人类"那样可以用"种加属差"来定义，是因为苏格拉底并不是一个类，从而不能以那样的方式来定义。同样地，要某人指着人类是做不到的，因为他最多只能指着某个人。

同样的原则能够应用于文本的意义，因为并非各种文本的意义都属同一种类。前文举出的例子表明：一些意义是普遍的，而另一些意义是个体的，不论最终人们将意义视为什么——命题、事件的状态等。由于这个原因，对于文本的意义本身，我们最多只能说：相对于这些范畴，它是中性的，这倒不是说文本的意义既非普遍的也非个体的，而是说文本的意义既能够是普遍的又能够是个体的，它取决于我们所讨论的特定意义。在这种意义上，我们可以将文本的意义与布相比较。布能够被染上不同的颜色，因而不能说布本身有某种特定的颜色，而是能够呈现不同颜色；与此类似，文本的意义可以有不同种类，因而文本的意义本身不能被等同于其中的一种而排除另一种。如果文本的意义在本质上被等同于其中的一种而排除了另一种,那么它将永远也不会是另一种。这也就是说,如果说文本的意义在本质上是普遍的,那么它就不可能是个体的(单称句子将会是无意义的或者具有普遍的意义)。文本的意义本身在这些范畴上必须是中性的,这样,某种特定的意义才可能是个体的或普遍的。

C. 文本的个体性和普遍性

在论述了文本的 ECTs 和意义如何可能既是个体的又是普遍的之后,我们现在可以讨论就文本的个体性和普遍性所提出的最基本的问题。就前文所提到的例子而言,这一问题是:《堂吉诃德》的文本是个体的还是普遍的?

这一问题的答案取决于人们如何看待《堂吉诃德》的文本。首先,如果某人把《堂吉诃德》的文本看作是 ECTs,那么答案将取决于他所指的是一组个体的 ECTs(例如,印刷在我所拥有的这本《堂吉诃德》上的个体 ECTs),还是普遍的 ECTs(我拥有的这本《堂吉诃德》中所包含的这组个体只是它的一个个例)。第二,如果某人把《堂吉诃德》的文本看作是 ECTs 被用作符号时想要传达的意义,那么答案将取决于文本的意义的个体性或普遍性。因为这个文本所涉及的是一个个体的虚构人物,所以人们可能倾向于得出结论认为《堂吉诃德》的意义是个体的。但事实上,《堂吉诃德》包含着许多并不意指任何个体东西的句子甚至段落。例如,堂吉诃德关于生命的沉思。因此,将《堂吉诃德》的意义归类为个体的,这是过于简单化的做法。第三,如果某人将文本看作 ECTs,这组 ECTs 或者是个体的或者是普遍的,只要它们是用作传达意义的,这一意义也或者是个体的或者是普遍的,于是,答案就复杂了,因为它将取决于 ECTs 和意义的本体论地位,而这些地位可能并不相同。例如,在《堂吉诃德》的文本的例子中,我们可能正在讨论一组普遍的 ECTs,而意义却是混合的。

为了避免上述第三种可能所带来的复杂结果,人们可以采用根据文本 ECTs 的特征来描述文本的方法。采用这一方法,其优点不仅在于避免了复杂性,而且在于这一方法是合理的,因为就文本是用作传达意义的符号而言,ECTs 是文本的基础。当人们探讨文本、它们的 ECTs 和它们的意义之间的关系时,就如同稍后我在第四部分所做的那样,这一点就变得显而易见。

Ⅱ. 文本的个体化

文本可以是个体的,于是就出现了是什么导致了它们的个体性的问题。这就是人们通常所说的文本的"个体化问题"。对这一问题的解决与对其他实体的个体化问题的解决并无不同。就文本来说,没有什么特殊的东西能够使得它们的个体化原则不同于其他实体的个体化原则。我在别处已经详细地讨论过这个问题,所以这里我将以简略的形式陈述我的观点。但是,在开始做这些之前,我必须指出,我对个体化问题和个体的可辨识性问题进行了区分。个体化问题并不涉及我们认识个体的充分必要条件——这是关于可辨识性的认识论问题,而是涉及个体的个体性的充分必要条件:对于个体化的形而上学的描述。① 我在第二章中的"识别"和"再识

① 格雷西亚:《个体性》(*Individuality*),第141—178页。

别"这两个标题下讨论了这一问题。

文本可以是个体的,这意味着它们可以是不可例示的个例。探求个体文本的个体性的根源或"源泉",就是要探求它们的个体性的充分必要条件。这样,我们正探寻的东西就是那些作为一个整体造成文本的个体性的条件,在这些条件下,一个可例示的文本变成了一个不可例示的个例。

在别的地方我已经论证了这样的观点,即个体性仅有一个充分必要条件:存在。① 如果这一观点被应用于文本,结果就是:任何存在的文本都是个体的,而且只有个体的文本存在着。但是,如果这种观点被采用,那么,存在就不应被视为是一个特征,因为如果它是一个特征,它又会要求个体化。既然存在的事物没有哪个能够离开特征而存在,因而某种特征也是个体化所需要的。因为某物如果是个体的,它就必然是某种事物。没有特征的文本是不存在的。然而,尽管那些特征对于一个文本的存在是必要的,并因此间接地对于它的个体性是必要的,但那些特征对于文本的个体性而言,却并不是充分条件。对于文本的个体性而言,只有存在既是必要条件又是充分条件,原因在于:存在包含着特征,而不是相反。

这种观点具有一般和特殊两方面的优点。它的一般优点在于,它避免了其他观点所面临的问题。存在主义的个体观不必担心两个事物具有完全相同的特征的逻辑可能性,因为存在并不被视为一个特征;它也不必担心个体化原则是偶然的和外在的,因为即使严格说来存在不是事物所本质必需的,它也是与事物在根本上相联系的;它也不必考虑个体化原则

---

① 格雷西亚:《个体性》(*Individuality*),第170—178页。

的去特征性质(decharacterized nature),因为尽管存在并不被认为是一个特征,但它是任何人都有的经验。

Ⅲ. 文本是物理的还是非物理的

要回答这一问题我们必须明确两件事情。第一,非物理的范畴并不等同于精神的范畴。我这样理解物理的和精神的范畴:它们互相排斥但并非共同穷尽。如果 X 是物理的某物,它就不可能是精神的某物,但并非任何东西都或者是物理的或者是精神的。例如,可能有非精神非物理的实体,如上帝、天使以及类似的东西。尽管我在这里并不准备讨论这些实体的存在或不存在,我对它们存在的可能性不作结论,因为许多哲学家认为它们存在。然而,就我们的有限目的而言,我们没有必要考虑非精神非物理的范畴。文本必然是由认识可及的实体构成的,但如果要论证非精神非物理的实体是认识可及的,这又绝非易事。如果有非精神非物理的实体,而且它们是认识可及的,那么,存在着非精神非物理的文本也是完全有可能的,其他的事物也是如此。

第二,我们必须记住文本是用作传达意义的 ECTs,因而它不等同于 ECTs 或意义。由于这个原因,初看起来,我们似乎最好首先分别讨论 ECTs 和意义是物理的还是非物理的;如果是非物理的,那还要讨论它是精神的还是非精神的。但是,在通常的论述中,关于文本的物理的或非物理的特征的结论,看起来都源于它们的 ECTs 的物理的或非物理的特征。例如,当某人提到口头文本时,他所指的是口头的 ECTs。因此,在考虑到这一点后,为了使问题更简明,我将根据 ECTs

的物理的或精神的特征来论述有关文本的物理的或精神的特征的问题。①

A. 物理文本

物理文本是这样的文本：它们的 ECTs 是物理的。② 海滩上以某种方式排列的鹅卵石所构成的文本、画在一张纸上的线条和图案所构成的文本或计算机屏幕上的像素所构成的文本都是物理的，因为构成它们的实体——鹅卵石、线条、图案

---

① 另一种看待文本的方式不是把它们看为物理的和精神的，而是把它们视为可感知的和不可感知的。这一分类方式回到了对符号的传统分类方式。但是，显然这是以一种关系方法（a relational way）来看待文本和符号，却并没有告诉我们关于文本或符号自身的更多的东西。孔布拉派（Conimbricenses）认为符号既是可感知的也是不可感知的。见《符号》（*De signo*），q.1,a.1，第 6 页。但是这一观点并未得到广泛的使用。例如，奥古斯丁就认为，所有的符号都是可感知的。见《基督教教义》（*De doctrina christianna*），2,5，第 35 页。

② 在这一意义上文本是物理的，并不意味着任何有关文本的东西都是物理的，因为文本是有着意义的 ECTS。拒绝认为文本可以是物理的，见琼斯（Jones）：《哲学与小说》（*Philosophy and the Novel*），第 181 页。在那些赞成文本的物理性的人中，有霍华德－希尔（Howard-Hill）：《编辑和阅读中的多样性》（"Variety in Editing and Reading"），第 55 页；普若科特（Proctor）和艾布特（Abbott）：《文献和文本研究引论》（*Introduction to Bibliographical and Textual Studies*），第 3 页。文本的"物理的还是非物理的"特征的争论，其发生常常与编辑策略（editorial policy）有关。传统的编辑策略（editorial policy）将文本视为稳定的（stable）物理客体，认为它是作者意向的结果。但是这一观点受到了挑战，有些人认为文本不是结果而是过程、是不稳定的（unstable）而非稳定的。见希林斯伯格（Shillingsburg）：《自主的作者、文本的社会学、文本批评的辩论法》（"The Autonomous Author, the Sociology of Texts, and Polemics of Textual Criticism"）。关于这一问题的其他观点，见埃格特（Eggert）：《文本的结果和文本的过程》（"Textual Product or Textual Process"）；麦克拉弗蒂（McLaverty）：《关于"同一性"和"言语"的问题》（"Issues of Identity and Utterance"）；格雷戈利（Grigely）：《文本事件》（"The Textual Event"）。

和像素,都是物理的。实际上,我们日常的文本范例都是物理的,当我们想到文本时,我们脑海中浮现的物理文本的范例完全都是笔头文本或口头文本。

一种对物理文本进行分类的方式是根据我们认识它们时所使用的感官。按照这种方式,物理文本可以被说成是视觉的、听觉的、触觉的、味觉的和嗅觉的,这取决于我们究竟是通过看、听、触摸、尝还是闻而感觉到它们。① 由文本必须是认识上可及的这一事实,可以得出这样的结论:物理存在如果不能通过至少一种感官而被感觉到,那么这样的物理存在(例如,物质)就不能构成文本。这也是为什么所有的物理文本都能够根据我们感觉它们的感官来进行分类的原因。

就视觉文本来说,最明显的例子是笔头文本,但文本也可以由非书写符号、图形、图画等构成。有一定的形状,这并不是视觉文本最根本的因素。颜色能够而且事实上也的确在很多例子中作为意义的传达因素起作用。例如,红色在东亚经常被用来表示高兴。

不常被人们意识到的视觉文本的类型包括身体行为。当然,聋人十分习惯于将这种行为——尤其是手和脸的运动——

---

① 根据物理文本被感知的感官来对物理文本进行分类,外加我们用以谈论我们所感觉到的物体和感觉的那类日常语言,这会产生相当大的含混。严格地说,谈论能够以一定的方式感觉到的物理实体是一回事,谈论感觉本身又是另一回事。谈论引起某种嗅觉的实体是一回事,谈论嗅觉本身又是另一回事。但是,从我们谈论声音的方式可以很明显地看出,我们经常没有作这种区分。由此,就产生了这样的问题,例如,嗅觉文本的 ECTs 究竟是引发一定嗅觉的实体还是嗅觉(这一感觉)自身。这就提出了令近代早期哲学家们沉迷的那类问题。我不想陷入这一争论,但我想提醒读者注意这一争论的含混,并且注意:这一含混直接源于我们谈及我们所感觉到的物体的方式中那种更深层次的含混。

作为文本,当他们不使用书写符号时,他们用以交流的符号就是这种类型的行为。但是,其他人则倾向于忽略这种类型的文本。

所有这些看起来都相当直接了然,而听觉文本的情形也与此类似。正如有上述那样的笔头文本,也有类似的口头文本。① 在这一情况下,代替纸上的书写符号或者其他写出来的东西的是:某个说话者说出的某些声音或被某个主体以其他方式制造出来的东西。考虑笔头文本"2+2=4"。当我大声地读这个文本时,我就创作出一个听觉文本。我读出这个文本时所发出的声音实际上对应于笔头文本,但它并不被等同于笔头文本。一个人演讲时发出的声音或传送电报时制造出的声音所显示的那类文本就是听觉文本。

另一种在我们的文化中起作用但很少被我们所考虑的文本是触觉文本。盲人经常使用这种类型的物理文本。

以上提及的各种类型的物理文本,没有哪一种是特别有争议的。但是,当我们探讨味觉的和嗅觉的文本时,问题就不一样了,因为至少在我们的文化中,没有人把各种味道或气味构成的东西用作文本。的确,在某种意义上,我们会把某些气味或味道说成是这种或那种东西的符号。但是,即使我们认为这种对"符号"的使用意味着把它与味道或气

---

① 在许多方面,口头文本通常被视为文本性的范例,但解构主义者们对这一观点提出了质疑,他们把文本性等同于写出来的东西而不是言语。这一转变有着重要的意义,正如阿布拉姆斯(Abrams)在《解构的天使》("The Deconstructive Angel")第 428 页所指出的那样,也导致了我在《文本性理论》第四章所探究的一些观点。笔头文本和口头文本之间的关系和优先顺序让人困惑,人们对这些问题的关注,至少是从柏拉图开始的。见《斐德罗篇》(Phaedrus)274—278,第 519—524 页。

味约定俗成地联系在一起，这也不足以将味道或者气味称
为文本。

通常，当我们将味道或气味称为符号时，我们是将它们与
其他的某物视为因果相联的，确切地说，并不是将它们视为符
号。例如，酒中的酸味是酒已经变质的符号。但是，这些并不
是组成文本的符号，因为它们并非约定俗成地与它们的意义
相联系。当然，也有一些例子，在这些例子中，气味很明显是
一个约定俗成的符号。在天然气中加入恶臭的气味，可以使
它很容易和很快地被识别出来。这种气味当然也就被用作煤
气出现的符号，但这种情况并不非常普遍，而且仅被应用于符
号而不是文本。

对于为什么味道或气味不被用作文本，至少可以给出两
个原因。第一个原因要回溯至奥古斯丁。[①] 他强调，味道或
气味在感觉上都是私人性的，一次闻或尝的体验包含着对被
闻到或尝到的东西的破坏，因而也就排除了它被其他的任何
人闻或尝的可能；实际上，严格说来，它甚至意味着首先体验
这一闻或尝的人无法重复同样的体验。当然，如果我闻到面
包正在被烘烤，这的确并不意味着面包被破坏，并不意味着我
不能再闻到它。很有可能我会持续闻到这种气味，直到我或
者别的某个人吃掉了这个面包并且烘烤面包的房间已经通
风。但是，奥古斯丁的看法是：我所闻到的面包的那些个体颗
粒不能被再次闻到，因为闻的过程包含着我们的嗅觉器官对
它们的改变。我持续地闻到面包的气味是因为新的面包颗粒

---

　　① 奥古斯丁（Augustine）:《论自由意志 2》(*De libero arbitrio* 2)，第
287—288 页。

到达了我的鼻孔,而不是因为我重复地接触某些个体颗粒。味道和食物也是如此。

这一论证的问题在于:在一定程度上,声音可以以同样的方式描述。例如,人们可以这样说,正如面包在被闻到或尝到时就被破坏并因此不能被再次闻到或尝到那样,一个声波也不可能被同一个人或其他人再次听到。人们也可以这样说,面包具有多种构成要素,它们尝起来是一样的,与此类似,声音也具有多种构成要素,因而听起来是一样的。而且,不能因为声音能够被记录,就由此认为,声音能被保存,因而与食物不同。实际上,对声音的记录只不过是准备某种设备,这种设备能够产生与被记录的个体声音相同类型的声音,而不是保存个体的声音。在这种情况下,声音与面包并无不同,因为一份完整的配方将会确保同样类型的面包能够被制作出来。但是,在尝的例子中有一点是与听有些不同的。人们在尝一种食物时可能会将它吃光。例如,我在喝酒时我可能会把这里有的酒都喝完,但我不会听完这里所有的声音。如果这里有声音,它可以被任何具有正常的听觉系统的人听到。这并不适用于嗅觉。

总之,声音和味道起作用的方式看起来的确有所不同,这也解释了为什么味道不被用作文本,而声音却被用作文本。但是,这些不同并不足以使得这一解释能够令人满意。而且,味道和声音间的这些不同并没有多大的说服力。因此,我们必须在别处继续寻找解释。

味道和气味不被用作文本的第二个原因是,它们都有些简单和模糊,缺乏如被用作文本时所必须有的复杂性和无歧义地发挥功能时所必要的精确性。例如,西塞罗时期(a Ciceronian period)是如何在品尝中产生？这或许是由于我眼界狭窄，却也间接地表明了弥漫于当今北美社会的那种在品味和嗅觉领域里教养的缺乏。同样地，即使在法国或在中国，尽管那里的人在烹饪技巧上富有经验，我也并不认为他们已经找到了由味道和气味构成的文本，至少他们没有找到具有西塞罗在书写和演讲方面表现出来的那种复杂性和精确性的文本。然而，从逻辑上说，这种可能性必须被承认。人们可以想象这样的一个社会，它拥有非同寻常的先进技术，能够控制气体的均匀性、构成要素、浓度，以至于特殊的气味能够根据人们的意愿被生产出来并因此可被用于传达复杂的意义。对于味道，也能够以这种方式想象。将味道和气味以这样的方式联系起来，即只要人们意识到味道和气味的意义，意义就可以被传达，当然是可能的。

　　尽管我们倾向于将文本区分为不同的类型——如：笔头的和口头的——然而，这一区分绝非必然。在一些文化中，口头文本经常被与视觉文本同时使用。但这在以英语为母语的文化中并不时常出现，只是历史上的偶然事件。例如，在地中海文化中，一些单词和表述伴随着特别的身体运动以传达特定的意义，这是惯常的事情。

　　根据文本所具有的各种物理特征，我们已经探讨的各种类型的物理文本都可以进一步地细分。例如，可以根据颜色、型号和质地等对它们进行分类。但是，这些子划分并不容易提出令人感兴趣的哲学问题，因此，我们在这儿也不必专门关注。但是，文本有两个子类别表现出了一种有趣的关系，如果要弄清在考察文本时提出的某些问题，就必须考虑这一关系。一个是视觉文本的子类别，即笔头文本，另一个是听觉文本的子类别,即口头文本。① 对于我们而言,与文本的这两个子类别有关的一个重要事实是,它们时常被作为对方的符号而与对方相联系。② 笔头文本时常被作为口头文本的视觉符号。③ 的确,当某人读而另外的某人写时,正被写的东西是被作为正被说的东西的符号。而且,相反的关系也是正确的,因为口头文本也时常被作为笔头文本的符号。当我大声地读一个文本时,我所呈现的就是这个笔头文本的口头符号。

这一特别的关系源于这样的事实:文字是作为言语的代码而逐渐形成的。④ 由于这个原因,书写符号经常作为口头文本的符号起作用。自然地,这一关系的特性不仅使得将笔头文本用作口头文本的符号成为可能,也使得相反的关系即把口头文本用作笔头文本的符号成为可能。

---

① 近来的一些解释学家和文本批评家认为,仅仅只有笔头文本才能被作为文本。因为在他们看来,仅仅只有笔头文本才具有能够超出它们创作时的环境的持久性,这一持久性对于文本性而言是必要的。但这并不正确,因为口头文本可以被录音,因而也可以有着和笔头文本一样的持久性。利科(Ricoeur)在《解释学和人类科学》(*Hermeneutics and the Human Sciences*,1989)第108页将文本性限制于笔头文本。但是,格雷戈利(Grigely)在《文本事件》("The Textual Event")的第187页及以下几页中则认为口头文本也是文本。

② 其他的不同也被提出来了。塞尔(Searle)在《重申差别》("Reiterating the Differences")第200页提出了"持久度"的问题。利科在《解释理论》(*Interpretation Theory*)第29页提出,在口头文本中,文本的意义与言说者的意图是一致的,但是在笔头文本中,则不是这样。

③ 斐德罗(Phaedrus)指出书写是言语的图像(276b),亚里士多德认为写出的词总是说出的词的符号[《论解释》(*On Interpretation*),第一章,16a3,第40页]。这一观点常被许多经院哲学家所引用,诸如苏亚雷斯(Suarez)和孔布拉派(Conimbricenses)。

④ 正如塞尔(Searle)所指出的,书写对口头语言的依赖是历史上的偶然事实,因为人工语言毫无疑义地颠倒了这一依赖。《重申差别》("Reiterating the Differences")第207页。也可见舒斯特曼(Shusterman):《文献的不规则性》("The Anomalous Nature of Literature")。

　　笔头文本和口头文本间的这一特别关系导致了两个有趣的问题。第一个问题与"同一"有关，可以阐述如下：一个口头文本和一个笔头文本能否是相同的文本，特别是在其中的一个作为另一个的符号起作用并且两者具有相同的意义时？因为第二章会讨论同一性问题，所以我将这个问题留待第二章中探讨。

　　第二个问题是：当一个一个笔头文本和一个口头文本具有某种别的共同意义时，一个笔头文本能否被视为一个口头文本的意义，以及一个口头文本能否被视为一个笔头文本的意义？考虑当我大声读出笔头文本"这里不准吸烟"时我所发出的口头文本和被提及的笔头文本。该口头文本和笔头文本都意指这里不许吸烟，而这也是口头文本可以意指笔头文本的例子，也就是说，通过口头文本所理解到的正是笔头文本。的确，口头文本可以促使某人想起笔头文本，笔头文本可以促使某人想起口头文本，因为这是人们通过这些文本所理解到的。这样看来，这些文本除了有共同的意义外，它们还相互意指。

　　如果正被考虑的难题与符号、作为符号的符号的文本以及作为文本的符号的文本无关，而是涉及这样的事实即那些符号和文本有两种不同的意义，那么这个问题就不必非常认真地考虑了。因为，首先，每一个符号和文本都至少有两个意义。其中一种是其自身，另一种则是它所具有的别的什么意义。因此，猫既意指"猫"这个符号，也意指"猫"。① 不准吸

————————

　　① 对于皮尔士（Peirce）而言，这仅仅适用于殊型（tokens），因为殊型是类型的直接符号，是它们所指称的那些东西的间接符号。迪泼特（Dipert）：《类型和殊型》（"Types and Tokens"），第588页。

烟既意指"不准吸烟"这个文本,也意指"不准吸烟"。

　　符号和文本都拥有不止一种意义甚至不止一种功能,这一事实并未给理解带来很大的困难,因为通常语境会使所包含的意义变得很清楚。当我根据笔头文本"不准吸烟"而创作口头文本时,如果我是在让全班同学听写,学生将会根据这个口头文本在他们的笔记本上写下这个笔头文本,而不会去想这个口头文本的其他任何意义。但是,如果有人在教室内吸烟,我对这个人说"不准吸烟",她的反应就会很不相同。很可能她会将烟头熄灭或恶言相对,而不是根据我所说出的口头文本在纸上写下笔头文本。实际上,如果她所做的是在纸上写下笔头文本,我们会认为她误解了我所说出的口头文本。因此,就笔头文本和口头文本而言,不论是它们具有不止一种意义还是它们具有特别的关系,这些都没有向物理文本的概念提出什么大的难题。①

B. 精神文本

　　构成物理文本的实体具有物理的特征,与此相对照,构成精神文本的东西是精神的。一个精神文本不是由物理实体而是由精神现象构成的。精神文本是由某人,如一位对精神现象的本质感兴趣的心理学家,在开展研究时所探究或想到的图像(image)或思想构成的。考虑笔头文本"2+2=4",并且进一步考虑我在闭上眼睛后我所形成的关于这个文本的图像

---

　　① 这里我所谈到的似乎是同一文本可能有着不止一种意义。实际上,我在这本书的第二章和《文本性理论》的第四章都反对这一说法。一个文本仅仅只有一种意义,但这种意义可以是宽泛的、变化的甚至是开放的,这取决于这个文本的文化功能。

并想象它。我闭上眼睛后所形成的关于这个文本的图像是一个精神文本,而且在被打断后,我所形成的关于它的图像仍然是一个精神文本。或许,精神文本与物理文本间的区别在于:两种文本不可能共享所有的特征。例如,物理文本"2+2=4"的一个特征是,它可以被视觉所察觉,而相应的精神文本却不具有这一特征;我可以用眼睛看到物理文本,却不能看到精神文本。①

　　在这一点上出现的问题是,一方面,精神文本之间是否可以作出区分;另一方面,当主体被断定为理解了文本时,他们想到的是什么。这个问题之所以产生,原因在于要在一个精神文本和这个文本所传达的意义之间作出区分看来是很困难的,因为一个文本的意义显然并非是物理的东西,这也就意味着它必定是精神的东西,并且等同于精神文本。这个问题很重要,因为一个文本和它的意义之间总要有些区别,如果一个精神文本和这个文本被认为要传达的意义之间没有区别,那么这表明文本必定总是物理的,而这就与前面所说的相矛盾。

　　下面的例子对于弄清这个问题应是有帮助的。对笔头文本和它们的意义之间的关系的论述,也适用于精神文本和它们的意义之间的关系。例如,我们假设一个精神文本是由笔头文本"2+2=4"的精神图像构成的。我们在想到这个精神文本的意义时,有可能并没有想到构成这个文本的精神图像。然而,在想到这个精神文本时,就必然既要想到这个文本的精神图像也要想到它的意义,因为这个文本实际上被视为传达

---

　　①　这并不意味着感知是物理性(physicality)的一个标准——实际上,物质(matter)想必是物理的,然而它并不是可感知的。我只不过是在指出某类物理文本和精神文本之间的区别。

意义的图像。需要指出的是,我并不认为所有的精神文本都有作为其 ECTs 的关于笔头文本的图像。例如,它们可能是由口头文本的图像构成的。实际上,它们也可能根本不是由图像构成的,尽管关于这一点我也不完全确定。但是,这个问题在这里并不会直接给我们带来困扰。可以明确以下两点:首先,精神文本不同于物理文本(不论是笔头文本还是口头文本或其他类型的文本);第二,精神文本和精神文本的意义不是同一个东西,正如物理文本与物理文本的意义不是同一个东西一样。

文本的意义由我们理解这个文本时我们所理解到的东西构成,所以可能会出现这样的情况:精神文本的意义和物理文本的意义是相同的,虽然这两个文本不是相同的。例如,笔头文本"这只猫是黑色的"、口头文本"这只猫是黑色的"以及精神文本(图像)"这只猫是黑色的",它们的意义都是相同的,也就是"这只猫是黑色的",尽管这些文本因其 ECTs 不同而各不相同。第一个文本是一种视觉客体;第二个文本是一种听觉客体;第三个文本则是一种想象客体。由此我们可以看出,物理文本与它的意义间的区分同样也适用于精神文本。

接下来,我们可以提出物理文本和精神文本何者在先以及在何种意义上在先的问题。一方面,如果精神文本可以由图像构成,而图像是我们所感知的客体的精神复制品,那么,就客体的图像要以客体为先决条件而言,物理文本似乎先于精神文本。实在论者们喋喋不休于这种观点已经有许多年了。另一方面,看起来有些作者在开始写作之前就在他们的头脑中创作文本,这又表明精神文本先于物理文本。的确,莫扎特的例子可以被用来证明这一点,他似乎就是在将乐谱写下来之前，就已经在不同的时间段里在头脑中创作和形成了他的音乐作品的乐谱。

　　这两种观点都是部分地正确而又部分地错误的。至少在那些不接受任何类型的天赋观念的人看来，大脑中可以找到的任何东西都是经验的结果，这是正确的。大脑有联结和分离的能力，因而大脑中的东西并不一定是被感觉到的东西的精确复制。的确，可能有人会认为，倘若精神文本是由图像构成的，那么就那些图像或者它们的构成要素都是来自感知而言，精神文本实际上是派生的和第二性的。然而，因为大脑会以各种不同的方式修改它所感知到的东西，所以不能要求某个精神文本是某个物理文本的精确复制。比如，作者可能会使用并非源于笔头文本的图像来构成精神文本。在这种情况下，精神文本就不是派生的或第二性的；它并不是一个物理文本的精神复制品，而是一个第一性的文本。事实上，如果作者接着继续以物理方式复制这个精神文本，那么，物理文本就源于精神文本。

　　还有人会认为，甚至在作者创作最初的笔头文本或口头文本时，在他们现实地创作出那些文本之前，对于那些文本看起来将会是怎样的，他们并没有先在的图像。比如，当我正在写这些单词时，我可能并没有在想这些词的物理形状和它们的构成要素。或许在我写它们之前，我想到它们的读音。但是，在我讲话时，也就是正创作一个物理的声音文本时，看起来我并不是在现实地创作出这些声音之前就创作了这些声音的精神图像。这样一来，还能否认为精神文本先于物理文本？

　　我相信，有人会强调，在某些情况下精神文本的确先于物理文本。一些作者的确会在大脑中创作，不仅创作短的文本，还会创作长而复杂的作品的文本,在他们将这些文本物理地复制出来之前,他们将其交付给记忆。在莫扎特的例子中,可能就是如此。我说"可能"是因为,认为莫扎特和其他类似的人的大脑中并没有文本而只有对作品的理解也是完全可能的。这也就是说,他们大脑中可能有的是对文本所要表达的意义的理解,而不是他们想用以传达意义的那组符号。但是,无论事实是否如此,我仍然认为,至少在一些情况下,精神文本(并不仅仅是对它的意义的理解)会先于物理文本,我的这一结论建立在经验的基础上。如果我们想这么做的话,我们可以在实际地创作出想要用以向读者传达一定意义的符号之前,先在大脑中描绘出它们,即使我们在日常的实践中很少或者可能从未这样做。

另一方面,像莫扎特那样的例子并不普遍。大多数的文本作者似乎并不是先想到一个文本然后再以口头的、视觉的或别的方式创作出它。物理制作和精神创作的过程看来并不能分割开来。我们的头脑工作起来很像一台电脑,某个事件——如按键盘——带来另一个事件——如屏幕上出现了一个字母。在一台电脑中,按键盘并不是字母的图像,与此类似,在我们的经验中,使得声音从我们的口中发出或者使得我们的手指以一定的方式运动的东西,并不是由口中所发出的那些声音的图像或由手所构成的形状的图像。

与精神文本相联系,还可以进一步提出两个问题。第一个问题是追问,除了已经指出的区别外,还有什么将一个精神文本与一个物理文本区分开来。如果可以有物理文本的精神复制品,并且有一些物理文本是精神文本的复制品,那么,是什么将精神的东西与物理的东西区分开来的一般问题

（general question）就变得重要了，它不仅仅是一个关于什么将精神文本与物理文本区分开来的特定问题。这是一个有趣的哲学问题，但并非是文本所特有的问题，因而不是在这里非讨论不可的，尽管人们回答它的方式将会影响我们在这里已进行的关于物理文本和精神文本的讨论。而要回答这个问题可不是顺带提及所能做到的，它使得我不得不暂时搁置这个问题。①

　　第二个问题则是，既然文本必然是想向读者传达意义的，而精神文本仅能被他们的作者所接触到，被我归类为精神文本的那些文本又如何能被视为文本呢？这个问题可以以许多不同的方式回答。例如，可以指出，许多精神文本只不过是作为物理的、可感知到的文本的试验品而出现的，它们有时被创作出来，有时没有被创作出来。而且，作者经常会在精神上与自己谈话——实际上，他们也会以物理的方式这么做——以努力使他们的思想协调一致，使他们的观点条理化，或者在记忆中将他们的观点保存下来，以便以后在某个合适的时间使用它们与其他人交流。而且，正如我们将会看到的，作者的功能中包含着读者这一功能，因此，发现没有读者而只有作者的文本就不应该感到吃惊，这样也就消除了精神文本的概念所遇到的难题。

Ⅳ. 文本与意义和 ECTs 的关系

　　例示的文本的每一个不可例示的个例的意义和可例示的

---

　　①　讨论这一问题的文献众多，但这一讨论的开端是菲格尔（Feigl）的《"精神的"和"物理的"》（*The "Mental" and the "Physical"*）。

文本的意义,即某个普遍文本的每一个个体文本的意义和它们所属的这个普遍文本的意义,是相同的。① 考虑前面举出的两个文本:

  1. 2+2=4

  2. 2+2=4

  说 1 和 2 的意义不同,或者说 1 或 2 的意义不同于 1 和 2 作为其个例的普遍文本的意义,这是没有道理的。当然,要说 1 和 2 是同一个普遍文本的个例,就要求明确它们同一的条件,而这正是下一章将要讨论的问题。目前,我暂且假定 1 和 2 的确都是同一个普遍文本的个例。与此相关的观点就是,同一普遍文本的个例具有与这个文本相同的意义。

  文本是一组被认为与某种特定意义相联系的实体(ECTs)。② 这一联系并非自然的,因为它是意向和计划的结果;就这一联系所涉及的可能是 ECTs 中的某些东西或那种意义而不是 ECTs 的特征和它们的意义而言,这一联系并不是现实的。确实,ECTs 和意义都不会随着 ECTs 转化为文本

---

  ① 这里我省略了对一个时常被哲学家们和其他人所讨论的问题的探讨:作为意义承担者的文本的相对价值和真实性。在柏拉图主义的传统中,例如奥古斯丁和其他人就认为,意义被视为比用以传达它们的符号更有价值和更真实(见《论教师》(*De rnagistro* IX,25)。在一些近期的作者如德里达那里,这一顺序是颠倒过来的[见《签名事件语境》("Signature Event Context")]。还可见格瑞萨姆(Greetham):《(文本的)批评和解构》("[Textual] Criticism and Deconstruction"),第 4 页。

  ② ECTs 与意义的联系,以及认为意义总是呈现给一个主体的某些东西这样的假设,可能就是诸如伽达默尔为什么在谈及文本时似乎把它们作为关系来谈论的原因。《真理与方法》(*Truth and Method*),第 262、267 页。沃切特海瑟(Wachterhauser)在《解释文本》("Interpreting Texts")第 441 页认为"文本是关系"这一假设源于伽达默尔。

而发生变化。发生变化的是那些对 ECTs 的使用或在意向中对 ECTs 的使用，而这是它们被构想出来的方式的结果；换句话说，它们是作为意义的承载者而被构想出来的。就其本身而言，ECTs 中并没有迹象表明它们会作为意义的承载者起作用，因为它们与意义的关系仅仅存在于那些使用或想要使用它们来传达意义的使用者的头脑中。这样，ECTs 与它们的意义之间的联系纯粹是精神的，即使 ECTs 本身并非精神的。

上述文本 1 和 2 的 ECTs 是物理的，但诸如 1 的 ECTs 与 1 的意义之间的关系，却是纯粹精神的事件，这源于作者想使用 1 的 ECTs 去传达 1 的意义。这就意味着文本总是精神的吗？不，它们并不总是精神的，因为它们具有构成它们的实体的本体论地位，而这一地位并非精神的，尽管它们与一定的意义之间总具有某种被赋予的精神关系。这一关系被赋予 ECTs 的方式可以通过下面的两个例证总结出来。考虑下面的例子，在这个例子中，作者使用物理的、书写的 ECTs 以传达一些普遍的意义：

A = 一个个体的作者

"2+2＝4" = 个体的 ECTs

"2+2＝4" = 普遍的 ECTs

＊二加二等于四＊ = 普遍的意义

+对 A 的理解行为+ = 个体的行为

A 作为作者的功能就是将＊二加二等于四＊与"2+2＝4"联结起来，但 A 这样做时，仅仅通过+对 A 的理解行为+，将＊二加二等于四＊与"2+2＝4"联结起来。"2+2＝4"或＊二加二等于四＊都不能说成是存在或在某个地方。前者不能这样说，是因为它是一个类型文本（a type text），后者不能这样说，是因为它是一种普遍的意义。说某个普遍的东西在头脑中，无论是在 A 的头脑中或在 God 的头脑中（如某些人所认为的那样），这都是不合情理的。如果它们在头脑中，那么它们就是个体的，并因此在同一时刻不可能在其他的地方。当然，我们知道它们是普遍的东西，因为两个人或更多的人都可能在同一时刻想起同样的普遍的东西。存在也是如此。由于类似的原因，说共相——无论是意义或文本——存在或不存在，这也是不合情理的。因此，想找到普遍意义存在的地方或方式，这是错误的。＊二加二等于四＊并非在任何地方都存在，因为无论存在或不存在都不适用于它（稍后会有更多关于文本的存在和不存在的讨论）。

现在考虑下面的例子，在这个例子中，作者使用物理的、书写的 ECTs 来传达一些个体的意义：

A′＝一个个体的作者

"Jorge 关于 Minina 的图像是非常生动的"＝个体的 ECTs

"Jorge 关于 Minina 的图像是非常生动的"＝普遍的 ECTs

［Jorge 关于 Minina 的图像是非常生动的］＝个体的意义

＋对 A′的理解行为＋＝个体的行为

和前面的那个例子一样，在这个例子中，作者 A′通过"Jorge 关于 Minina 的图像是非常生动的"将［Jorge 关于 Minina 的图像是非常生动的］的意义与"Jorge 关于 Minina 的图像是非常生动的"联结起来。区别在于,这里讨论的意义是个体的。因此,A′所理解的是一些个体的东西而不是普遍的东西。我们所拥有的是一个具有个体意义的物理类型的文本,它的个体意义源于作者在文本的个体的ECTs和个体的意义间建立的精神的和约定的联系(以社会先例等为基础)。

我们关于作者的上述讨论同样适用于作者所创作出的文本的每一个读者。正如作者是在头脑中通过个体的理解行为想到了普遍意义,任何接触个体ECTs的读者也可以理解文本的普遍意义。

这样,一个个体文本,就是一个普遍文本不可例示的个例,它由个体的ECTs构成,这些ECTs本身是普遍的ECTs的不可例示的个例。而且,它被它的作者用来向读者传达明确的意义,也就是说,在读者那里引起理解。与此不同,普遍文本是由普遍的ECTs构成的,而它的意义与个体文本的意义相同。

然而,因为文本是人造物并且依赖于约定,我们不能说某个普遍的ECTs与意义自然地相联系或独立于主体的意图或计划。但是,主体只能通过个体接近共相。这就表明,普遍文本在某种意义上依赖于个体文本;因为在个体文本中,个体的ECTs实际上通过作者的意图和计划与意义相联系。

文本具有特殊的地位。普遍文本由普遍的ECTs等构成,正如我们稍后将会看到的那样,普遍文本在存在(existence)和所在(location)上是中性的,但普遍文本的意义可能是普遍的也可能是个体的。另一方面,个体文本由个体的ECTs构成,尽管它们的意义如同普遍文本一样可能是普遍的。因此,在所有情况下,无论是普遍文本还是个体文本,都不能被视为纯粹普遍的或个体的。严格说来,它们具有不同类别的本体论地位和所在,这取决于它们的 ECTs 和意义的本体论地位以及所在。但是,描述它们的最约定俗成的方法,正如我在前面所做的,就是先描述构成它们的实体(ECTS),再通过那些实体的本体论地位和所在来确定文本的本体论地位和所在,因为文本是那些与特定意义有某种被赋予的精神关系的实体。如果实体是物理的,这个文本就有着物理的所在;如果它们是精神的,文本就有着精神的所在;如果它们是普遍的,文本在所在(location)上就是中性的。

V. 文本是实体还是特征

就文本而言,最有争议的本体论问题与它们的个体性或普遍性以及物理的或精神的特征有关,但在许多其他的问题上也未达成一致。需要顺便提及的两个问题是文本的实体性问题和文本的聚合特征问题。前者关系到确定文本是实体还是特征,或者两者都是——单独地是其中的一个,还是二者的结合。

但是,在人们能够确定与这些范畴相关的文本的地位之前,对这些范畴本身也需要作一些讨论。要对这些范畴进行定义绝非易事。实际上,这提出了许多问题,很多哲学家用这些问题来拒斥关于实体和特征的概念。在这里我并不想陷入关于实体和特征的讨论,或者论证"实体—特征"的区分。但是,我认为,如果人们以我马上将要说明的方式接受这一区分,那么接着就可以得出某些关于文本的结论。

按照我前面顺带提及的步骤,我建议在传统的、亚里士多德的意义上来理解实体，即实体既不能述说其他某个事物也不能存在于其他某个事物里。① 而且我建议将特征理解为能述说或能存在于其他某个事物里。皮特、我的猫吱吱以及我写这些字时用的桌子都是实体，但皮特眼睛的颜色、吱吱的性情以及桌子的形状都不是实体，它们是那些实体的特征。某物是或不是实体的决定因素并非建立在它是否有特征的基础上，而是建立在它是否是特征的基础上的。特征也可以有特征——比如，某种颜色可能有一定的饱和度，某种性情可能有一定的特征——但是，这些并不使得它们成为实体，因为它们仍然能述说或能存在于其他某个事物里。对这一事实的误解会导致关于实体性的讨论中经常出现的混乱。

　　这里对特征所作的理解是非常宽泛的。它包括亚里士多德派学者们所谈到的诸如"动物"和"人"这样的属和种的特性，诸如"理性的"这样的种差，诸如"具有笑的能力"这样的属性，诸如"白色"和"3英尺长"这样的偶性，还包括诸如一根手指这样的组成部分。② 在属性中，不仅包括诸如"白色"这样的性质和"3英尺长"这样的数量，还包括诸如"父亲的身份"这样的关系、诸如"三点钟"这样的时间、诸如"摇手"这样的行为等。所有这些在某种意义上都可以说是其他的事物所具有的，尽管它们并不是那些事物的内在特征。我如此宽泛地理解这个概念，是为了讨论的简明和便利。我并没有排除对特征的其他理解的可能性，如把它理解为在当代哲学中称为单子的性质那样的关系等。关系等的实际的本体论地位不

---

① 亚里士多德：《范畴》（*Categories*）2a11，第9页。

② 关于这些区分的某些背景，见波菲利（Porphyry）的《导论》（*Isagoge*）。

是本书讨论的主题，因而我在这里暂时搁置这些问题。

以上述方式阐述了对实体和特征的理解之后，我们就可以回到文本究竟是实体、特征、两者都是抑或两者的结合的问题。按照导言中所采用的对文本的理解，初看上去，文本既是实体又是特征。原因在于，被用作组成文本的符号可以是任何东西。然而，如果人们更仔细一点思考这个问题，就会发现文本不可能只是实体，也就是说，文本不可能完全是由脱离了特征的实体构成的，无论是由一个实体还是多个实体构成的。① 原因有二。首先，实体都是有特征的。皮特是一个矮个男子；吱吱是一只黑色的猫。亚里士多德、经院哲学家和许多当代作者都以这样的方式理解实体。但是，那些认为实体是"去特征化的"（decharacterized）作者——如近代早期的一些哲学家以及本世纪某些赤裸的殊相（bare particulars）的鼓吹者——却不会接受这个理由。

第二个原因是，文本必定是由不止一个符号所组成的，因而没有特征的单个实体将会缺乏文本所要求的复杂性。因此，即使人们把实体视为去特征化的，单个这样的实体也无法作为文本发挥作用——稍后我将会考察一些去特征化实体的例子。

一个实体可能是一个文本，仅当这个实体的特征作为符号而起作用，也就是这些符号按照它们在实体中呈现出来的排列次序组合在一起，被作者用于向读者传达一定的意义。

———————————

① 另一个可被给出的原因是实体的概念包含了特征的概念，因而谈论脱离了特征的实体是没有意义的。这里没有足够的篇幅来详细分析这一原因，但对那些赞成具有特征的实体的概念的人来说，可参见隆（Long）：《殊相和它们的性质》（"Particulars and Their Qualities"）。

例如,考虑这样的例子,某人 P 想向另一个人 P'在将来他们相互无法直接接触的某个时刻传达一个消息。进一步假设,他们沟通的唯一可能的方式是通过第三个人 P'',而这个人对他所要传达的消息一无所知。在这种情况下,P 很可能会通过 P''送给 P'某个东西作为礼物,而这个东西及其特征就作为文本发挥作用。比如,P 和 P'都明白,如果 P 送了一个棕色的钱夹,就意味着 P'应当把 P 委托给 P'的钱存进银行;而如果钱夹是黑色的,这笔钱就应当捐给某个慈善团体。又者,P 送了一个钱包而不是钱夹,那就意味着 P'应当把属于 P 的这笔钱留给自己,等等。在这些例子中,客体及其特征就是作为文本在发挥作用。而且,因为客体既不是能述说的,也不是其他某个事物的构成要素,所以,这个文本就是具有自身特征的实体。

当然,还有另一种可能也需考察。假设我们所拥有的不是一个实体而是多个实体,它们作为符号发挥作用,表达着特定的意义,而文本仅由那些被视为脱离了特征的实体构成。这合乎情理吗? 当然不合情理,因为我们所说的实体要作为符号起作用以表达文本的复杂意义,它们就必定或者有一定的排列次序,或者有一定的可区分的特征,或者两者都有。

例如,考虑这样的例子,三个台球一起被用作意指"X 是Y"的文本。如果这些球在所有可以辨识的特征上都是相似的,那么我们就无法用它们来表达 X 是 Y,因为我们无从得知哪个球是作为"X"发挥作用,哪个是作为"Y"、哪个是作为"是"来发挥作用。我们必须诉诸颜色,比如,规定黑色球作为"X"发挥作用,白色球作为"Y"、红色球作为"是"发挥作用;或者诉诸排列次序,比如,规定第一个球作为"X"发挥作用,第三个球作为"Y"、第二个球作为"是"发挥作用。在这里,颜色和排列次序或其他任何我们可能用来区分球的东西,在本体论上都被视为特征。因此,即使是在由多个实体构成文本的情况下,我们也不会有纯粹是由实体构成的文本。所有这些分析得出的结论是,不可能有仅由被视为脱离了特征的实体——即使是多个实体——所构成的文本。

需要注意的是,对于那种认为可以有被视为脱离了特征的实体构成的文本的观念,上文提出的反对理由是,这样的实体是无法认识的。有人认为这是混淆了本体论和认识论,并以此来反对我们在上一段所得出的结论。实际上,这一反对并不成立。我们承认文本必定是能够被认识到的,在这一意义上,我们也就承认了文本是可认识的实体。因此,如果上述反对成立的话,首要的事情就是要取消这种认识论上的要求。

如果文本不可能单独地是由被视为脱离了特征的实体所构成的,我们就可以问:它们可能会是仅仅由特征所构成的吗,换句话说,文本能够单独地由能述说的或能存在于其他事物里的符号组成吗? 在前文所举的那个例子中,P 向 P' 传达消息仅仅通过某个东西的特征,而不是通过被看做是与其特征联系在一起的这个东西,这是可能的吗? 这似乎是可能的。实际上,P 和 P' 可能早就商定 P 要送某个东西给 P' 作为礼物,并且事先商定这个东西表面所显现出来的颜色和形状就是 P 的消息的传达载体。如果颜色是红的并且形状是星形,P 就是要将一定数量的钱存进银行;如果颜色是黑的并且形状是星形,他就是要将这些钱给予慈善团体;等等。在这些例子中,不是实体而是它的一些特征即实体表面的颜色和形状构成了文本。

我们所熟悉的大多数文本会表现为各种不同的特征。例如，我这时正写在纸上的文本，就作为这张纸的一个特征或一组特征与这张纸相联系，因为它由黑色的记号构成，而黑色的记号就以一定的方式成为这张纸的特征。

但是，认为文本可以是特征、我们所熟悉的大多数文本都不过是特征，这种观点肯定会面临一些需要处理的难题。例如，我所提到的作为文本的黑色记号何以是纸的特征，这并不是很清楚的。首先，记号似乎并不像手是人体的一部分或一条边是三角形的一部分那样是纸的一部分。而且，记号似乎并不像颜色成为纸的特征那样成为纸的特征。因为记号可以被视为粘在纸上的干墨水块，就像一块胶水粘在椅子的底面，因此，它们看起来像胶水那样是实体而不是特征。

这一异议的前一部分是很切合实际的。这张纸上构成文本的黑色记号并不像这张纸的下半部分是这张纸的一部分或构成这张纸的分子是这张纸的构成要素那样是纸的构成要素。然而，这一异议的第二部分却不是那么容易被人认同了，因为记号不同于胶水，就它们在逻辑上和在本体论上都独立于纸而言，它们可以被视为纸的特征。在逻辑上，记号的概念与其他的某个事物的概念有关，记号就是在这个事物上才成为记号；在本体论上，记号并不独立于它们所标记的东西而存在。它们所标记的是否是纸，这是不重要的；真正要紧的是：记号并没有脱离其他东西的独立的存在。正如人们所认同的那样，这一点明确地意味着记号是特征而非实体，也正是这一点将记号与胶水和其他的实体区分开来。

然而，有人可能会反驳：记号是由墨水构成的，墨水又是由分子构成的，而分子既不是纸的构成要素也不是纸的特征。

在这种情形下，可以看到，由墨水记号构成的文本根本就不是纸的特征，而是以一定的方式排列在纸（另一个实体）的表面上的实体（分子）的集合，类似于海滩上的鹅卵石。

这一反驳可通过描述由纸上的记号构成的文本和由构成墨水的分子所构成的文本的区别来加以回答。由记号构成的文本是特征，因为记号是特征，并且它们的存在依赖于其他的东西。但是，当某人谈及一个由构成墨水的分子按一定的方式排列而构成的文本时，他所谈论的并不是记号，而是墨水和它的构成要素。在这种情况下，文本的确不是特征，而是一个聚合的实体，即一个分子的聚合体。实际上，即使是在标准条件下，这样的分子排列也不能够持续，人们总是可以使墨水凝固并用它创造一个文本。凝固的液体当然可以形成文本，这样的文本必须被看作是实体的——冬季嘉年华里到处都是由凝固的水块所构成的文本。但是，在不考虑记号是由什么构成的时候，一张纸上的记号就只能是这张纸的特征。

我这并不是认为某个事物既是实体又是实体的特征。我认为，在我们所描述的各种情况下，我们所谈论的文本都是不同的，因此，它们可能有不同的本体论地位。记号之为记号，属于一个特征；而墨水之为墨水，则是一个由分子构成的实体。情况就变得复杂了，因为这些记号是由墨水产生的，而墨水是一种实体，这就提出了实体否能作为其他实体的特征而起作用的问题，所以问题就变复杂的。正如上述例子所表明的，它们不能作为特征起作用（function），但它们能够导致（cause）特征。墨水在纸上产生记号，但这一记号在被视为记号时就不再是墨水，尽管它是由墨水产生的。因此，说记号是纸的一个特征而墨水不是,这毫无矛盾。在我们谈及"墨水记号"时也是如此,因为在这样的情况下,事情正好表明记号是由墨水产生的。这种情形与一个物体和它投射出的阴影之间存在的情形相同。这个物体不是阴影,但它导致(cause)了阴影。

综上所述,我们可以得出结论说,文本可以单独地由特征构成,或由实体和它们的特征构成,但它们不能单独地由被认为是脱离了特征的实体所构成。因为在关于文本的实体性的讨论中,物质-特征文本的例子已经列举过,没有必要进一步深究这个范畴了。

我在这里所提出的观点绝非是被广泛接受的。尽管在当代哲学界人们并未给予文本的本体论以很多的关注,但现今流行的倾向是将文本构想为行为的形式(forms of action)。[1]这一观点的背景可以在奥斯汀(Austin)的著作的使用中找到。奥斯汀(Austin)对于言语行为的讨论导致某些人认为文本实际上是行为并且仅只是行为,尽管他们所想到的是奥斯汀所论及的行为(以言表意、以言行事或以言取效)中哪些行为并不总是清楚的。[2]

这一观点源于对产生文本的行为和文本本身的混淆。我致力于写或说的行为,由此产生了笔头文本或口头文本,这并

---

①　见尼哈马斯(Nehamas):《写作者·文本·作品·作者》,第277页,以及《什么是作者》,第688页。但是,尼哈马斯在"把文本描述为行动"和"把文本描述为行动的结果"之间摇摆不定(见第一篇文章,第278页)。还可见巴赫金(Bakhtin)的《言语类型和其他晚期论文》(*Speech Genres and Other Late Essays*)第105页。

②　关于奥斯汀(Austin),见《如何以言行事》(*How To Do Things with Words*)。

不能保证这些行为与其所产生的文本是等同的。① 将说出文本这一以言表意行为等同于文本本身，即等同于被说出的声音，这也是不合情理的。这与聋人使用符号语言的情况不同，因为在符号语言中，一些符号正是存在于手指、手和身体其他部位的一定方式的运动之中。所谓的身体语言也是如此。当然，聋人所使用的符号语言中的一些符号和大多数文化中所使用的身体语言都不是行为，而不过是手指的姿态或脸的表情，在那种情况下，文本也不是由行为构成的。简言之，文本可以由行为构成，可以由构成行为的符号组成，但它们并不必定如此。②

Ⅵ. 文本是聚合体还是非聚合体

如果某物是构成一个整体的实体的集合、系列或组，那么它就是一个聚合体。如果某物缺乏聚合体的多样性特征，那

---

① 这或许就是麦克拉弗蒂（McLaverty）在《关于"同一性"和"言语"的问题》（"Issues of Identity and Utterance"）第 140 页的意思。

② 其他的观点由文本批评家们所提出。希林斯伯格（Shillingsburg）在《自主的作者、文本的社会学、文本批评的辩论法》（"The Autonomous Author, the Sociology of Texts, and Polemics of Textual Criticism"）中把文本视为过程；格雷戈利（Grigely）在《文本事件》（"The Textual Event"）中把文本视为事件；黑（Hay）在《文本存在吗?》中赞成把文本视为可能性的观点；麦克格恩（McGann）则坚持把文本视为多重文本（polytext）或一种永未完成的组合。遗憾的是，我在这里没有时间来充分评判这些观点。指出如下这几点就足够了：首先，这些观点把文本视为不稳定的，因为被我称为 ECTs 的东西会发生变动或它们的意义会发生变动，或者是两者都会变动。第二，这些观点中的一些与我的观点并不相悖，因为这些作者所讨论的问题，并不总是与我所提出的本体论问题相同。第三，这些作者所使用的一些范畴，诸如过程和事件，能够被归结到我所使用的"实体"和"特征"的范畴之中。

它就不是一个聚合体。聚合体必然是复杂的,而非聚合体则必然是简单的。这些聚合体和非聚合体的概念非常宽泛。它们包括同类性质的实体,这些实体可能仅只是非本质地相联系,它们也是本体上更紧密地联系着的不同的实在(比如,实体和它们的特征)的排列。

导言中将文本理解为由用作符号的一组实体构成的复杂的人造物,由这一理解以及前文的讨论,我们可以认为,这样的复杂性会在它们的本体论构成上反映出来。支持这一观点的事实是,我们所熟悉的文本中那些最显而易见的例子都是这样那样的聚合体。考虑此刻我在这张纸上留下的笔迹。它必定是一个特征的聚合体,因为它是由纸上的某些记号构成的,这些记号有一定的形状等。实际上,这个笔迹可以根据诸如颜色或形状以及它们之间的联系等各种各样的特征来分析。综合考虑我现在正在写的这个文本的特征和它的聚合特征,我们可以把这个文本归类为特征—聚合类型的文本。

当某个文本被视为由一个实体和它的特征构成的整体时,第二种可能性就会产生。在这种情况下,与文本有关的方面既包括实体也包括它的特征。考虑前文讨论的具有某种颜色的皮夹所构成的文本的例子。在这个例子中,文本的意义不仅仅取决于皮夹(实体或实体和特征,这取决于人们对实体的看法),也取决于它的颜色(特征)。因此,我们有了一个混合种类的文本,它可以被称为实体—或特征—聚合文本。完全有理由说,这种类型的文本可以由多个实体和它们的特征所构成。沙滩上不同颜色的鹅卵石按照一定的方式排列所构成的文本,就是由数个实体(鹅卵石)和它们的特征(颜色、排列等)所构成的。

到目前为止,我们已经看到文本的聚合概念如何契合于我们所采用的文本概念,但是,文本是否有可能不是聚合体呢? 对这个问题作出肯定的回答是不可行的,原因在于文本所必然具有的复杂性。实际上,在我们的经验中,文本总是聚合体。非聚合文本的最可能的情况,是由一个单纯实体所构成的文本。但是,文本不可能由被视为脱离了它们的特征的实体构成,更不用说由一个单纯实体构成。一个没有构成要素或特征的单粹实体——这个概念本身就很难被接受——不可能是由一组用以传达文本意义的符号所构成的。从一定意义上说,作为文本发挥作用的实体必然是复杂的,而如果它是复杂的,并且它的构成要素或特征作为组成文本的符号起作用,那么,这个文本就被证明完全是一个聚合体。

有人可能仍然认为,在这种情况下,实体的复杂性并不是文本的构成要素。但是,如果实体的特征不被视为文本的构成要素,那么,这个实体就不能真正地作为文本起作用。实际上,甚至它能否作为符号起作用都是有问题的,因为符号也必须是能够与作为符号起作用的其他的东西区分开来的,而要能区分开来,就必须具有特征,而这就意味着复杂性。总之,文本必然总是聚合的。

Ⅶ. 文本的存在和所在

对文本的存在和所在(location)问题的回答,既与文本的普遍性又与文本的个体性紧密相关。涉及这一问题的理论可以分为两种,取决于是将文本的存在等同于精神的存在还是将文本的存在等同于精神以外的存在。前者将文本定位于头脑之中,而后者将它们定位于头脑之外。在那些将文本定位于头脑之中的理论中,有三个尤其突出。第一个认为文本处于上帝的头脑之中;第二个认为文本处于作者的头脑之中;第三个认为文本处于读者的头脑之中(当然,同时持这三个观点也是有可能的)。① 读者有时被等同于某个或更多的特定的人,在其他时候则被等同于被视为一个整体的社会团体。

　　所有这些观点都有着重要的支撑点。认为文本处于上帝的头脑之中,这是最为便利的,因为它化解了这些文本在人们想到它们之前在哪里的问题。认为文本处于作者的头脑之中,这也是合乎情理的,因为毕竟作者被认为是文本的创造者。最后,认为文本处于读者的头脑中,这有助于说明读者怎么能够理解文本。

　　但是,这些观点的问题在于,它们把文本设想为这种或那

---

　　①　对这个问题的另一种完全不同的解答方法,见黑(Hay)的《文本存在吗?》。她认为,文本并非任何现实的东西,而只是与前文本(a pre-text)、后文本(post-text)和笔头作品相关的一种必需的可能性。前文本的概念最早是由贝尔曼－诺埃尔(Bellemin-Noel)在《文本和前文本》(*Le texte et l'avant-texte*)中提出的。与此类似的解答见麦克格恩(McGann),他把文本视为"一系列的创作行为"("a series of acts of production"),一种永未完成的组合或多重文本,《现代文本批评批判》(*Critique of Modern Textual Criticism*),第 52 页。在文本批评家中,最早提出文本的存在和所在问题的是文本批评家巴特森(Bateson),见《批评性的异议文集》(*Essays in Critical Dissent*),第 10 页,以及韦勒克(Welleck)和沃伦(Warren),见《文学理论》(*Theory of Literature*)。麦克拉弗蒂(McLaverty)在《艺术的文学作品的存在模式》("The Mode of Existence of Literary Works of Art")中讨论了这个问题,但主要是涉及文本作品和非文本作品的区别。他所提出的"如果《蒙娜丽莎》在罗浮宫,那么《哈姆雷特》和《利西达斯》在哪?"是一个有趣的问题,但我在这里没有时间来讨论它。指出《哈姆雷特》的笔头文本是一个与《哈姆雷特》的口头文本不同的文本,这就足够了。在这种情况下,笔头文本所起的作用,相当于一份乐谱对于一部交响乐的作用。见我的《文本性理论》,第三章。

种精神现象,而文本并不一定是精神的。可以有物理文本,而且实际上我们所熟悉的并在社会中有效起作用的大多数文本,就它们的 ECTs 是物理的而言,都是物理的。认为文本仅限于某种精神的存在,这是不行的。

认为文本仅仅只有精神的存在这种观点包含着两个误导性的假设:第一个误导性的假设是将文本等同于个体的认识者在理解文本时所把握到的意义;第二个误导性的假设是把所有的文本意义都视为是精神的。如果某人假定文本与它们的意义是相同的而且意义是精神的,那么得出的结论是:文本仅仅只有精神的存在。但是,文本与它们的意义并不相同,对此前文已有论述,并且第二章将会有更为详细的辨析;而且,认为意义必然是精神的这种观点也是有争议的,不足以用来支持其他的观点。① 因此,以认识者对意义的理解的精神特征为基础,认为文本总是精神的东西、文本只有精神的存在,这种观点看上去并不成立。

关于文本的存在和所在的另一种理论是认为文本处于头脑之外。② 关于这种理论,我们至少也可以找到两个观点。对一些作者而言,文本在这个世界上作为客体而存在,它的存在和其他客体的存在是类似的。对于其他一些采用了柏拉图式的观点的作者而言,文本不是世界的构成要素,而是存在于头脑之外的某个属于它们自己的地方,在那里它们具有比在

---

① 参见普特南(Putnam):《理性、真理和历史》(*Reason, Truth and History*),第 19 页。

② 在那些"把文本视为是物理的"的作者中,大多数都持这一观点。参见霍华德-希尔(Howard-Hill):《编辑和阅读中的多样性》("Variety in Editing and Reading");普若科特(Proctor)和艾布特(Abbott):《文献和文本研究导言》(*Introduction to Bibliographical and Textual Studies*)。

现实世界和头脑中更真实的存在。①

这些观点有很大的优点。呈现给我们的文本不仅仅是精神实体,实际上,我们所遇到的大多数文本,就它们的 ECTs 是物理实体而言,都是物理实体。因此,说文本是精神以外的世界的构成要素是讲得通的。当然,柏拉图式的观点的优点与对殊型文本的存在的因果解释有关,因为原型文本的存在似乎有助于解释它们的复制本的存在。

但是,这些观点看来都不能够充分地说明文本与对它们的理解之间的关系。如果文本只不过是这种或那种精神以外的客体,或者甚至是柏拉图式的那种原型理念,那么它们如何能够被理解为不同于它们所是的那种东西的东西呢? 对文本的理解不是对它们的 ECTs 的理解。当我理解文本"2+2＝4"时,我所理解的不是印在纸上的由墨水构成的一定的线条或形状。我所理解的是二加二等于四,也就是说,我理解的是这些线条和形状的意义。将文本等同于精神以外的实体,这种观点的问题在于它们没有考虑文本的完整性质;它们没有意识到文本是被赋予了意义实体,而不只是构成文本的、被视为脱离了意义的实体。而且,应当明确,至少有些文本是精神的并因此而存在于头脑中,因而断言所有的文本都处于头脑之外是没有道理的。

将文本定位于头脑之中和将文本定位于头脑之外,这两

---

① 对于这些作者而言,文本是一种理念的存在。见坦塞勒(Tanselle):在《文本批评的基本原理》(*A Rationale of Textual Criticism*),第 64—65 页。将此与希林斯伯格(Shillingsburg)关于作品的概念相比较,在希林斯伯格(Shillingsburg)那里,作品是一种理念的存在。见《作为事件、概念和行为的文本》("Text as Matter, Concept, and Action"),第 49 页。我在《文本性理论》的第三章讨论过"理想文本"这个概念。

个观点犯了两个同类型的错误,尽管是不同方向的错误。第一,那些将文本定位于头脑之中的观点将文本完全地等同于意义,并且将意义理解为某种精神的东西;那些将文本定位于头脑之外的观点将文本完全地等同于 ECTs,并且把 ECTs 理解为非精神的。这两个观点都忽略了文本性的一个最基本的方面:前者忽略了 ECTs,后者忽略了意义。第二,这些观点都将意义和 ECTs 的性质或者局限于精神的领域或者局限于非精神的领域。为了不再掉进同样的陷阱,有必要采取另一种不同的方法。我将由文本可以是普遍的和个体的、物理的和精神的这一事实,引出我关于文本的存在和所在的观点,下面,让我们从个体的物理文本开始这一讨论。

像其他的物理个体一样,个体的物理文本是在一定的时间和一定的地点存在的实体。这在诸如亚里士多德的《形而上学》这样的作品的文本的例子中非常明显。这一作品的个体历史文本是在一定的时间和地点产生的,只要它没有被毁坏,它就会像其他个体的物理物体一样继续存在。同样,同一作品的个体当代文本是在一定的时间和地点产生的,只要它没有被毁坏就能持续存在。当然,如果没有人将这一文本的物理 ECTs 与亚里士多德赋予它们的意义联系起来,这个文本就只能享有有限的存在,而且人们可以认为它实际上根本就不是作为一个文本而只是作为 ECTs 存在的。然而,这些ECTs 曾经与某种意义相联系的事实是无法改变的。

亚里士多德的《形而上学》除了有物理文本之外,还有精神的对应物,比如亚里士多德的头脑中这个文本的图像,或其他那些熟悉这一物理文本的人的头脑中这个文本的图像。这些图像也是个体文本,但它们是精神的而非物理的;它们是在某些特定时刻存在于个体的头脑中的一类精神文本的不可例示的个例。这些个体的例子存在着并且处于时间之中。它们是否也处于空间之中,这个问题很难回答,取决于头脑相对于物理对象的状况。这里我们将不得不对此问题不作回答,因为确定头脑相对于物理对象的性质的问题是无法附带地加以解决的,尽管从前文的论述中可以很清楚地看出,我并不赞同把精神的和物理的东西等同起来。所幸就我们当前的目的而言,回答这一问题并非必要。指出个体的精神文本存在于那些思考这些文本的个体主体的头脑中,这就足够了。

普遍文本的情况与个体文本的情况有很大的不同。① 在这种情况下,问题涉及的不是像亚里士多德的《形而上学》那样的个体的历史文本的存在和所在,而是个体文本是其个例的文本类型的存在和所在。这就提出了共相的本体论地位这个非常重要却又很难回答的问题,受限于当前的计划,这里无法充分地讨论这个问题。不过,我已经在别的地方展开了对这个问题的讨论,所以,在这里为了节省时间和篇幅,我将把在那里得出的关于共相的一般结论特别地应用于普遍文本的情况。②

关于共相的存在,我的观点是,诸如存在这样的范畴并不适用于共相。而且,由于所在以存在为先决条件,所以所在也不能应用于共相。试图将这些范畴应用于共相,就会陷入赖

---

①　在关于文本和艺术客体的文献中,对个体和共相之间的混淆是十分常见的。例如,正是这种混淆导致了伽达默尔关于游戏和艺术作品的存在的一些如谜般的陈述。见《真理与方法》(*Truth and Method*),第110、195页。塞尔(Searle)在《重申差别》("Reiterating the Differences")中批评了德里达的类似混淆。

②　格雷西亚(Gracia):《个体性》(*Individuality*),第104—112页。

尔(Ryle)所说的范畴错误。这就类似于试图去回答几何形状是否有一种特定的味道或痛苦是否有颜色的问题。味道不适用于几何形状,而颜色不适用于情感世界。说三角形尝起来很苦、圆形尝起来很甜,这都是不合情理的。尽管有时我们会使用颜色去描述心情和情感,如我说"我今天觉得 blue(蓝色,意指忧郁——译者注)",这样的使用很明显是隐喻,而且人们也都能理解这样的隐喻。试图根据颜色去理解痛苦或者根据味道去理解几何图形,就会导致概念的混乱。同样地,存在和所在的范畴不适用于诸如猫、善或桌子这样的共相。人们可以问,个体的猫,比如吱吱,是否存在? 或当我正在写这些单词时,吱吱是否正和我一起待在我的工作室里? 但是,问"猫"是否存在,或者问"猫"是在这里还是那里,这是不得要领的。

这一观点不应被等同于认为共相不存在的观点。① 将这两个观点等同,就是承认"共相存在吗?"或以更具体的形式说"猫存在吗?"这种问题是合理的。而我却明确地主张这类问题是不合理的。我认为,人们不应当提出这类问题。说人们不应当提出这类问题,这是一个语言学上的要求。但这一要求也有本体论上的根据,这就是我所说的,就存在而言,共相是中性的;类似地,就所在而言,共相也是中性的。

当然,如果人们将共相等同于个体头脑中的观念,那么,很明显,共相就会既存在着又处于那些头脑中——联系前文

---

① 这一观点也不应被等同于"文本不存在"的观点。在那些否定文本(无论现实文本还是精神文本)的存在的人中,有德曼(De Man),参见他的《盲点的修辞学》("The Rhetoric of Blindness"),第 107 页。否认共相存在的观点有很多形式。见我的《个体性》(*Individuality*),第 70—85 页。

所提到的附带条件来理解所在。当前我头脑中正考虑的关于猫的概念既存在着又在我的头脑中。但是，这并不意味着"猫"这个共相存在着或处于某个地方。我在这里要讨论的，不是任何人头脑中的猫的概念，而是"猫"这个共相。这与我已经在别的地方所作的讨论的是很不一样的。[①]　在这里，指出"猫"不同于"猫的概念"，也不同于"我头脑中关于猫的概念"，这就足够了。

　　如果采用我关于在存在和所在上共相的本体论地位是中性的这一观点，那么，就不能说普遍文本存在或不存在、处于或不处于什么地方。[②]　作为共相，文本在存在和所在上是中性的。考虑前文提及的关于文本的两个例子：

　　　　1. $2+2=4$
　　　　2. $2+2=4$

　　这些文本是个体的，它们都存在并且有一定的所在。它们存在着是十分明显的，因为我正感知到它们，任何读这本书的人都能感知到它们。它们的所在也十分明显，因为我能够描述出诸如它们正处在离这页的顶部多远距离的地方，等等。但是，它们所属的文本的普遍的物理类型并不处在我可以感知到的任何地方，我们也不能说它存在或不存在。

　　我也可以说，当我想象 1 或 2 的时候，我拥有一个精神文本。那个文本也存在着并且"在（in）"我的头脑中——无论

---

　　① 《个体性》（*Individuality*），第 74 页。
　　② 我认为这有些类似于沃尔海姆（Wollheim）在《柯林伍德美学中的自相矛盾》（"On an Alleged Inconsistency in Collingwood's Aesthetic"）第 259 页中所考虑的那种观点。

这个"在(in)"可能意指什么。但是,那个文本并不是共相,因为它并非是那种能够有其他个例的不可例示的类型。实际上,它是某个类型的一个个例,并因此像 1 或 2 一样是个体的。由于这个原因,谈论它的存在和所在是合理的。但是,为了避免陷入严重的概念混乱,我不能谈论作为个例的共相的存在和所在。正如 1 和 2 属于其个例的物理类型一样,精神的类型在存在和所在上是中性的。

在这一点上,我们可以考虑一种对于我所提出的关于普遍文本的观点的异议。导言中所提出的关于文本的定义表明,文本的必要条件之一是它们有作者。但是,普遍文本在存在和所在上是中性的,而作者权又是以存在和所在为先决条件的。因此,普遍文本不可能是文本。

这种异议源于对我的观点和对普遍性的本质的误解。它假设共相是某种实体即存在物,并因此实际上将共相与它们的个例即例示共相的个体区分开来。因为这个缘故,所以人们除了会问这些个例的作者是谁以外,还会问这些共相的作者是谁。共相和个例成了两种不同的事物,它们似乎各自不同的作者。实际上,这就是驱使中世纪的人们提出一些神圣观念并追问这些神圣观念与上帝之间的因果关系的那种假设。一旦人们陷入这类论辩术,就没有办法走出来。正如我在其他地方所主张的那样,走出这个难题的唯一途径是斩断构成这一难题的戈尔迪之结(Gordian knot),拒斥它所基于的假设。① 我的观点是,共相在存在或非存在上是中性的,因

———————————

① 格雷西亚(Gracia):《解开本体论的"戈尔迪之结"》("Cutting the Gordian Knot of Ontology")。

此,与其个例不同,共相不能被视为实体。与个体性一样,普遍性是一种样式(mode),无需进行实体上的区分。① 于是,没有必要假设一个与个体文本的作者不同的普遍文本的作者。一个文本只有一个作者,这个作者既是个体文本的作者也是普遍文本的作者。当然,这并没有说明作者对于个体文本和普遍文本做了什么,而这样的一个问题只有在我们知道作者权意味着什么之后才能回答。我把它留待第三章讨论。

按照我们前文的讨论,文本是根据它们的 ECTs 的特征来分类的,个体文本的所在和存在是建立在构成它们的 ECTs 的存在和所在的基础上的。如果 ECTs 是物理的,文本就作为物理实体而存在于世界上;如果 ECTs 是精神的,文本就作为精神实体而存在于头脑中。就普遍文本而言,情况也是如此。作为由 ECTs 构成的东西,文本仍然会属于某个物理或精神的类型,但即使如此,它们作为共相在存在和所在上具有中立性。然而,因为文本是传达意义的实体,人们可能会问,文本的 ECTs 的存在和所在是否不足以确定文本的存在和所在,以及如果是这样的话,为了确定文本的存在和所在,是否需要考虑文本的意义的存在和所在。根据文本的 ECTs 的特征对文本进行分类,这固然不错,因为这能够帮助我们在文本当中进行区分,但是,在涉及文本的存在和所在时,看来也需要考虑文本意义的情况。

这个问题的答案可以从前面我们关于意义的讨论中引申出来。意义可以是个体的或普遍的。如果意义是普遍的,它们作为共相在存在和所在上就是中性的。如果它们是个体

---

① 格雷西亚(Gracia):《个体性》(*Individuality*),第 134—140 页。

的,它们就有着适合于这些个体的存在和所在。因此,对文本的存在和所在问题的回答,还是取决于人们如何看待文本。

Ⅷ. 文本的历史性

普遍文本在存在和所在上是中性的,而个体文本则不是这样,这一事实引起了两类问题。第一类问题关涉同一性:个体文本和普遍文本何以是相同的? 这个问题最好留至下一章讨论,在下一章中我们将讨论文本的同一性。第二类问题与文本的历史性有关。一个文本可以既是历史的又是普遍的吗? 关于这一点,我在这里将附带地谈一谈。

个体文本的历史性并没有什么问题。作为个体,如果它们是物理的,它们就会在某时某处被发现;如果它们是精神的,它们就会在某个时间处于某个人的头脑中。只有在涉及普遍文本时,问题才会出现,因为我曾提出文本是历史实体并也认为它们可能是普遍的;然而,就其并不存在于任何地方或任何特定的时间而言,作为共相的普遍文本看起来并不是历史的,因为它们在存在上是中性的。

严格地说,在物理文本在某个特定的时间和地点存在、精神文本在某个特定的时间处于某个特定的头脑中的意义上,普遍文本不可能是历史的,就是说,在这一意义上,只有作为殊型的个体文本是历史的。在这一意义上,在存在和所在上是中性的普遍文本不可能是历史的。但是,如果“历史的”是意指一个已被例示的共相而非尚未例示的共相,那么,很明显,共相可以是历史的。从这种意义上说,世界上已被例示的共相都是历史的。在这一意义上,莎士比亚的《哈姆雷特》的普遍文本可以被视为历史的,即使它作为共相并不存在于什么地方。

Ⅸ. 结　论

文本是人造物,是被赋予意义的实体,作者用这些实体或想用这些实体向他人传达意义,以实现不同的目的。对于文本的本体论描述而言,这一事实具有重要的意义,因为这一描述必然包含着对构成文本的实体、实体被赋予的意义以及实体与意义之间的关系的描述。因为文本首先就是构成它们的实体,它们的本体论描述必须包含对那些实体的描述,并且必须从对那些实体的描述开始。

我在这一章中已经论证过,如果人们接受实体与特征之间的区分,那么文本就可能或者由实体和它们的特征构成,或者单独地由特征构成,但不可能单独地由被视为脱离它们的特征的实体构成,无论是单一的实体还是许多实体。由此,可以得出文本总是聚合体的结论。而且,我已经论证过文本可以是普遍的或个体的。普遍文本是由能够例示的实体构成的文本;个体文本则是由不能例示的实体构成的文本。

文本也可以是物理的或精神的。这种分类是重要的,因为我们一般都把文本视为能够由感官感知到的这样那样的物理客体。但是,文本也可能是感官感知不到的精神客体。因此,将文本性理解为必然地包含着一个物理的或可感知的方面,这是错误的。

物理文本和精神文本的区分将许多原本可能被忽视的问题带入我们的视野,如物理文本和精神文本谁先谁后的问题。

精神文本总是先于物理文本的,或者相反? 我对这个问题的
回答是,没有可以被确定的固定的先后次序。在某些情况下,
物理文本先于它们的精神对应物,但在另一种情况下则是相
反。在物理文本的范畴中,也产生了先后次序和关系的问题,
因为这一范畴包括各种不同类型的文本,这些类型取决于它
们被感知时所用到的感官。这一讨论尤其适用于口头文本和
笔头文本之间的复杂关系,因为在这两者之间,其中的一个有
时会作为另一个的符号起作用,反之亦然。

这就产生了有关文本的同一性的有趣问题。对物理文本
和精神文本的混淆,给两种观点提供了支持,而这两种观点实
际上都是不可接受的。第一种观点将文本设想为精神实体,
并倾向于把它们等同于主体对它们的理解。这又导致了这样
的结论,即有多少种理解,就有多少个文本。第二种观点将文
本设想为物理实体,并倾向于把它们等同于物理的 ECTs。这
导致了这样的观点,即转换是不可能的。因此,将文本归类为
物理的和精神的,并且认识到它们的不同,对于探讨文本的同
一性问题具有重要的意义。我在第三章中讨论了其中的一些
问题。

文本的个体性导致了有关文本的个体化原则的问题。借
用我在别处讨论的结论,我认为个体化的唯一的充分必要条
件是存在:正是它存在这一事实,使得一个个体不可例示,并
因此是它的个体性的源泉,也使得它与它作为其个例的共相
区分开来。

文本的普遍性和个体性对文本的存在和所在问题有重要
影响。个体文本存在和所在被确定的方式与其他个体相同。
而且,它们的所在是由它们的特征确定的。如果它们是精神

实体,它们只在头脑中存在;但如果它们不是精神实体,它们就存在于头脑之外。

就普遍文本而言,情况则有所不同。就存在和所在并不适用于普遍文本而言,普遍文本在存在和所在上是中性的。但是,它们的个例可以存在并且处于头脑之中或头脑之外。

这样,关于文本的本体论就建立在构成文本的实体的本体论地位的基础上了。至此,在意义的本体论地位问题上,我们发现意义可以是普遍的或个体的。除了特定意义的本体论地位之外,意义没有特定的本体论地位,就此而言,意义本身是中性的。由此可以得出结论说,不同类别的文本可能具有不同类别的意义。个体文本可以有普遍的意义,而普遍文本可以有个体的意义。这一结论由此澄清了文本和它们的意义之间的关系。这一关系必须被视为非现实的,它只不过是意义与一系列被挑选出来并排列构成文本的实体之间的有意的和约定的联系的结果。

从以上讨论我们也可以理解文本何以可能是历史的。当文本是个体的,它们的历史性是毫无问题的,因为个体文本除了那些现实的但不受时间限制的文本之外,都是历史实体。普遍文本的情况则有所不同,因为作为共相,它们在存在、所在和时间上都是中性的。这样,它们的历史性就导源于它们的个例的历史性;当普遍文本已被例示时,它们就是历史的。

这些结论引起了许多其他的问题。其中的一些与同一性有关,并因此涉及使得文本相同或相异的条件。其他的一些涉及文本与它们的作者、读者之间的关系。前一系列的问题将在下一章中讨论,后一系列的问题将在其后的两章中讨论。

第二章　同一性

　　布法罗大学图书馆里有很多本标题为《堂吉诃德》的图书,它们的作者都被认为是塞万提斯。这些书在一些重要的方面都是不同的:它们占据不同的时空位置;它们印在不同的打字稿上,印在不同硬度的纸上,每一页上的字数都不同;等等。然而,一般人都会把这些书看作同一文本的不同印本,图书馆的使用者们把它们视为同一文本的不同印本也不会有什么问题。① 这样一来,我们会问,什么使得它们是同一的? 更一般地说,什么使得文本是同一的?

　　这一问题不仅就其本身而言是一个有趣的问题,而且对于其他与文本相关的哲学问题也具有重要的意义。文本的同

---

　　① 并不是所有人都同意这种观点。许多近来的文本批评家认为,(复制或重述某个文本的)新文本与原文本并非同一文本。例如,格雷戈利(Grigely)认为,没有文本是可以复制或重述的,因为任何复制或重述都是在一种新的复述环境中的新的文本。见《文本事件》("The Textual Event"),第171—186页。这里我无意于指出格雷戈利(Grigely)的观点是错的,我只不过想指出我们还是可以在某种意义上谈文本是相同的或者是不同的。

一性问题与文本的完整性或不完整性问题以及可以被称为文本的边界的东西紧密相关。而对这些问题的回答既决定着对文本的理解又决定着对文本的解释。同样,对文本的同一性问题的回答会决定着某个文本是否是新颖的,这又决定着诸如某个特定的作者的原创性以及某个文本被抄袭的程度之类的事情。总之,本书关于文本的大部分讨论都假设了文本的同一性的存在,因而我们很难回避什么使得文本是同一的这一问题。

文本的同一性问题对于文本性所涉及的其他问题而言重要且有趣,除此之外,就其本身来说,它也是让人感到困惑的,因为人们为回答这一问题而通常采用的基本思路遇到了许多难题。其中的五种观点如下。① 一种观点是将文本等同于用以传达意义的实体,这些实体被视为是与这一意义或任何其他的意义分离开来的,也就是我们称之为 ECTs 的东西。在一个由纸上的记号构成的文本中,那些脱离其所要传达的意义的记号的同一性的条件,被认为是文本的同一性的条件。但是,这一观点遇到了一些难题。例如,如果接受了这一观点,我们就会缺少将文本与那些不是文本的实体区分开来的途径。而且,按照这一观点,某个文本可以具有相互矛盾的意义,因为相同的实体可以用来传达相互矛

① 当然,也有其他的一些观点。例如,有这样的观点即认为作者的意向是文本的同一性的决定因素,但这种观点预设了意向文本(an intended text)的概念,而这一概念正是我在《文本性理论》的第三章中所反对的。意向文本的概念时常在文献中被使用。见坦塞勒(Tanselle):《文本批评的基本原理》(*A Rationale ofTextual Criticism*),第 70 页及以下诸页。

盾的意义。①

第二种观点是将文本等同于意义，这一意义被认为是独立于用来传达它的实体（ECTs）的。按照这种思路，文本的同一性的条件仅适用于意义，而不适用于用以传达这种意义的实体。例如，决定一个笔头文本的同一性的并不是在纸上所做记号的同一性的条件，而是决定这一文本所表达的意义的同一性的条件。② 这一观点遇到的难题是，不同的文本，包括使用不同语言、意义相同但有着不同 ECTs 的文本，会被认为是相同的文本。

第三种可能的观点认为，文本等同于用以传达意义的实体（ECTs）和意义，这里的意义是一般的意义而不是某种特殊的意义。在这一意义上，同一性的条件包括意义，但不包括任何特殊的意义。由纸上记号所表征的笔头文本的同一性的条件包括，记号的同一性的条件加上"这个记号有意义"这一条

---

① 这是理解德里达观点的一种方式（第二种方式，参见接下来的第三种观点）。存在着不同甚至自相矛盾的意义——这样的可能性并没有给德里达带来困扰，因为在他看来，"延异"（la difference）正是语言所不可缺少的；《签名事件语境》（"Signature Event Context"），特别是在第 183—184 页和第 192—193 页。梅兰德（Meiland）也曾批评赫施（Hirsch）所持的这一观点。见《作为一门认识学科的解释》（"Interpretation as Cognitive Discipline"），第 32—33 页。希林斯伯格（Shillingsburg）在《电脑时代的学术编辑》（Scholarly Editing in the Computer Age）中似乎也同意这一观点的某个版本。也可见古德曼（Goodman）：《艺术的语言》（Languages of Art），第 116、207 页。

② 沃切特海瑟（Wachterhauser）在《解释文本》（"Interpreting Texts"）第 442、453—455 页认为伽达默尔（Gadamer）持这一观点并对伽达默尔的这一观点进行了批评。看起来费希在他的《这一类中有文本吗？》第 vii 页是支持这一观点的。

件,而不是"这个记号有某种特殊意义"这一条件。① 这一观点遇到的难题与第一种观点遇到的难题类似,因为按照这一观点,同一文本可以有任何意义,这看起来是不可接受的。

第四种观点是将文本等同于一定的行为。② 这一观点衍生自奥斯汀那个众所周知的从言语行为的角度提出的语言概念。③ 这样,一个文本就是某人完成的一系列行为。因为奥斯汀区分了三种不同的相关言语行为,于是就产生了这三种言语行为中的哪一种构成了一个文本的问题。对于奥斯汀而言,以言表意的行为,是比如当某人说"请帮忙捡球"时所发生的说的行为。这一行为也就是某人发出构成口头文本的声音时所实施的行为(当然,这也可以应用于写的行为)。以言取效的行为是使得被叫去捡球的某人去捡球的行为。它是一个当以言表意的行为产生了预期的影响时所实施的行为。在这种情况下,以言行事的行为是让某人去捡球的行为。它是在某人说些什么亦即在某人实施以言表意的行为时所实施的行为。在这一构架内,人们可以将文本"请帮忙捡球"等同于一系列以言表意、以言取效或以言行事的行为,或等同于由这三种行为或其中的一些所构成的一组行为。无论如何,重要之点在于文本成了一系列由说话者或写作者实施的行为。这

① 这是第一种观点稍稍弱化的版本。这也是理解德里达观点的一种方式。见坦塞勒(Tanselle):《文本批评的基本原理》(A Rationale ofTextual Criticism),第70页及以下诸页;格雷戈利(Grigely):《文本事件》("The Textual Even"),第170页。

② 例如,见麦克格恩(McGann):《文本的条件》(The Textual Condition),第4页。

③ 见奥斯汀(Austin):《如何以言行事》(How To Do Things with Words),第98页及以下诸页。

种观点所面临的问题之一是,它在文本的同一性中没有给意义发挥作用留出空间。而且,它把文本的使用(如某个行为)混同于文本,正如它把说的行为混同于言语一样。然而,人们借以传达意义的,不是说的行为而是言语,正如不是写的行为而是文字一样。所以,文本不可能是说或写的行为,即使人们想把文本的称呼强加给这些以言取效和以言行事的行为。文本必定是那些被视为与其他的某些东西相联系的言语或文字。①

最后,有一种我要为之辩护的观点,按照这种观点,文本的同一性的条件不仅包括用以传达它的意义的实体(ECTs)的同一性的条件,而且包括这些实体被用来传达的特定意义的同一性的条件。然而,这种观点并非完全没有疑难。首先,这种观点似乎排除了这样的可能性,即一个文本依其语境及其如何被使用而可以有不同的意义。第二,它似乎也排除了这样的可能性,即不同的读者对同一文本有着不同的理解。

尽管文本的同一性所涉及的问题和相关的问题很重要,在近来的文献中文本也受到了相当大的关注,但文本的同一性问题却很少被哲学家们明确地提出。② 与此形成对照的

----

① 麦克拉弗蒂(McLaverty)支持"文本是言语(a text as an utterance)"这一观点,但他把"言语"理解为某些行为如提出、发布、表达、出版等的结果(product)。他也论及了作者的意向,但不是关于意义的意向(如赫施和其他人所做的那样),而是关于"言语"的意向。文本是作者某些行为(如:出版)的有意向的结果。见《关于"同一性"和"言语"的问题》("issues of Identity and Utterance"),特别是第140、144页。巴赫金(Bakhtin)在《言语类型和其他晚期短文》(*Speech Genres and Other Late Essays*)第105页也描述了作为"言语"的文本。

② 至于一个例外情况,见卡瑞尔(Currie)的《作品和文本》("Work and Text")。

是,文本批评家们却非常关注这个问题。但是,他们所关注的更多地是与特定文本的同一性条件相关的问题,而不是文本的同一性的一般问题。[①] 在这一章的结论中我会谈到这一点。在这一章的主体部分,我打算关注文本的同一性的一般问题。我的论点是,文本的同一性的条件是复杂的,不仅包括特定的意义,而且包括句法和结构。

Ⅰ. 相　同

根据当前的目的,依据惯常的用法,我将把"同一性"(identity)"和"相同(sameness)"这两个语词视为可互换的。的确,在日常话语中,对这两个语词的使用几乎没有什么差别。"Identity(同一性)"是一个学术词语,源于晚期拉丁文 *identitas*(它又是 *idem* 的衍生词,*idem* 意指"相同(the same)"),而"相同(sameness)"则源于古斯堪的纳维亚语的常用词根。在专业话语中,这两个词的使用可能有些区别,但那些都是特定作者的个性化使用,就我当前的目的而言,这些区别都是不相干的。

"相同(sameness)"这一概念在我们日常的概念体系中是最具多种用法的一个。我们将它用于所有种类的事物,诸如颜色、人、时间、空间、关系、本质、经历、事件、概念等。我们说人们或他们的生活是相同的或相同类型的;我们说一个女儿和她的父亲在这个或那个特征上是相同的;我们在话语中

---

① 科恩(Cohen)的《魔鬼与天使》一书中的数篇文章都提到了这个问题。与这个问题特别相关的是麦克拉弗蒂(McLaverty)的《关于"同一性"和"言语"的问题》("Issues of Identity and Utterance")。

谈到相同概念的使用；我们承认有时我们会有着相同的经历；我们会谈及在相同的时间待在某个地方，谈及本质上的相同，谈到目击相同的事件。的确，这里可以举出极多的例子来说明这个概念在日常谈话中的用途之多和使用之广，但就我们的目的而言，上述的例子已经足够。

"相同（sameness）"的概念与"相似（similarity）"的概念有着明显的联系。作者们对"相同"与"相似"这两个语词的互换使用，并不少见。其所以如此，是因为在日常语言中我们的确会在某些场合将这些语词互换使用。例如，当两个物体都是红色时，有时我们会说这两个物体有着相似的颜色。在这种意义上，"相似"与"相同"之间并没有区别。但是，我们也时常会在不同的意义上使用相似和相同的概念，由此区分这两个不同的语词。这就对这两个概念作出了重要的区分。或许最关键的区别在于，对"相似"的理解总是发生在"存在着不同"这一语境中的。两件事物是相似的，它们必定也会在某些方面是不同的，尽管这些不同所涉及的必定不是相似所依据的那些方面。因此，当人们谈到某两人相似时，就是预设了这两个人在某些方面是不同的。如果他们不是在某些方面不同，那么他们就会被视为相同的。相似的条件可以表述如下：

　　　　X 与 Y 相似，当且仅当 X 和 Y（1）至少有一个特征 F 是相同的，而且（2）也至少有一个特征 F1 是不同的。

在这一陈述中，特征被作了非常宽泛的理解。它们可以包含任何被说成是某个事物所具有的任何东西，因而它并不仅仅是性质，也可以是关系、方位、时间定位、状况、行为等。

之所以采用这种宽泛的理解,既是为了和第一章的讨论相一致,也是为了简化这一讨论。

与相似不同的是,相同并不要求——实际上它拒斥——不同。这并不意味着,两个事物不能在某些特征上被视为是相同的,而在其他的一些特征上是不同的。例如,一个女儿和她的父亲可能在倔强上是相同的,而在性别上是不同的。但是,关键在于,如果这个女儿和她的父亲在倔强上是相同的,那么他们的倔强就不能有任何的不同。如果有一些不同,那就表明他们的倔强并非在任何方面都是完全相同的,其中的一个人比另一个更加倔强,这样,人们就会说他们有着相似的倔强,而不会说他们有着相同的倔强。我们会在下面的两个命题中表达这一关于事物的相同和关于事物的特征的相同的理解:

> X 与 Y 相同,当且仅当没有什么属于 X 的东西是不属于 Y 的,反之亦然。

> 在 F 上 X 与 Y 相同,当且仅当没有什么属于 X 的 F 的东西是不属于 Y 的 F 的,反之亦然。

第一个命题所表达的可以被称为"绝对相同(absolute sameness)",因为它适用于整个实体;第二个命题所表达的可以被称为"相对相同(relative sameness)",因为它仅适用于一个实体的某个(多个)特征或某个(多个)方面。①

在英文话语中,"sameness(相同)"的与"similarity(相

---

① 关于理解相似和相同(同一)的最佳方式,人们并没有形成普遍的一致意见。近期对于这些概念的一种不同的理解,见布伦南(Brennan):《同一性的条件》(Conditions of Identity),第 6 页。

似)"的区别时常被模糊,其原因部分地在于这两个语词经常都被用作"diference(不同)"的反义词,尽管实际上存在着一个词更适合于作为相似的反义词:dissimilarity(不相似)。在英语中,similar(相似的)–different(不同的),same(相同的)–different(不同的),通常都被视为成对的反义词。但是,这一使用并没有必然地延伸到其他的语言中。例如,在中世纪,人们曾经作了很大的努力来区分相似和相同的概念,并通过对每个词使用不同的反义词来支持这种区分。至少在专业哲学话语中,"diference(不同)"(*differentia*)被用作"similarity(相似)"(*similaritas*)的反义词,而"diversity(差异)"(*diversitas*)则被用作"相同(sameness)"(*identitas*)的反义词。①

我们所谈到的相同,并非都是同一类型的。相同至少有三种基本的不同类型,我将它们分别称为无时间性的(*achronic*)、共时性的(*synchronic*)和历时性的(*diachronic*)。无时间性的相同是不考虑时间的相同,它可以按如下方式理解:

  X 与 Y 无时间性地相同,当且仅当 X 与 Y 是相同的。

与此相对照,共时性的相同和历时性的相同都与时间有关。因此,共时性的相同可表述为:

  X 与 Y 共时性地相同,当且仅当 X 与 Y 在时间 t 是相同的。

---

① 参见格雷西亚(Gracia):《中世纪早期个体化问题引论》(*Intro-duction to the Prohlem of Individuation in the Early Middle Ages*),第 26 页。

历时性的相同可作如下理解：

　　X 与 Y 历时性地相同，当且仅当 X 与 Y 在时间 t_n 和
时间 t_{n+1} 是相同的。

　　这样，无时间性的相同、共时性的相同和历时性的相同，
它们之间的区分与时间有关。在第一种情况下，相同与时间
完全无关；在第二种情况下，相同适用于某个特定时间；在第
三种情况下，相同适用于两个（或更多的）不同时间。对于那
些想要对这三类相同作出说明的哲学家而言，这三类相同产
生了三个不同的问题。关于无时间性的相同，哲学家们想确
定使得一个事物无论在什么时间都相同的充分必要条件。这
是追问什么使得一个事物是其所是的另一种方式，对这个问
题的回答包含着辨识（identifying）它的充分必要条件。由于
这个原因，我愿将这个问题称为"同一性的问题（*the problem
of identity*）"。因为这一研究有着无时间限制的特征，所以，
无时间限制的实体，比如共相，也能够被包含于其中。实际
上，这种研究可以被应用于能够成为哲学话语主题的任何东
西。我们不仅可以追问个人的充分必要条件，而且可以追问
共相、概念、命题、事件等的充分必要条件。
　　值得注意是，无时间性的相同的条件可以包括时间性的
条件。比如这样的情况：当实体的相同与它们的暂存性相关
时，这些实体是时间性的。例如，人们可能会认为，在某个特
定时间出生，是某个个体的历史人物相同的条件的构成要素，
等等。但是，说 X 的相同的条件包含着时间性的条件，并不
意味着相同问题必须用时间性的术语来表达。一个是追问什
么使得 X 是 X，另一个是追问什么使得 X 在某个某个特定时

间是 X 或什么使得 X 在两个或更多不同的时间是 X。X 是 X 的条件可能包括时间性的条件,但这个问题不是时间性的。这两者的不同,也就是无时间性的相同与共时性的相同和历时性的相同之间的不同。

与无时间性的相同的情况不同,在共时性的相同的情况下,人们所追寻的是说明使得一个东西在某个特定时间是其所是的充分必要条件。这种不同是非常重要的,因为它限定了时间性的东西的相关类型。要求对无时间限制的实体在某个特定时间的相同作出说明,这是毫无意义的。因此,共时性的相同的问题不能应用于共相、数学实体、甚至上帝——如果上帝如同奥古斯丁所认为的那样是存在于时间之外的话。除了这一重要的区别,无时间性的相同与共时性的相同也是类似的,因为对它们的分析都是从时间的流逝(passage)中抽象出来的;这一抽象(abstracton)将二者与历时性的相同区分开来。

在历时性相同中,最关键的是确定使得一个事物在两个(或更多的)不同的时间相同的充分必要条件。实际上,对于哲学家而言,谈论说明历时性相同的问题通常就像是谈论"跨时间的同一性(identity through time)"问题,或者就像是谈论"时间连续性(temporal continuity)"的问题。① 历时性的相同仅仅适用于时间的流逝所适用的那些实体。谈论瞬时的

_____

① 参见齐硕姆(Chisholm):《跨时间的同一性》("Identity through Time"),第 25 页及以下诸页。历时性的相同(Diachronic sameness)与持续(duration)不是同一概念。"持续"不仅指 X 在 t_n 和 t_n+1 时刻都是相同的(历时性的相同),而且还包括 X 在 t_n 到 t_n+1 之间时间的流逝过程中都是相同的。X 在 t_n 到 t_n+1 时刻持续的条件所涉及的比历时性的相同的条件要多。稍后,我在探讨个体文本的历时性的相同时会讨论这些条件。

实体(instantaneous entities)或无时间限制的实体的历时性的相同,是毫无意义的。

在当前的语境中,我们谈论的文本可以是普遍的或个体的,这将影响到能被应用于它们的相同的问题的类型。普遍文本并不受时间限制,而个体文本则是时间性的,这不仅是因为它们可以存在于时间中,而且还因为它们会经历时间的流逝——在瞬时文本的概念中并没有矛盾,但我并不知道有哪个文本在本质上是瞬时的。这样,因为普遍文本不是时间性的,所以共时性的或历时性的相同的问题并不适用于它们。但是,人们确实可以提出它们的无时间性的相同的问题。

对个体文本的相同作出说明包括什么内容的问题,不像对普遍文本的相同作出说明那么明确。为了回答这个问题,我们必须指出,"个体的相同(individual sameness)"与"个体性(individuality)"的概念之间确有区别。在第一章中我们看到,"个体性"要根据"不可例示性"的概念来理解,而"个体的相同"关涉到两个概念,即"不可例示性"和"相同"的概念。由此,乍看起来,个体化(*individuation*)的问题不应与说明"个体的相同"(*individual sameness*)所涉及的问题相混淆。前一个问题除了涉及个体是否在任何意义上都被认为是相同的,还涉及确定使得它成为一个不可例示的个例的充分必要条件。第二个问题除了涉及什么使得一个个体成为一个不可例示的个例,还涉及确定它借以成为相同的充分必要条件。

实际上可以看出,上述两个问题所涉及的条件是相同的,因而对个体化的问题的回答也就是对个体的无时间性相同和共时性相同的问题的回答。不过,这些条件并不必定是相同的;个体化的条件可能只是相同的条件的一部分。如果我们将第一章中关于个体化的讨论与本章后面将要进行的关于个体的相同的讨论相对照，将会清楚地看到这一点。

个体的历时性相同的情况与个体的无时间性相同和共时性相同的情况不同，因为在历时性相同的情况下，需要确定的条件是使得个体在两个（或更多的）时间相同的条件，而不是使得个体不受时间限制相同（无时间性的相同）或在某个特定时间相同（共时性的相同）的条件。之所以提到这一区别，是因为在相关文献中时常可以发现作者将个体性等同于个体的历时性相同，或者至少是将个体的历时性相同视为个体性的一个必要条件，结果或有意地等同或无意地混淆了对个体化作出说明的问题和对个体的历时性相同作出说明的问题。①

在继续讨论之前，我们在这里必须提出的另一个基础性的问题是，对个体的相同作出说明的问题与对个体的相同的可辨识性作出说明的问题之间的区别。从前文我们所作的关于个体化问题与个体的可辨识性问题之间的区分的讨论，人们也可以推测出个体的相同与这些相同的可辨识性之间的区别。实际上，在大多数事物中，不论是自然物还是人工物，这一区别看来都为人们所坚持。个体的相同问题是一个本体论问题，它要通过对个体的相同的充分必要条件的确定来解答。可辨识性问题是一个认识论的问题，它涉及对我们关于不同个体所具有的个体的相同的知识的充分必要条件的确定。这两个问题，一个涉及的是 X 的相同的充分必要条件，另一个

---

① 参见格雷西亚（Gracia）：《个体性》（*Individuality* ）第 38—41 页和《物质实体中数字的连贯性》（"Numerical Continuity in Material Substances"）。

涉及的是使得一个主体将 X 理解为是相同的充分必要条件。为了将这两个问题区分开来并避免不必要的复杂化,我将第二个问题称为"个体的识别问题(the problem of the identification of individuals)"。而且,当这种识别涉及两个不同时间的相同的文本即历时性的相同时,我就把追寻这种历时性的相同的充分必要条件称为"个体的再识别问题(the problem of the reidentification of individuals)"。在本章中,我将用一个单独的部分讨论识别和再识别的问题。

A. 文本的无时间性的相同

无时间性相同的问题涉及确定使得实体无时间限制地相同的充分必要条件。关于文本的这一问题可以应用于下列情况:(1)"文本"本身的普遍概念(universal notion);(2)以个体(即殊型)文本作为其个例的普遍(即类型)文本;和(3)个体(殊型)文本,不论是瞬时的还是持续的。因此,文本是否是无时间性的相同的问题非常复杂。如果它被应用于"文本"的概念本身,那么,这个问题只不过提出了关于某物是否是一个文本以及什么条件使得它是文本的议题。① 但是,这个问题也可以被用来追问,除了那些使其成为文本的条件外,什么使得某个特定文本是相同的。换言之,如我们可以追问使得塞万提斯的《堂吉诃德》的文本是其所是的条件,这与追问塞万提斯的《堂吉诃德》的普遍文本的无时间性相同的条件是一样的。最后,我们可以追问什么使得文本的每一个个例——如在某个图书馆找到的塞万提斯的《堂吉诃德》的单

---

① 我在《文本性理论》第一章已经讨论过这个问题。

册文本或殊型文本——成为其所是的个例。最后的这个问题涉及个体化的原则的确定,我们在第一章中已经对这一问题作过一般的讨论。

1. 普遍文本的无时间性的相同

解释这一问题的第二种方式涉及使普遍文本相同的充分必要条件。例如,什么使得《堂吉诃德》的普遍文本或《美国独立宣言》的普遍文本是《堂吉诃德》的文本或《美国独立宣言》的文本? 为了使这个问题看起来更加明晰,我们来考虑一些特意挑选出来以便于讨论的文本。也可以用更长的文本来讨论这个问题,但那样会使讨论变得很繁琐。

1. $2+2=4$

2. $2+2=4$

3. Two and two make four.

4. Two plus two equal four.

5. Dos y dos son cuatro.

6. Dos mas dos son cuatro.

7. TWO AND TWO MAKE FOUR.

8. Four two and two make.

9. $3+3=6$

我们的日常直觉会指引我们将 1 和 2 看做同一普遍文本的两个个例,3 和 7 也是如此。当我们谈论奥卡姆(Okham)的《逻辑大全》(Summa logicae)的文本时,我们并没有区分中世纪它的不同手抄本与那些印在纸上的版本。对其所使用的墨水的颜色、纸或羊皮纸、字母的大小甚至那些字母是否大写,我们也都未作区分。我们也非常肯定——以我们的日常

直觉为基础——9 和这组例子中的其他任何一个都不相同，
最有可能的原因在于它所意指的东西与其他的都不同。而
且，我相信，大多数人都不会把 5 和 6 看做是与 1、2、3、4、7、8
或 9 相同的文本。他们会认为 5 是对 3 的翻译，正如 6 是将 4
翻译成另一种语言。3 和 4 是否是不同的文本，或 5 和 6 是否
是不同的文本，这可能会引发一些争论。一些人会认为，因为
它们意指相同的东西，以相同的语言写出来，而且包含着相同
的关键词（英语文本中的"two"和"four"；西班牙文本中的
"dos"和"cuatro"）或起同义词作用的词（"and"和"plus"，"y"
和"mas"等），所以它们是相同的文本。但是，另外一些人可
能会认为，尽管有这些条件，它们也不能被视为是相同的，因
为它们由不同的符号构成，即使那些符号是同义。此外，他
们可能会指出，这些文本还有许多不同的物理特征要考虑。

以上分析表明，确定普遍文本的相同绝非易事。普遍文
本的无时间性相同的一系列充分必要条件，看起来都不那么
容易被接受。最有可能的候选条件是：意义的相同、作者的相
同、言语行为的相同、读者的相同、语境的相同、符号排列的相
同、符号自身的相同。

a.意义的相同。一眼就能看出来，与普遍文本的无时间
性相同最为明显地必然相关的条件是意义的相同。我认为，
如果两个文本的真值条件是相同的，那么，意义的相同至少表
明它们具有同样的意义。"Dos y dos son cuatro"和"Two and
two make four"就具有同样的意义，因为它们两者中的某一个
为真的条件与另一个为真的条件相同，某一个为假的条件与
另一个为假的条件也相同。当然，真值不能应用于其意义的
文本是很常见的，比如命令。对于这样一种关于意义相同的

概念,可能还有其他一些例外情况。但是,这里所提出的关于
意义相同最低限度的理解,也可以给出一种关于意义的相同
所涉及内容的大致观念。要提出一个关于意义的同一性
(meaning identity)的令人满意的观点,需要比我在关于文本
的同一性的讨论中所能提供的更多的篇幅来进行探讨,所以
意义的同一性所提出的许多问题我在这里都不可能涉及。

人们能够很容易地明白,为什么可以认为意义的相同是
普遍文本的无时间性相同的充分必要的条件,也就是说,意义
相同的普遍文本是相同的文本。实际上,这一条件使得我们
将 9 与前面的 1—8 区分开来,因为 9 的意义与该系列中的其
他文本的意义都不相同。当然,对于那些将文本等同于意义
的人而言,这一条件是最具吸引力的。

然而,这种观点可能会受到多方面的诘难。其中的一些诘
难是无效的,但是,我认为,至少有一种诘难能有效地反对这种
观点,这就是认为意义的相同是文本的相同的充分必要条件。

尽管就意义不同的文本不可能是相同的文本而言,意义
的相同看起来的确是文本的相同的必要条件,但很难说它也
是一个充分条件。例如,文本 9 与文本 1—8 中的任何一个都
不相同,其原因是文本 9 的意义与文本 1—8 的意义不同,从
这一原因可以很清楚地看出,意义的相同是文本的相同的必
要条件。另一方面,具有相同的意义看来并不能确保文本的
相同。如果相同的意义能确保文本的相同,文本 1—8 将会都
是相同的文本,这一点很少人会接受,我当然也不支持这种观
点。如果接受这一观点,那就意味着,由不同的作者用不同的
语言创作的两个文本,倘若它们的意义是相同的,就可以被视
为相同的文本。它也意味着,如果一个印刷文本和一个书写

文本的意义是相同的,那么这两个文本就可以被视为是相同的。但这些看起来都是不可接受的。因此,我们可以得出这样的结论,在明确的限定下,意义的相同是文本的相同的必要条件,但它不是文本的相同的充分条件。①

但是,认为意义的相同是文本的相同的必要条件,这一观点在某些情况下也可能被质疑。因为尽管它对于我们用作例子的短文本来说是显而易见的,但人们可能会认为它对于非常长的文本并非同样适用。假使在构成《堂吉诃德》的文本的成千上万的句子中有一个句子的意义发生了变化,而这一句子在整个文本中相对来说并不重要,那么这一句子的意义的改变并不影响文本中其他句子的意义。我们真的可以说《堂吉诃德》的某个文本与另一个不同吗?严格说来,虽然它看似如此,但实际上它并未表现出有很多的不同。② 这一难题如何解决呢?

可以提出的解决方案分两个步骤。依照第一个步骤,由这一句子的意义的改变所引起的问题并不涉及文本的同一性而只涉及意义的同一性。这个问题是,当文本某部分的意义发生改变但这一改变无关紧要时,文本的整体意义是否是相同的。对此,无论作出怎样的回答,人们都可以认为意义的相同是文本的相同的必要条件。依照第二个步骤,句子的意义

---

① 奎因认为来自两种不同语言的句子不可能有着相同的意义,这一观点并没有推翻这样的观点即认为文本的同一性的一个必要条件是意义的同一性,尽管奎因的这一观点排除了来自两种不同语言的句子可以在文本上相同的可能性。见《再翻译的不确定性》("Indeterminacy of Translation Again"),第 9—10 页。

② 这一观点时常在实践中被运用,有时会被明确地表达出来。关于后者的例子,见英伽登(Ingarden):《艺术的文学作品》(The Literary Work of Art),第 11 页。

的改变是否会带来不同,这将取决于文本在一定文化中的作用,文本正是在这一文化中并且是为了这一文化而被创造出来的,因为最终是这一文化决定了什么对于一个文本的意义是必不可少的以及什么不是必不可少的,并由此决定了文本的同一性。①

b.作者的相同。除了意义的相同,还可以探讨其他对文本的相同作出说明的方式,尽管其中的一些看起来并没有很大的可行性。试考虑作者。② 每当一个普遍文本有着相同的作者时,认为这个普遍文本是相同的,这在原则上是可能的。但这一观点并无多大意义,因为它意味着某个作者所创作的所有文本都是相同的普遍文本,不管它们之间有何区别。当然,人们可以认为,在这种情况下,“相同的文本(the same text)”是指“相同的文本中的部分(part of the same text)”。的确,这一意义有时会在话语中出现。我们有时会把某个作者创作的任何东西都作为一个单一的作品来谈论。但是,这与说一个作者创作的每个文本都是相同的普遍文本——在它与

---

① 见《文本性理论》第四章。这也是我对于文本批评家们提出的“在文本中,哪些是必不可少的,哪些不是”这一问题的解答,这不仅仅适用于意义,也适用于文本的 ECTs 的特征、拼写等。见希林斯伯格(Shillingsburg):《对文本的社会地位和文本批评的模式的探究》(“An Inquiry into the Social Status of Texts and Modes of Textual Criticism”);坦塞勒(Tanselle):《文本研究和文献鉴定》(“Textual Study and Literary Judgment”);索普(Thorpe):《文本批评的原则》(*Principles of Textual Criticism*)第五章。

② 这一观点新近的版本是把文本视为某种言语(an utterance)或视为对“某个语词序列”的使用,由此使得作出说话行为的作者成为文本的同一性的一个条件。例如,见托尔赫斯特(Tolhurst)和惠勒(Wheeler):《论文本的个体化》(“On Textual Individuation”),第 188 页。注意,这里“个体化”(“individuation”)这个术语的使用是在这样的语境中:与我所用的命名一致,关键问题是共相的同一性。

其他任何由他或她创作的文本相等同的意义上——是不同的。因此,作者的相同不可能是普遍文本的相同的充分条件。但是,如果加上这一条件又会如何? 意义的相同和作者的相同一起能够保证普遍文本的相同吗?

答案是否定的,因为相同的作者可能创作了两个具有相同意义的普遍文本,但这两个普遍文本是不同的,比如说,一首诗和一篇散文。实际上,我想到了圣十字若望的《心灵的赞歌》(St.John of the Cross' *Spiritual Canticle*)的例子。不过,日常经验中充满了更简单的例子,我们会使用不同的句子意指相同的东西。文本 1、3、4、5 和 8 可能会有相同的作者,然而,即使它们有相同的作者,即使它们的意义相同,它们仍然不是相同的普遍文本。

对于普遍文本的同一性而言,作者是否是充分条件,以上的讨论已经足够。但是,作者是否是必要条件呢? 作者的相同是文本的相同的必要条件吗? 由两个不同的作者创作的相同的普遍文本可以有两个个例吗? 这是博尔赫斯(Borges)在他的《皮埃尔·蒙纳德,〈堂吉诃德〉的作者》("Pierre Menard, author of the *Quixote*")中探究的令人困惑的问题之一。就博尔赫斯(Borges)所给出的那个不含糊的回答而言,他的回答是否定的。他认为这两个作者因时间和文化上的重要不同而分离开来,这些不同改变了文本的意义。尽管构成这些文本的 ECTs 是相同的,但由于作者间的文化间距,被视为符号的那些 ECTs 的意义是不同的。[①] 如果我们要采纳博尔赫斯的理

---

① 博尔赫斯(Borges):《〈堂吉诃德〉的作者:皮埃尔·蒙纳德》("Pierre Menard, Author of the *Quixot*"),第 43 页。

解,那么很明显,作者的相同可能是一个必要条件,但这仅仅是就作者影响意义的相同而言的。

同时代的作者的情况又如何呢？的确,如果是非常相像的作者,比如在相同环境中长大的同卵双胞胎,等等——假设这是可能的话,那么情况又如何呢？我们为什么不能说,在那种情况下,文本的作者是不同的,但这些文本具有相同的普遍的类型(type)——在两个个例中被例示的共相？如果是这样的话,那么,倘若"作者的相同"是指同一个人的话,文本的相同并不必然要求作者的相同。

简言之,对于普遍文本的相同而言,作者的相同看来既非必要条件又非充分条件。当我们谈论作者的"相同"时,我们所说的是用数字表示的相同(numerical sameness)。两个相似但在用数字表示的特征方面不同的作者创作了相同的文本是完全可能的。从上文提及的同卵双胞胎的例子可以很明显地看到这一点。但是,说不仅在用数字表示的特征方面不同而且在其他方面也不相同的人能够创作同一文本的两个个例,这能成立吗？

从某种意义上讲这显然会发生,因为两个人可能会在那些与他们创作文本不相干的方面不同。例如,他们可能在这样的事实上不同:其中的一个背上有细小的胎记,而另一个却没有。但是,断言两个人即使在观点、受过的教育等方面有着实质性的不同也可以是同一文本的作者,这能成立吗？

从逻辑上讲,我并不明白这个问题如何能在所有的情形下都被作否定的回答。实际上,在涉及短而简单的文本时,不难想到反例。没有理由说两个作者不能彼此独立地创作文本"请不要吸烟"的两个个例。但是,在涉及诸如《堂吉诃德》的文本那样的长而复杂的文本时,要让人接受两个作者能够彼此独立地创作同一文本的两个个例的现实可能性就很困难了。塞万提斯之外的某个人首次创作了《堂吉诃德》的文本的个例,这看起来是不可能的。如果两个人彼此独立地创作了像《堂吉诃德》那样的同一普遍文本的个例,那么这两个人必定在与文本的创作相关的方面是相似的。①

但是请注意,在提出这个问题的时候,我们已经转向了另一个不同的问题。这一部分最初提出的问题是作者的相同是否是文本的同一性的充分必要条件,不论这个作者被视为个体的还是普遍的(即作者的某个类型)。对这个问题的回答看来是否定的。但是,假定文本具有同一性,现在所提出的这个问题一定会涉及作者的相同的条件。这是一个与先前的问题不同的问题,我将在第三章中对它进行探讨,因为要回答这个问题,我们需要知道的要比我们现在对于作者权的了解要多得多。我也会指出,我们正讨论的问题不应被混同于那个不同的问题:作者是否是存在着文本(there being texts)的充分必要条件。该问题也将在第三章中探讨。

只有在一种情况下,作者的同一性可以被视为文本的同一性的一个必要条件。这一情况就是,作者以某种方式与文本的意义相联系,因而这一意义包含着与作者有关的某些东

---

① 在涉及艺术中的伪造时,作者的同一性问题被讨论得很多,在这种语境下所提出的这一问题会直接影响到在艺术文本的例子中对于我们问题的回答。但是,并非所有的文本都是艺术的,对于文本性的一般讨论不必仅仅专注于某个影响它们的特殊问题。对于这些问题的讨论,见达顿(Dutton):《艺术的罪行》("Artistic Crimes");凯斯特勒(Koestler):《势利的美学》("The Aesthetics of Snobbery"),以及莱辛(Lessing):《伪造错在哪里?》("What Is Wrong with a Forgery?")

西。例如，当作者将他自己作为一个"剧中人"（*dramatis persona*）置于文本中时，就属于这种情况。但是，正如我们在第三章将要看到的，作为"剧中人"（*dramatis persona*）的作者不同于我们这里一直在讨论的作者。我们正讨论的作者，我称之为历史作者（*historical author*）。我在这里提出这一点，只是为了预先回应一种可能的异议。

c. 言语行为的相同。与我们刚讨论的观点密切相关的另一种观点是把言语行为视为文本的同一性的必要条件或充分条件（或充分必要条件）。但是，这样提出的问题是语焉不详的，因为言语行为是多种多样的。正如前文所指出的，至少必须对其中的三类言语行为作出区分。① 像其他所有行为一样，以言表意的行为、以言行事的行为和以言取效的行为可以是普遍的或个体的。因此，当我们想确定言语行为的相同是否是普遍文本的相同的充分或必要条件时，我们必须在多种可能性之间进行区分：(1)个体的以言表意行为，(2)普遍的以言表意行为，(3)个体的以言行事行为，(4)普遍的以言行事行为，(5)个体的以言取效行为，(6)普遍的以言取效行为。

上面提到的个体行为中，看来没有哪一种个体行为的同一性是普遍文本的同一性的充分必要条件。从前面在作者的同一性的语境中所作的讨论看，这一点应该很清楚了。例如，一种说的行为的单个的个例，就并不表现为一个普遍文本的同一性的必要或充分条件。两个在用数字表示的特征方面不同的说的行为可以导致同一类型的话语的两个不同的个例，

---

① 关于言语行为，见奥斯汀（Austin）：《如何以言行事》（*How To Do Things with Words*）。

如果这两个个例有相同的意义等,它们就会是相同的文本。个体的以言行事和以言取效行为也是如此。

然而,普遍言语行为的情形看起来又有不同。考虑以言表意行为的情况。初看起来,某个特定的普遍口头文本似乎必然是相同类型的说的行为的结果,因为文本是由某些类型的话语构成的,这些话语与说出它们的那种类型的行为内在相关。说的行为伴随着话语,反之亦然,它表明说的行为对于话语来说是必要条件,并因此对于由话语构成的文本来说是必要条件。但是,事情并非必定如此,因为如果人们可以用某种别的方法来制造出同一类型的声音,人们可能会认为说出声音并非是真正必要的。而且,说的行为对于普遍文本的同一性来说绝非充分条件,因为由这样的行为产生的话语可能具有不同的意义。

现在来考虑以言取效的行为,也就是当我们说些什么时我们所做到事情或达到的目的,如让某人开门。这些普遍行为的同一性对于普遍文本的同一性而言是必要的或充分的条件吗?它似乎并非是必要条件,因为从原则上说以言取效的行为可以是不同的以言表意的行为的结果,而不同的以言表意的行为会产生不同的文本。它们也不是充分条件,因为有时我们的以言表意的行为和以言行事的行为并不能有效地引发以言取效的行为。我可能会命令皮特开门,而他却可以不理睬我的命令。

普遍的以言行事行为的情况与普遍的以言表意行为的情况相类似。它们的同一性对于文本的同一性而言并非充分条件,但却是必要条件。它们并非充分条件,是因为同样地以言行事行为可以由不同的普遍的以言表意行为来实施。不同的声音可以被用来实施相同的以言行事行为。例如,我可以用法语或西班牙语命令皮特去开门。不同的以言表意行为会带来不同的文本,因为以言表意的同一性对于文本的同一性而言是必要的。

但是,以言行事的同一性看起来对于文本的同一性而言是必要的,因为以言行事的行为是说些什么的行为,而这一行为中被说出来的是文本的意义。① 但是,意义的同一性对于文本的同一性而言是必要的。因此,可以得出结论说,以言行事的同一性对于文本的同一性而言是必要的。

总之,普遍文本的同一性要求普遍的以言行事行为的同一性,而非以言表意行为的同一性或以言取效行为的同一性。但是,这些行为都不能为普遍文本的同一性提供充分条件。

需要指出的是,我这是以惯常的方式谈论言语行为,其所涉及的是言语。不过,我们的以上讨论经必要的修改后,也适用于不包括言语的语言行为,如写、发信号等。

d.读者的相同。另一个可以用于说明普遍文本的相同的因素是读者。② 读者的相同可以是普遍文本的相同的必要或充分条件吗? 很明显它不是充分条件,因为同一读者可能是不同的普遍文本的读者。例如,同一人可以是《哈姆雷特》的文本和《堂吉诃德》的文本的读者,或者是"2+2=4"和"这个

---

① 这一意义不能被等同于以言行事(illocutionary)的行为或者任何其他由奥斯汀所区分的言语行为,尽管这些行为的实施必然要求以言表意(the locution)有意义和有所指。见奥斯汀:《如何以言行事》(*How To Do Things with Words*),第94页。

② 沃切特海瑟(Wachterhauser)在《解释文本》("Interpreting Texts")第454页已经明确地讨论过一个先验的自我(a transcendental ego)作为文本的同一性的关键的可能性。

猫在垫子上"的读者。另一方面,在考察它是否是必要条件时,情况就更加复杂并因此而不那么容易解决。情况之所以不同,是因为作者心目中可能会有文本的特定的读者,比如说读者能够以重要的方式影响作者创作出来的东西。大多数文本都是有省略的;它们包含着留待它们的读者去填充的空白。作者想通过文本传达的意义是不完整的,除非读者所应提供的东西也被考虑进去。读者并不必然是作者心目中的个体的读者;相关的读者是作者心目中的那一类型的读者,正如与普遍文本的无时间性相同所相关的,不是个体的作者,而是那个类型的作者。一定类型的读者能够为普遍文本提供必要的因素。因此,虽然读者的相同并非是普遍文本的相同的充分条件,但就那些包含着留待读者填充的空白的文本而言,读者的相同看来的确是普遍文本的相同的必要条件。

这样一来,有的人可能会认为,如果某个特定类型的读者是一个普遍文本的相同的必要条件,那么作者(或某个类型的作者)也应当是必要条件。的确,是作者有意或无意地省略了文本的某些部分、留下了读者必须填充的空白。而且,作者的主观性与文本及其意义有着很大的关系。因此,如果读者被认为是必要的,那么作者又怎么能被忽略呢? 它们要么都是必要的,要么都不是。

我并不认为作者与文本不是紧密相联的或对于文本的存在而言不是必要的。实际上,正如我们将在第三章中所看到的那样,作者不仅要对组成文本的符号的选择和排列负责,而且也要在我们稍后将要作出说明的意义上对文本的整体意义负责。而且,作者还要对读者必须填充的空白负责。但这并不意味着作者的相同是文本的同一性的必要或充分条件。同一性的条件与存在的条件并不相同,因此,某个东西(在这种情况下,我们假设它是作者)可能是某个东西(文本)存在的条件,但并不是它的同一性的条件。而且,作者与读者之间有一个重要的不同,即作者在写作一个文本时会有意无意地考虑读者和文本要提供的东西。对符号的选择、排列以及对材料的取舍,都会考虑到读者。但是,这些都不适用于作者。因此,在这一特殊意义上,作者意向中的读者在某些情况下是确定文本的意义这个难题的必要构成要素,而作者却不是如此,这样,读者的相同就表现为一些文本的无时间性的相同的必要条件。

e.语境的相同。在涉及无时间性的相同时,对读者的相关讨论也适用于语境:语境对于文本的意义来说总是重要的,因为由于语境的不同,看起来是相同的文本可能会具有相当不同的意义,并因此而表现为不同的文本。① "别碰它,否则我会杀了你",当它是由一个母亲对一个伸手去拿一个易碎品的小孩说出时与当它是由一个警官对一个伸手去拿枪的窃贼说出时,具有很不相同的意义。这并不意味着在文本的意义会根据语境发生变化的各种情况下文本的同一性也会改变。有些文本所具有的功能决定了它们不止一种意义,它们甚或具有一种意义区间,因此,不能仅仅因为这些文本的意义在合理区间内变动就说它们是不同的文本。当然,在其他的文本中,意义的变化意味着文本的变化。所以,不同的语境可

---

① 参见托尔赫斯特(Tolhurst):《论文本是什么及其如何表达意义》("On What a Text Is and How It Means"),第4页及以下诸页。

能会带来不同的意义,并由此导致不同的同一性,尽管语境的相同并不能确保文本的相同。从日常经验中可以很明显地看出,不同的文本能够并且是在相同的(在所有相关的方面)条件下被说出的。

　　而且,有人可能会认为,与读者的情况不同,语境的相同可能绝非文本的相同的必要条件,因为语境在决定一些文本的意义时根本不起作用。① 考虑前面的文本 1(2+2=4)。可以看到,倘若组成文本的符号和符号的排列持续地有着我们将它们与之联系在一起的确定的意义,那么,这一文本的意义不可能被周围的环境所改变。但是,我们所举的这个例子是一个不常见的例子,因为我们在沟通中通常所使用的文本并不是数学文本。最常见的情况是,对于我们沟通时所使用的文本,我们会想当然地把语境视为它们的意义的决定性因素。这样,更为明智的观点应当是认为语境的相同并非与所有的文本都相关,它本身并不是文本的相同的必要条件,但在语境与文本意义的确定相关联的情况下,它肯定是必要的。还需再次指出的是,就作者和读者而言,语境的相同所涉及的是语境的类型的相同,而不是个体的语境的相同。简言之,语境的相同不是文本的相同的充分条件,但在文本的意义依赖于它时,它是一个必要条件。

　　f.符号排列的相同。就普遍文本的无时间性相同的充分必要条件而言,另一个候选条件是组成文本的符号的排列相同。然而,排列的相同不可能是文本的相同的充分条件。句

----

　　① 　见卡特兹(Katz):《命题的结构和以言行事的力量》(*Propositional Structure and Illocutionary Force*),第 14 页。与此完全相反的观点,见德里达(Derrida):《签名事件语境》("Signature Event Context")。

法不足以使得两个文本相同。从文本 1(2+2＝4) 和 9(3+3＝6) 中以及我们关于其他必要条件所作的讨论中可以很清楚地看到这一点。不同的文本可以具有相同的句法结构,这是很常见的,因而相同的句法结构并不能保证文本的相同。但是,它是否是一个必要条件？ 例如,这个问题涉及文本 3(Two and two make four) 和 8(Four two and two make)。具有不同排列的文本可以被视为相同的文本吗？ 对这一问题,如果我们遵循我们的日常直觉,我们就会作出否定的回答。然而,问题并非这么简单。

在短文本中,似乎任何顺序上的变化都会导致不同的文本。在某些情况下,原因是很明显的:文本的意义被破坏了或者改变了。考虑

1. 2+2＝4

让我们把文本中的第一个"2"换成"4"。结果是

10. 4+2＝2

显然,10 的真值与 1 的真值是不同的,所以这些文本不可能是相同的。或者考虑

3. Two and two make four.

让我们打乱它的单词,得到:

11. Make and two four two.

结果是乱语,故 3 和 11 不可能是相同的文本。但是,也有些次序的变化并不改变意义,即使我们看起来的确是把它们视为意味着文本的某种变化。考虑

8. Four two and two make.

另一方面,在非常长而复杂的文本如康德的《纯粹理性批判》的文本中,次序的某些变化可能通常并不被视为足以

导致同一性的改变。其原因似乎在于,次序的改变的相关性和重要性得放在整个语境中看。某种次序的改变明显地导致了意义的变化,这一次序的改变就得被视为意味着文本的同一性的一个变化——至少在意义的变化相当大的情况下。如果意义的变化只是使得文本的总体意义发生很小的变化,那么这个文本就可被视为相同的或至少可被视为基本相同的。但是,即使在意义没有发生变化时,假如符号排列的改变在某种意义上改变了文本的性质或功能,符号排列的改变仍然可以被视为足以改变文本的同一性。文本3到8的变化就是一个很好的例子,因为这种变化意味着文本功能的变化。而文本3主要是科学的,文本8似乎是文学的。排列上的变化意味着功能上的变化,并因此意味着同一性的改变。我们由此得出结论:排列的相同通常是文本的相同的必要条件。然而,如果某种排列的相同被破坏,但这种排列上的变化既没有导致文本的实质意义的改变也没有导致其功能的改变,那么,这样的排列的相同就未必是文本的相同的一个必要条件。我们再说一次,与意义的情况一样,排列的相同究竟是不是必要条件,最终取决于被一定的文化视为必不可少的究竟是些什么,文本正是在这种文化中并且是为了这种文化而被创造出来的。需要指出的是,正如前文在别的情况下所指出的那样,我所谈论的是某种类型的排列,也就是说,它并不涉及那些普遍的排列的个例。

g.符号的相同。最后,我们来谈符号,它们是文本的构成要素。我们不得不回答的问题是,符号的相同是否是文本的相同的必要或充分条件。在这个问题上,我们要面对的第一个问题与符号的相同本身的条件相关,因为其中究竟包含着什么样的条件并不清楚。相当有趣的是,对那些条件的追寻,惊人地类似于对文本的相同的条件的追寻。

符号与文本的主要区别在于,文本的意义部分地源于组成文本的符号的意义,而符号的意义却与它们的构成要素的意义没有任何关系。① 因此,例如,"猫"是一个符号,但它不是一个文本;而"2+2=4"是一个文本,却不是一个符号。

某些符号可能不是由符号构成的,这一事实并不意味着这些符号必定是简单的。实际上,符号能否是简单的,这个问题并不容易回答。大多数的符号像文本一样具有复杂性,并因此涉及某种排列、作者、读者以及意义。② 但是,符号的语义的相对简单性使得我们在考虑符号相同的条件时不必考虑作者或读者,因为两个不同的作者可以很好地使用相同的事物或相同类型的事物作为某种意义的符号。读者通常也是不必考虑的,因为符号的相对简单性使得读者在语义上所起的作用变小。另一方面,语境是非常重要的。一个内科医师对患者的"shot"(注射)肯定是不同于一个小偷所受到的来自警官的"shot"(射击)。

以介绍的方式谈了这些后,我要举出几个关于符号的例子,看看我们能否确定这些符号究竟以什么为基础可以被视为是相同的:

　　　A. bear(名词)

　　　b. bear(名词)

---

① 见《文本性理论》第一章。

② 这并不意味着作者和读者必须是历史地可确定的。符号是语言的组成部分,因而就语言有其作者和读者来说,符号通常也有着相同的特征。见《文本性理论》第二章。

c. BEAR(名词)

d. Bear(动词)

e. oso(名词)

f. bare(形容词)

g. rbea

　　根据日常的习惯,我会说 a—c 都是同样的符号;d,e 和 f
彼此都不同且不同于 a—c;g 根本就不是一个符号,而只不过
是一组字母,其中的每一个字母都被单独地视为一个符号。
符号 a 和 b 有着相同的物理外观,相同的意义和相同的语法
功能。符号 c 有着和 a、b 一样的意义和语法功能,但有着不
同的物理外观。符号 d 有着和 a 和 b 一样的物理外观,但有
着不同的意义和语法功能。符号 e 是对于 a、b、c 的西班牙语
翻译,并有着不同的物理外观,尽管它与 a、b、c 有着相同的意
义和语法功能。[①] 符号 f 在外观、意义和语法功能上与 a—d
是不同的,尽管读它时听起来与 a—d 是相同的。[②] 不过,读
音上的不同是不相关的,因为声音是那类必定被视为与书写
符号不同的符号,尽管它们可以被用于传达与书写符号相同
的意义。[③] 重要的是,f 有着与 a 和 b 相同的构成要素,但却
有着不同的排列,并且具有不同的意义和语法功能。最后,g

　　[①]　还有这样的例子,即某个符号在分属于两种不同的语言时有着
相同的物理外观、意义和语法功能(如,名词"taco"在西班牙语和英语中都
用作指玉米面豆卷)。在这些例子中,语境是决定因素,因为它将确定符
号所属的语言,并由此带来不同的同一性。为了讨论的便利,这里我将省
略"taco"的地域使用问题。

　　[②]　也有这样的书写符号的情况,即看起来相同但实际上不同,而且
读音也不同。如现在式的"read"和过去式的"read"。

　　[③]　见《文本性理论》第三章。

又有着与 a—d 和 f 相同的构成要素,但它有着一种不同的排列,这种不同的排列使得它看起来不同并且没有意义(它没有意义使得它根本就不是一个符号)。

所有这些表明,符号的相同中被考虑的关键因素是意义、功能、构成要素、外观、排列和语境。与文本的情况类似,意义的相同看起来是符号的相同的必要条件而非充分条件。"Oso"和"bear"意指相同的事物但并非是相同的符号。虽然"bear"(名词)和"bear"(动词)在物理外观上完全一样,但它们的意义不同,并因此而不是相同符号的个例。

功能与意义密切相关,因而类似的论述也适用于功能。"bear"(动物)与"bear"(动作)在意义上不同,至少有部分的原因是因为"bear"在一些情况下用作名词,而在另外的一些情况下用作动词。① 但是,具有不同意义的不同符号可以有相同的功能,确实有这样的情况;例如,在一个诸如"X 是一只动物"的句子中,"X"可以被代之以"bear"和"cat"中的任一个。而且,具有相同意义的不同符号可以具有不同的功能,这在释义(paraphrases)和遁词(circumlocution)中表现得很明显。由于这些原因,看来功能的相同并不能保证符号的相同,因而功能的相同并不是符号的同一性的充分条件。另一方面,这表明符号的相同要求功能的相同。

外观的情况同样复杂。的确,"bear"和"bare"在声音上有着相同的外观,"bear"(名词)和"bear"(动词)有着相同的

---

① 古德曼(Goodman)和埃尔金(Elgin)在《解释与同一性》("Interpretation and Identity")第 54 页及以下诸页中认为句法功能是文本的同一性的充分必要条件。在他们看来,语言的语法是指"关于字母、空格、标点符号的可允许的组合(the permissible configuration)",见《解释与同一性》,第 58 页。

视觉外观,但这两对符号都不是相同的符号。① 因此,外观不可能是符号相同的充分条件。但它是必要条件吗？也并非完全如此,因为"BEAR"和"bear"是相同的符号,但看起来却并不相同。② 这表明符号的外观仅仅只有某些方面与符号的同一性相关,即取决于作者的那些方面,或在特定的语境中通常被一个语言共同体如此接受的那些方面。颜色、排列、图形、大小等所有这些特征都可以成为符号的相同的必要条件,但它们不是充分条件,因为意义的相同看来也是必要的。③

这样,我们可以说,符号的无时间性相同的充分必要条件有三:(1)意义的相同,(2)功能的相同,和(3)由作者所确认的特征的相同或在特定的语境中被一个语言共同体视为与意义相关而接受的特征的相同。需要注意的是,语境的重要性不应被低估。实际上,"bear"(动词)与"bear"(名词)的区分取决于语境。这两者之所以不同,是因为前者是诸如"To bear such a burden is a virtue"④这样的句子的构成

─────────────

① 对此,人们时常谈的只是拼写而不是外观,这对于处理这个复杂问题而言并不恰当。把拼写作为同一性的条件,见威尔斯摩(Wilsmore):《文学作品不是它的文本》("The Literary Work Is Not Its Text"),第312页。古德曼(Goodman)的观点比这走得更远,他把作品等同于文本,把拼写的相同视为作品的同一性的充分必要条件。见《艺术的语言》,第115页。

② 当然,大写也可以在语义上起作用。例如,因特网上大写的使用被理解为意指这个文本正引人注目。

③ 因此,尽管"labor"和"labour"在拼写上不同,但它们是相同的符号。原因在于,在这个例子中,"o"和"ou"表示同样的东西。作为ECTs,"labor"和"labour"是不同的,但作为符号,它们是相同的。与此不同的观点,参见古德曼的《解释与同一性》。

④ 意思是"承担如此一项重任是一种美德",在这句话中,"bear"作动词用,意即"承担"。——译者注

要素，而后者则是诸如"The bear liked the honey it found in the jar"①这样的句子的构成要素。它们的功能取决于它们的句子的语境(sentential context)。②

在离开关于符号的讨论之前，我必须阐明这里所提出的观点所呈现出来的一个相当重要的含义。符号有着相同的意义，它们才能无时间性地相同，这一要求意味着有着不同意义的单词不是相同的符号。这似乎是违反直觉的，因为我们时常会把一个甚至用来意指不同事物的符号看成是相同的。例如，单词"cape"。在诸如"she wore a red cape(她穿着一个红色的斗篷)"这样的句子中，"cape"这个单词被用作表示一件衣服，但在诸如"she spent the weekend on a cape(她在一个海岛上渡过周末)这样的句子中，"cape"被用作意指一块土地。③

此时，对这一问题我有两种回答，尽管在别处、特别是涉及文本时我对这个问题已作过更多的讨论。④ 第一，如果坚持这一直觉，我们将不得不放弃太多的东西。因为就符号的同一性来说，如果放弃了意义的相同这个要求，那么，作为结果，就文本的同一性来说，也要放弃这个要求，这会带来太多的问题，使得对同一性作出说明变得非常困难。第二，如果单词(word)是指在某种语言中形成的被用以传达一个或多个

---

① 意思是"这只熊喜爱它在坛子里找到的蜂蜜"，在这句话中，"bear"作名词用，意即"熊"。——译者注

② 参见维特根斯坦(Wittgenstein)：《逻辑哲学论》(*Tractatus Logico-Philosophicus*)3.318ff 第 52 页及以下诸页。这些句子语境不一定是这些符号用在其中的句子；它们也可以是关于元系统(metasystem)的句子，在这些句子中符号被提及。

③ 古德曼(Goodman)和埃尔金(Elgin)在《解释与同一性》("Interpretation and Identity")的第 58 页讨论了这个例子和问题。

④ 见《文本性理论》第四章。

意义的某个人造物,那么,意指一件衣服的"cape"与意指一块土地的"cape",它们是两个不同的符号,但这并不意味着它们不是相同的单词。以这样的方式来理解单词,我们就能够保全在这里所提出的关于符号和文本的理论,并坚持在刚才举出的两个句子中"cape"在某种意义上是相同的这一常识性的直觉。我们有了一个不同的符号却是相同的单词的例子。

　　在确定了符号的相同或同一性的条件后,我们可以回到讨论的主题:符号的相同能否成为普遍文本的相同的充分或必要条件。基于在讨论文本 3(Two and two make four)和文本 11(Make and two four two)时我们已经陈述过的理由,我们看到,符号的相同不能成为充分条件。但是,符号的相同看起来是文本的相同的必要条件,因为符号的某种不同可以既影响到意义又影响到外观。考虑下面两个句子:

　　12. He was a respectable man(他是一个值得尊敬的人)。

　　13. He was a dignified man.(他是一个高贵的人)。

　　很明显,这两个句子尽管具有相同的结构等,但如果构成这两个句子的词组都是在通常的意义上被使用,那么这两个句子就意指不同的事物。因此,它们构成的不是一个而是两个文本。另一方面,我们又如何看待下列句子呢?

　　14. The Philosopher wrote the *Metaphysics*.(这位哲学家写了《形而上学》)。

　　15. Aristotle wrote the *Metaphysic*.(亚里士多德写了《形而上学》)。

还有下面的句子:

16. He made a contribution to the fund(他向这个基金作了捐赠)。

17. He made a donation to the fund(他向这个基金作了捐赠)。

在文本 14 和 15 中我们有两个完全相同的句子,只不过文本 14 对亚里士多德使用了一个尊称,而文本 15 则使用了他本身的名字。在文本 16 和 17 中我们也有着相似的情况,差别只在于这里使用了两个不同但同义的符号,即"contribution(捐赠)"和"donation(捐赠)"。文本 15 和 14 是相同的文本吗? 文本 17 和 16 是相同的文本吗? 我相信大多数人都会作出否定的回答,因为这些文本不是由相同的符号组成的,即使那些符号被视为具有相同的意义。实际上,对于一些作者而言,如果有人系统地将他们著作中的所有情况下的"Aristotle(亚里士多德)"都换成"The Philosopher(这位哲学家)",他们会表示反对。尽管这些词的所指是相同的,他们也会反对这样做,因为他们使用"Aristotle(亚里士多德)"而不是"The Philosopher(这位哲学家)"的原因在于,他们只是想把亚里士多德视为作者而非哲学家。这是否成立是有争议的。但是,就我们的目的而言,重要的是作者会反对使用不同的表达。①

---

① 大多数的反对意见都是基于这样的事实:"Aristotle(亚里士多德)"是一个确切的名称,而"the Philosopher(这位哲学家)"则可以被建构为一个限定摹状词(definite description)。但是,"the Philosopher(这位哲学家)"是否真正是一个限定摹状词,这是有疑问的。见克里普克(Kripke):《命名与必然性》(*Naming and Necessity*),第 26 页;塞尔(Searle):《言语行为》(*Speech Acts*),第 173 页;以及格雷西亚(Gracia):《个体性》(*Individuality*),第 227—229 页。

与此类似,作者们也会反对以"contribution"替代"donation",即使他们不能说明为什么他们起初使用的词是前者而非后者。但是,一旦这个问题被提出来了,他们可能就会因为这些词具有不同的特征等而反对这一替代。例如,在一首诗中,为了形成预期中的韵律,两个词之间读音的不同可能是很重要的,也有可能一个词比另一个词更受偏爱的原因是它的意义更为深奥,等等。

有人仍然会认为这些文本意指(mean)相同的东西,因而没有理由说文本 14 不能被视为与文本 15 相同,文本 16 不能被视为与文本 17 相同。的确,如果文本被等同于它们的意义,或者意义的相同是文本的同一性的充分条件,那么这些文本是相同的。但是,如果文本并非它们的意义,而不过是一组用作符号的实体,它们被作者挑选、排列并企求向一定语境中的读者传达特定的意义,而意义并不是文本的同一性的充分条件,那么,文本 14 和 15 就不可能是相同的,文本 16 和 17 也不可能是相同的。很明显,它们由不同的符号组成。文本 14 和 15,或者文本 16 和 17,可能实际上的确在起着相同的作用,但这改变不了它们是不同的文本这个事实,正如组成它们的一些符号尽管有相同的意义甚至相同的功能但却是不同的符号。当然,符号的同一性又取决于什么被视为语义上是有意义的或者在特定的语境中是有意义的。

总之,我们已经考察了许多不同的条件,它们表现为对普遍文本的无时间性相同的高要求,但是,我们发现,就其自身而言,它们中没有一个构成了文本的同一性的充分条件。而且,我们发现,仅就其对意义的影响而言,作者、言语行为、读者以及语境都与普遍文本的相同有关。这样,当这些条件有关联时,意义的相同就将它们整合起来,因而没有必要把这些条件与意义的相同分离开来单独列出。但是,排列的相同、符号组成的相同的情况却不是这样。我们发现,具有相同意义但由不同类型的符号组成的普遍文本,或者由相同类型的符号以不同排列方式组成的普遍文本,并不能被视为相同的普遍文本。因此,尽管排列和符号组成不是文本的相同的充分条件,但它们可以独立地成为文本的相同的必要条件。原因是相当简单的。文本是混合的(mixed)实体。它们是具有意义的实体。它们相同的条件必定包括实体的相同(排列和组成)的条件以及意义相同的条件。所有这些条件共同构成了它们无时间性的相同的充分必要条件。我们可以这样用公式来表示那些条件:

一个普遍文本 X 与一个普遍文本 Y 是无时间性的相同,当且仅当(1)X 有着与 Y 相同的意义,(2)X 和 Y 有着相同类型的句法排列,并且(3)X 和 Y 都是由相同类型的符号组成的。

这些条件需要带上整个讨论中已指出的那些附带条件。尽管严格地应用它们会更为规范,但实际上,我们的实践表明,有些变化并未被视为重要到足以改变同一性。这样,当这些条件都能够不受任何限制地被应用时,我们就可以谈论绝对的同一性;而当这些条件涉及被认为是意义的相同、句法排列的相同和符号的相同的东西而以公众实践为基础被放宽时,我们就可以谈论相对的同一性。①

————————

① 文本是特征—聚合体还是实体/特征—聚合体,这种不同对于文本的无时间性的相同不会带来什么很大的影响,所以我省略了关于这些情况的讨论。

2. 个体文本的无时间性的相同

一个个体文本是一个普遍文本的个例。例如,在我上高中时阅读的那本《堂吉诃德》是一个个体文本,它是《堂吉诃德》的普遍文本的一个个例。我们所面对的这个问题涉及它的无时间限制的相同的充分必要条件。

作为普遍文本的个例,一个个体文本具有这个普遍文本除可例示以外的所有特征。因此,适用于普遍文本的无时间性的相同的条件也必定适用于个体文本。但是,对于无时间性的个体相同而言,仅有这些条件还是不够的,因为普遍文本的相同的条件适用于普遍文本的所有个例。那么,在普遍文本(个体文本是这一普遍文本的个例)的无时间性的相同的那些条件之外,还必须加上哪种或哪些条件,使得这些条件一起能够说明个体文本的无时间性的相同呢? 简言之,什么使得一个个体文本是这个个体文本?

由此可见,我们在这里所提出的问题与第一章中在标题"个体化问题"下所讨论的问题是一样的。但是,这两者之间也有不可忽略的不同。个体化问题包含着文本的个体性的充分必要条件。我打算将这些条件归结为一个:存在。个体文本的无时间性的相同的问题涉及确定一个个体文本的充分必要条件,而不仅仅是它的个体性。因此,个体文本的无时间性相同的条件包含着个体性的条件,也包含着这个文本作为某个类型的文本的条件,即普遍文本的条件。故此,个体文本的无时间性相同的充分必要条件,与它们的个体性的条件(即存在)一起,共同构成这些文本作为其个例的普遍文本的无时间性相同的充分必要条件。使得一个个体文本是其所是的条件,既包括使得它成为这个类型的文本的条件,也包括使得

它成为这个个体的条件。因此，

> 一个个体文本 X 与一个个体文本 Y 无时间性地相同，当且仅当(1)X 作为其个例的普遍文本与 Y 作为其个例的普遍文本是相同的以及(2)X 的存在与 Y 的存在相同。

这一结论适用于所有的个体文本。现在让我们转而讨论共时性的相同。

B. 文本的共时性的相同

不同于无时间性的相同，共时性的相同仅仅适用于时间性的实体。这样，谈论共相的相同，是不得要领的。共时性的相同仅仅适用于个体文本，因为只有个体文本受时间的限制。对于所有的意图和目的而言，个体文本的无时间性的相同的条件与它们的共时性的相同的条件没有什么区别。除了共时性的相同发生于特定的时间以外，共时性的相同与无时间性的相同是相同的。时间上的限制仅仅排除了那些不受时间限制的实体，对于那些时间性的实体而言没有什么不同。因此，我们没有必要纠结于这个问题。我将转而讨论历时性的相同，在历时性的相同中，时间起着更重要的作用。

C. 文本的历时性的相同

历时性的相同仅仅适用于经受时间流逝的个体文本。这些文本可以划分为特征聚合体和实体/特征(substance/feature)聚合体。相应地，我在讨论中也将分别讨论特征—聚合体文本的历时性的相同和实体/特征—聚合体文本的历时性的相同。

1. 个体的特征—聚合体文本的历时性的相同

试图说明作为特征—聚合体的个体文本的历时性相同的两个基本观点,是实体观点和特征观点。

a. 实体观点(*Substantial View*)。根据实体观点,作为实体的特征的个体文本,它们的历时性的相同是依据它们作为其特征的实体来作出说明的。[1] 这一观点可用下述公式来表示:

时间 t_n 的个体的特征—聚合体文本 X 与时间 t_n+1 的个体的特征—聚合体文本 Y 是相同的,当且仅当有一个 S:(1)S 是一个个体的实体,(2)X 和 Y 都是 S 的特征,(3)X 和 Y 属于相同的类型,以及(4)S 在时间 t_n 和时间 t_n+1 是相同的。

如此一来,一个雕刻在岩石上的个体文本的历时性的相同,是由文本雕刻于其上的石头的历时性的相同来说明的。这个文本在时间 t_n 和时间 t_n+1 是相同的,因为这个文本是一个特征的聚合系统,而这些特征属于某一在时间 t_n 和时间 t_n+1 相同的个体实体。

这一观点看起来是成立的,它至少有两个理由。首先,因为在实体—特征本体论中,特征在本体论上依存于实体,认为实体既能说明它的特征的存在又能说明它的特征的同一性,

————————

[1]　在具有特征的实体不是亚里士多德意义上的实体而是另一种特征的情况下,这种观点会认为实体也提供了同一性的条件。

这是合乎情理的。如果实体的毁灭导致了它的特征的毁灭，人们就会认为实体的存续会带来其特征的存续。其次，我们看来已经意识到特征的历时性的相同是建立在这些特征所属的文本的历时性的相同的基础上的。我知道我所看到的在时间 t_n 雕刻在一个个体石头上的属于某个种类的个体文本与我所看到的在时间 t_n+1 雕刻在一个个体石头上的属于某个相同种类的个体文本是一样的，因为我知道它们都是雕刻在相同的石头上。实际上，如果我知道这两个石头不同，我很可能会断定这两个文本不是相同的个体文本，即使它们都是相同类型的文本的个例。

但是，当人们进一步考察这些理由时，这些理由就不像它们初看起来那样令人信服。我们先来考察第一个理由。根据第一个理由，个体实体的历时性的相同看起来能够说明个体文本的历时性的相同，因为这个文本在本体论上依存于实体。但是，这一点还很不清楚，因为当文本所依存的实体基本保持不变时，文本却是可以改变的。个体实体的历时性的相同并不能作为它的特征的相同的充分条件。例如，人们可以想象，刻在石头上的某个文本被侵蚀或被抹去时，这块石头仍然会持续存在。当然，在这种情况下，这块石头会经历一些变化，但这些变化可以被看成是次要的。或许那个文本只是很浅地被刻在石头上。在这样的情形下，只要有一点点的打磨，这个文本就容易被毁坏，尽管这个石头始终是相同的并且肯定在实体上是相同的。

或许，即使实体的历时性的相同并不是特征的历时性的相同的充分条件，也可以认为它是特征的历时性的相同的必要条件，因为除非这个实体存在，否则这个实体的特征似乎也不能够存在。以刻在石头上的文本为例。看起来除非这个石头存在并且持续存在，否则文本也不能持续存在，因为石头的毁灭会自动导致文本的毁灭。

但是，这个问题并非如此简单。假设我们所谈论的这个石头并不是突然结束存在的，而是经历了一个比如说电解的过程，在这一过程中，它的一些分子被一些金属的分子所代替，因而在一段时间后，原来的石头就变成了一块金属。如果在这些条件下某人将这块金属和原来的石头视为是相同的，即使除形状和纹理外它所有的特征（重量、颜色、密度等）都发生了变化，他可能仍认为这个实体的历时性的相同是这个文本的历时性的相同的必要条件。但是，如果这块金属被视为与先前的石头不同的实体，这种观点看起来更为合理一些，那么，就没有实体的历时性的相同可以作为文本的历时性的相同的基础了。当然，人们总有可能会质疑在这样的条件下究竟有没有文本的历时性的相同。但是，我们真的能够认为没有吗？究竟有没有，这实际上取决于被认为对文本来说必不可少的是什么。如果仅仅只是雕刻的形状被认为是必不可少的，那么很明显，文本是相同的，因为石头上的这个雕刻文本特有的形状并没有随着这块石头所经历的实体的改变而改变。另一方面，如果并不仅仅只有形状被认为是必不可少的，比如说，颜色也是本质性的东西，那么，实体的改变也就使得文本发生了变化，文本的历时性的相同也就中断了。

总之，实体的历时性的相同既不能被视为个体的特征—聚合体文本的充分条件，也不能被视为其必要条件。可能有这样的个体的特征文本，即使它所依存的实体发生了实质性的改变，这一文本仍然持续存在；也可能有这样的个体的特征文本,尽管它们所依存的个体实体是历时性相同的,但这一文本并没有持续存在。这一反对意见推翻了关于作为其他实体的特征的个体文本的历时性相同的实体观点。

上面所说的也部分适用于讨论另一个论证这个实体观点的理由,就是说,我们是通过文本的实体的历时性的相同来认识这些文本的历时性的相同的。因为即使我知道一个实体没有发生实质性的变化,这也不能转化为关于它的特征的历时性的相同的知识。例如,一块蜡上刻印有一个文本。我们可以给这块蜡加热——加热到足以使它上面的文本消失——然后重新刻印一个相似类型的文本。在这种情况下,我们有着同一块蜡,然而,我们有着同一类型文本的两个不同个例,也就是说,我们有两个个体文本而不是一个。在这些情况下,知道这块蜡的历时性的相同并不能确保我们知道个体文本的历时性的相同。实际上,基于这块蜡(即实体)的外观,这个文本看起来是相同的,然而实际上并非如此。因此,知道实体的历时性的相同并不是知道个体的特征文本的历时性相同的充分条件。

同样地,知道实体的历时性相同并不是知道个体的特征文本的历时性相同的必要条件。这里我们可以回到石头被金属所代替的那个例子。如所周知,人们可能会说在这个例子中我们有两个实体,但这个文本是相同的,因为作为一个文本,它所必不可少的东西是它那没有改变的形状,而不是其他任何当实体发生变化时也会发生变化的实体的特征。这些考虑为关于以特征为基础而不是实体为基础的个体文本的历时性相同的第二种理论铺平了道路。

b. 特征观点(*Feature View*)。根据特征观点,作为其他实体的特征的个体文本的历时性的相同,不是根据它们作为其特征的个体实体的相同来作出说明的,而是根据实体的特征的相同来作出说明的,而这些实体的特征并非实体的构成要素。这里显示出两种可能性。一种是把用来说明历时性相同的特征等同于并不构成文本的特征聚合体的那些特征。另一种则恰恰是把用来说明历时性相同的特征等同于那些构成文本的特征聚合体。第一种可能性可以表述如下:

时间 t_n 的个体的特征—聚合体文本 X 与时间 t_n+1 的个体的特征—聚合体文本 Y 相同,当且仅当有一个这样的 S:(1)S 是一组单个或多个特征,(2)S 不包含任何作为 X 或 Y 的构成部分的特征,(3)X 和 Y 属于相同的类型,以及(4)S 在时间 t_n 和时间 t_n+1 是相同的。

第二种可能性则可理解为:

时间 t_n 的个体的特征—聚合体文本 X 与时间 t_n+1 的个体的特征—聚合体文本 Y 相同,当且仅当有一个这样的 S:(1)S 是一组单个或多个特征,(2)S 包含那些并且仅仅包含那样构成 X 和 Y 的特征,(3)X 和 Y 属于相同的类型,和(4)S 在时间 t_n 和时间 t_n+1 是相同的。

如果这种观点是从第一种意义上来理解的,那么我们也就无法给予这一观点以太多的支持。实际上,它有着实体观点的缺点,却没有其优点。因为人们怎么会认为个体文本的历时性的相同是由那些既不是维持文本存在的实体的构成要素又不是文本自身的构成要素的特征来说明的呢?以刻在石头上的文本为例。我们假设这个石头是多孔的并被染成了红色。我们进一步假设这种颜色对于刻在石头上的文本而言不是必不可少的。这样,我们就可以问,颜色怎么能解释刻在石头上的文本的历时性的相同? 人们可能会认为,它可以解释为这个石头的历时性的相同(这一点是很有疑问的,但为了论证下去,我将暂时接受这一点),而石头的历时性的相同又能解释刻在石头上的文本的历时性的相同。但这并不是说,颜色说明了文本的历时性的相同。相反,说明文本的历时性的相同的,是石头的历时性的相同。就是说,我们回到了实体观点。因为特征要能说明文本的历时性的相同,它们就必须能够直接地说明,而不是间接地说明。总之,没有什么特征能够说明个体文本的历时性的相同,只要这些特征不是文本的构成要素。

另一种可能性是认为,对个体文本的历时性的相同作出说明的特征是那些构成文本的特征,如雕刻某种形状的一定的深度,以及那些由习俗确定的、对于被作为文本使用的某个特定系列的特征而言必不可少的东西。这种观点初看起来似乎也是有道理的,因为还有什么能够比作为某个东西的构成要素的特征更好地说明这个东西的历时性的相同呢? 认为如果 X 和 Y 有着相同的特征,那么它们就是相同的东西,这种观点看起来是非常合理的。

这一回答有两个方面的问题:首先,某个类型的特征的相同并不意味着个体的特征的相同。在某个特定时刻的个体文本与在另一个特定时刻的另一个文本有着相同类型的形状和深度,并不必然地意味着它们是相同的个体文本,即并不必然地意味着一个个体文本与另一个个体文本是历时性地相同的。特征的类型的相同,是文本的个体的历时性相同的必要条件,但它看来并不是一个充分条件。

其次,如果这个回答意指个体特征的相同能够说明历时性的文本的个体相同,那么这又是无法做到的,因为这种解释回避了问题的实质。这里所需要的,是对个体特征没有发生变化的充分必要条件进行确定,而不是对于变化没有发生这一结果的陈述。个体文本的个体特征是如何历时性地相同的,这仍有待解释。

总之,试图根据特征来说明个体的特征—聚合体文本的历时性的相同的观点,看来并无多大的可行性。接下来我将转向讨论那些作为实体/特征聚合体的个体文本的历时性的相同。

2. 个体的实体/特征—聚合体的文本的历时性的相同

在个体的文本是实体/特征聚合体的情况下,历时性的相同的问题被这样的事实简化了:在我们的经验中,那些文本总是物理客体(思想文本通常是特征聚合体,我们在本书中不会讨论非思想非物理的文本)。这样,说明作为实体/特征聚合体的个体文本的历时性的相同的问题,与说明诸如树和猫这样的个体事物的历时性的相同的问题就非常类似了。但是,应该记住这样一个重要的区别:与树、猫不同的是,文本是约定的结果,因此,它们的历时性的相同要受到认识条件的制约,而其他客体的历时性的相同则不受认识条件的制约。

许多观点可被用来说明实体/特征—聚合体类型的个体文本的历时性的相同。但是,我将只涉及其中最为重要的三种观点:束观点(the bundle view)、特征观点(the feature view),和纯粹的连续体观点(the bare continuant view)。其中,有些明显地非常类似于用以说明个体性的观点,但不应把它们混淆于那些观点,因为它们的目的是很不相同的。①

a.束观点(*Bundle View*)。束观点认为,某个实体/特征聚合体文本特有的一整套特征使得这个文本在不同的时间都是相同的个体文本,也就是说,某个实体/特征聚合体文本特有的一整套特征说明了这个文本的历时性的相同。在由沙滩上的鹅卵石构成的文本的例子中,鹅卵石的颜色、它们的大小、形状、纹理、相对位置等保证了个体文本的历时性的相同。这一观点可以表述如下:

时间 t_n 的个体的实体/特征—聚合体文本 X 与时间 t_n+1 的个体的实体/特征—聚合体文本 Y 是相同的,当且仅当(1)X 和 Y 属于相同的类型以及(2)在时间 t_n 被用来构成文本 X 的个体实体的一整套特征与在时间 t_n+1 被用来构成 Y 的个体实体的一整套特征相同。

这种观点初看起来相当可行。首先,看起来实际上是个体文本的特征使得我们意识到它是相同的文本,并因此而说明了它的历时性的相同;我们通过个体文本的特征来识别这些个体文本。而且,一个个体文本初看起来并不比构成它的特征多出些什么,因而显然是那些特征保证了个体文本的历时性的相同。

然而,稍作思考就会发现,束观点以及用以支持它的两个论据有严重的缺陷。首先,就文本是什么取决于某种已知的约定而言,如果文本是认识论意义上的实体,那么很明显只有

———————

① 见《个体性》(*Individuality*)第四章。

那些在认识论上可理解的要素才会被视为文本所必不可少的。① 但是，并不是被用作文本的实体的所有特征都是或都能在它们作为文本起作用的环境中被认识。例如，构成沙滩上的文本的鹅卵石的内在坚硬度，就通常超出了创作这个文本的作者和被认为是理解了这个文本的读者的视野之外。因此，这样的坚硬度在文本的再识别中不能发挥作用。对于构成实体文本（substantial texts）的实体的许多其他特征来说，情况也是如此。基于宣称我们是通过文本的特征而认识到个体文本的历时性的相同的来论证束观点，这是不得要领的。

但是，有可能以一种不同的方式来解释束观点。持束观点的理论家可能会争论说，能够对实体／特征—聚合体文本的历时性的相同作出说明的，并不是构成文本的实体的那束特征，而是构成文本自身的那束特征。这样，表述这一观点的公式就不得不调整如下：

> 时间 t_n 的个体的实体／特征—聚合体文本 X 与时间 t_n+1 的个体实体／特征—聚合体文本 Y 是相同的，当且仅当（1）X 和 Y 属于相同的类型以及（2）在时间 t_n 构成 X 的一整套相关的特征与在时间 t_n+1 构成 Y 的一整套特征是相同的。

例如，并不是构成沙滩上的文本的鹅卵石的所有特征，诸如它们的内在坚硬度、重量等，说明了个体文本的历时性的相同。毋宁说，对个体文本的历时性的相同作出说明的特征，是鹅卵石在语义上有意义的特征，也就是依照惯例作为文本必

————————

① 见我的《文本性理论》第一章。

不可少的东西而被挑选出来的并因此在认识论上可理解的文本特征。这里有两束特征：用以构成文本的实体的那束特征和构成文本自身的那束特征。某些特征无疑是这两束特征所共有的，比如鹅卵石的形状，但其他的特征并非如此。某个特定的鹅卵石的内在的坚硬度就不必是文本的特征的一部分，而鹅卵石的排列，作为文本的一部分，并不是构成文本的任何一个鹅卵石的特征。有可能这些鹅卵石被排列成一个三角形的形状。三角形是所有的鹅卵石所构成的一个鹅卵石群的特征，而不是每个鹅卵石的特征，因为并非每个鹅卵石都得在形状上是三角形才可和其他鹅卵石一起排列出三角形。

总之，我们已经考虑过的这一异议只是推翻了束观点的第一个公式，而没有推翻束观点的第二个公式。但是，这并不意味着根据几束特征来说明个体的实体/特征—聚合体文本的历时性的相同是没有问题的。另外有两个异议动摇了这一观点。第一个是，即使我们仅仅考虑一个文本作为文本的特征，而将任何构成这一文本的实体的、在语义上没有意义的特征都排除在外，所有这些特征的历时性的相同也都不是个体文本的历时性相同的必要或充分条件。例如，就沙滩上的文本来说，我们知道，鹅卵石的数量和排列都是文本的特征，因而也是大概能够说明文本的历时性相同的那束特征的构成要素。但是，我相信，显示在电脑屏幕上的最初是由成千上万个字母构成的文本，一般来说，遗漏了一两个字母并不会导致一个根本不同的文本（当然，也有例外，取决于这些字母所在的位置等）。因此，文本的某些特征对于它们的历时性相同而言似乎并不是必不可少的，这极大地动摇了那种认为一个文本的所有特征所构成的特征束说明了文本的相同的观点，即使这些特征都是在语义上有意义的。

按照类似的方式，可以认为，甚至一个文本的所有特征都无法构成一个个体文本的历时性相同的充分条件。原因很简单。一个文本的特征，即使是个体特征，也不能保证历时性的相同。成为一个个体的特征，并不是在两个（或更多的）不同的时间成为相同的个体的特征。因此，即使我们有两组个体的特征，即两组特征的不可例示的个例，即使这些个例属于相同的类型，也仍然不能使它们成为相同的个体的特征，因此也不能保证它们的历时性的相同。

我们来举例说明这一观点。假设在时间 t_n 构成文本的一组个体的特征为 S_1。在时间 t_n+1 我们也有一组个体特征 S_2，S_2 与 S_1 实际上类似，因为它是一组个体的特征，而且与构成 S_1 的特征是相同类型的特征。我们需要回答的问题是为什么在 t_n 时的 S_1 与在 t_n+1 时的 S_2 是相同的，但仅仅以它们都是成组的属于相同类型的个体特征这一事实为基础，是无法回答这一问题的。

这两个异议的要点包括两个方面：（1）我们能够在两个不同的时间有着相同的个体文本，即使这个文本的一些特征发生了改变；（2）在特征上没有区别，即在类型、个体性和数量上没有区别，并不能保证个体的历时性的相同。由于这些原因，束观点并不能充分地说明作为实体/特征聚合体的文本的个体的历时性的相同。

b. 经选特征观点（*selected feature views*）。束观点的失败引发了其他的一些提议。特别是为了弥补上述束观点的第一个缺陷，一种很自然的回应是认为，那种作为实体/特征—聚合体的个体文本，并不是它的所有特征而仅仅是它的某些特

征构成了它的历时性相同的条件。因此,我们可以说:

> 时间 t_n 的个体的实体/特征聚合体文本 X 与时间
> t_n+1 的个体实体/特征聚合体文本 Y 是相同的,当且仅
> 当(1)X 和 Y 属于相同的类型以及(2)时间 t_n X 的一个
> 或多个特征与时间 t_n+1 Y 的一个或多个特征是相同的。

在物理文本的许多特征中,物质性(materiality)、数量和时空位置这几个特征最为突出,它们看起来能够最好地说明历时性的相同。例如,物质性看起来是首要的候选特征(prime candidate)。毕竟,即使远溯至亚里士多德,质料(Matter)也被视为变化的主体,它是在变化的过程中确保相同的基础。因此,尽管一个实体/特征—聚合体的文本的其他特征如颜色、结构等在发生变化,但构成文本的材料保证了文本的历时性的相同。

然而,质料似乎并不是一个很好的保证历时性相同的候选特征,因为即使实际上它能够保证历时性的相同,它也不符合被认为是文本的充分必要条件的认识论要求。质料不是观察者能够认识到的东西。我们能够感知广延、颜色等,但却不能感知质料。尽管可以说质料是作为构成一个文本的物理实体的历时性相同的充分必要条件起作用的,但这并不意味着它可以作为文本的历时性相同的充分必要条件起作用。

与数量有关的问题与关于质料的观点所面对的那些问题不同,因为数量(如面积或重量)似乎是可以感知的。因此,从原则上说,数量可以作为个体的实体/特征—聚合体文本的历时性相同的基础起作用。但是,要这样做的话,数量必须被挑选出来作为上述这种文本的充分必要条件,因为可以设想,

当一个文本尺寸变小、重量减轻时,这个文本仍可继续存在。假设我们所谈论过的那个沙滩上的文本是由气球而不是鹅卵石所构成的。即使我们给气球放了一些气,因而它们的尺寸变小了,我们仍然会把那个文本看作是相同的,除非我们先前就把气球的尺寸规定为在语义上是有意义的。倘若我们使构成一个在电脑屏幕上演示的文本的像素值,情况也是类似的。

但是,比这些考虑更为重要的是已经提出的对束观点的异议,这种异议不仅适用于那里,而且适用于任何特征观点。这一异议认为,即使一个特征或一组特征(当然也包括数量)是一个个体文本的历时性相同的必要条件,它也不能作为这个个体文本的历时性相同的充分条件起作用,因为它不能说明那些特征的个体的(*individual*)相同。换言之,时间 t_n 的文本 X 和时间 t_n+1 的文本 Y 属于这种和这种类型的文本或具有这种或这种类型的特征,都不构成说 X 与 Y 是个体地相同的一个充分条件。

对关联性特征(relational features)的分析都与此类似。考虑时空位置。初看起来,对于一个作为实体/特征聚合体的物理文本来说,时空位置不仅是它的历时性相同的必要条件,而且也是其充分条件。但是,稍作思考就会明白,尽管时空位置可以是这类个体文本的历时性相同的必要条件,但它肯定不是其充分条件。一个文本不会只是因为它处于一定的时间和空间中就能够始终保持其为同一个个体的文本。一个文本可能处于一定的时间和空间中,但却被另一个文本所替代,这一过程或者是瞬间的或者是缓慢的,在这一过程中文本在语义上有意义的特征发生了变化。

一种更为明智的观点认为,并非只是时空位置而是时空的历时性的相同,说明了实体/特征—聚合体这一类个体的物理文本的历时性的相同。这里的问题同样仍然不那么简单。首先,我们必须明确时空的历时性相同意味着什么。它并不必然意味着文本在一个确定的时间段内占据相同的空间。因为同一文本确实可以改变位置而保持相同。时空的历时性相同应当被理解为:它意味着在一个时空位置与另一个时空位置之间没有时空间隙。也就是说,在空间上或者一个文本在不同时刻所占据的空间上没有间隔。假如在空间 s_n 时间 t_n 我们有一个文本 X,在空间 s_n+1 时间 t_n+1 我们有一个文本 Y,如果在时间 t_n 和 t_n+1 所代表的时刻在 s_n 与 s_n+1 之间没有间隔,我们就可以说 X 与 Y 在时空上是连续的。这样一来,这种观点就认为,如果 X 与 Y 在时空上是连续的,那么 X 与 Y 就是相同的文本,因而 X 与 Y 之间就有着历时性的相同。

　　这一观点的缺陷在于,尽管认为时空的历时性相同是个体的物理文本的历时性相同的必要条件是很合理的,但认为它也是一个充分条件似乎并不可信。实际上,可以会遇到这种情况,即并没有时空间隔,但被认为是文本的同一性所必需的那些特征却发生了改变。考虑一个以某种特定方式排列的白色大理石球所构成的文本的情况,其中,球的时空排列意指哲学家们是说谎者,但球的颜色又代表着对于球的排列所传达的意思的否定。因此,这个文本的意思是哲学家们不是说谎者。现在,假设我们在不改变球的排列的情况下把球的颜色变为红色,它意味着一种加强语气的肯定。在这种条件下,说这个红色的球与白色的球是时空连续的当然是成立的,但是,说由红色的球构成的文本与白色球构成的文本是相同的却是没有道理的。实际上,一个文本是对另一个文本的否定,所以人们不太好说它们是相同的个体文本。因此,如同文本的非关联性特征所显示情况一样,诸如时空位置等关联性特征并不是个体文本的历时性相同的充分条件。

c.纯粹的连续体观点(*Bare continuant view*)。纯粹的连续体观点是对于与特征相联系的那些观点所遇到的难题的一种辩证的回应。如果一个文本的任何特征——单独地或与其他特征结合在一起——都不是说明文本的历时性相同的充分必要条件,那么,说明历时性相同的必然是一个纯粹的连续体,即起着保证连续性的作用的实体,但这一实体自身除了那些被理解为文本的特征的特征外,没有其他的特征。许多前康德的关于实体的观点都属于这一范畴,一些当代的关于个体化的观点也属于这一范畴。这种观点可用公式表述如下:

时间 t_n 的个体的实体/特征聚合体文本 X 与时间 t_n+1 的个体实体/特征聚合体文本 Y 是相同的,当且仅当(1)X 和 Y 属于相同的类型以及(2)有一个这样的个体实体 E:(ⅰ)E 除了 X 和 Y 的特征之外没有其他的特征,(ⅱ)E 对于 X 和 Y 而言是共同的,(ⅲ)E 在 t_n 和 t_n+1 时是相同的。

需要注意的是,这种观点与实体观点之间有类似之处,但它们之间的不同也是显著的。它们之间最为重要的不同是,这个连续体既不是亚里士多德所说的那种意义上的实体,也没有任何属于它自己的特征。

这种观点的优点既在于它认识到说明个体文本的历时性

相同需要一个本原(a principle)，也在于它认识到没有哪个建立在文本的特征基础上的理论能够说明同一性。这一观点所遇到的问题，与动摇了所有将去特征的实体(decharacterized entities)"等同于其他某个事物的本原的理论的问题，有着共同的根源。尤其对于文本来说，这是一个致命的缺陷，因为文本是认识论意义上的实体，因此，它们的构成要素必须是能够被认识的。在涉及历时性的相同时，我们认识到的或能够认识到的东西必须能够作为历时性相同的充分必要条件。一个其存在仅仅建立在理论的基础上的实体是无法成为这样的充分必要条件的。

对此，一种对纯粹的连续体观点的论证方式是认为我们总会以某种方式认识纯粹的连续体。但是，这种方式的论证并没有说服力。我曾经在别的地方探讨过这类论证，所以我觉得我在这里没有必要再重复我的反对理由。①

另外一种论证方式是认为我们实际上是通过文本的特征来认识纯粹的连续体的。就那些特征不能为历时性的相同提供合理的基础而言，这一论证方式也是有缺陷的。纯粹的连续体的历时性的相同仍然是难以理解的，它实际上不可能说明个体文本的历时性的相同。

3. 个体文本的历时性的相同的条件

即使我们在迄今已讨论过的观点中没有找到一个能够令人满意地说明个体文本的历时性的相同的观点，我们也并没有浪费我们的时间。这些讨论已经揭示了我们已经考察过的

——————————

① 我对此观点的批评，见《个体性》(*Individuality*)，第88—89页。对此观点的辩护，见阿莱尔(Allaire)：《赤裸的殊相》("Bare Particulars")。

那些观点的最重要的缺陷,在这样做的同时,也就间接地确立了可行的观点所应当满足的一定的要求。这些要求有四个方面。第一个要求是,无论确定什么样的条件,这些条件都必须是其历时性相同能够得到说明的个体文本的必要条件。这并不意味着当文本是某类特征聚合体时,这些条件对于这个文本的实体而言是必要的;也不意味着在文本是实体//特征—聚合体时,这些条件对于构成文本的实体和特征是必要的。有这样一些实体的特征,它们对于其本身就是那些实体的特征的文本来说并不是必要的。另一方面,有这样一些实体的特征,它们对于实体来说是不必要的,但对于文本来说却是必要的。还有这样一些实体的特征,它们对于由那些实体构成的文本来说是不必要的。重要的不是聚合体文本作为其特征的实体的条件状况,而是作为文本的构成要素的条件,无论这些文本究竟是特征聚合体还是实体/特征聚合体。

第二个要求与文本的认识论特征有关。没有哪个东西不能被认识却能够作为个体文本的历时性相同的条件起作用,因为文本都是认识论上可以理解的实体。

第三个要求,历时性的相同不能够仅仅根据特征来说明,即使这些特征对于历时性的相同而言是必要的。原因在于这些特征本身并不是个体的。

第四个要求,个体文本的历时性相同的条件必须既是必要又是充分的。前文讨论的那些理论存在的问题,部分地在于只是确定了一些条件,主要是必要条件,而不是所有的条件。这样,一种更为合理的理论,就必须注意囊括所有的条件,既包括必要条件又包括充分条件。

在我看来,有两个条件,当把它们放在一起考虑时,就是个体文本的历时性的相同的充分必要条件。这种看法可以用公式表述如下：

时间 t_n 的个体文本 X 与时间 t_n+1 的个体文本 Y 是相同的，当且仅当(1)X 和 Y 属于相同的类型以及(2)Y 的存在与 X 的存在是连续的。

条件(1)意味着使用了普遍文本无时间性的相同的条件，这些条件也适用于那些文本的个例。条件(2)意指个体文本的连续性的存在是它的历时性的相同的必要条件。连续性是必要的，这是因为，两个个体文本在两个不同的时间在所有的方面都相像但它们并不是相同的个体文本，这是可能的；只有它们之间的连续性能够保证它们的个体的同一性。这两个条件一起构成了历时性的相同的充分条件。而且，这些条件既适用于特征—聚合体文本，也适用于实体/特征—聚合体文本。

Ⅱ. 相　　异

从关于"相同"的上述讨论，我们可以了解到很多关于相异的情况，因为相异是相同的反义词。实际上，基于到目前止我对这两个概念的理解，我断定它们是相互排斥的。

与前文对于相同的两种理解相对应，我们也可以提出如下两种对相异的理解：

X 与 Y 相异，当且仅当有某些属于 X 的东西不属于 Y，反之亦然。

至于 F，X 与 Y 相异，当且仅当有某些属于 X 的 F 的东西不属于 Y 的 F,反之亦然。

同样地,正如相同可以表现为无时间性地、共时性地或历时性地相同一样,相异同样可以如此:

X 与 Y 是无时间性地相异的,当且仅当 X 与 Y 相异。

X 与 Y 是共时性地相异的,当且仅当 X 与 Y 在时间 t 相异。

X 与 Y 是历时性地相异的,当且仅当 X 在时间 t 与 Y 在时间 t_n+1 相异。

在本章中我们所关注的是文本的相同和相异(sameness and difference)。我们已经发现文本可以无时间性地、共时性地和历时性地相同。而且,正如文本可以是无时间性地、共时性地和历时性地相同,在细节上稍作修改,它们也可以以同样的方式相异。但是,就我们的目的而言,值得考察的只有两种相异的情况,即普遍文本的无时间性的相异和个体文本的历时性的相异。

普遍文本的无时间性的相异的问题,涉及对于在不考虑时间的情况下使文本相异的充分必要条件的确定。例如,我们可以问,某个文本不是《堂吉诃德》的文本的充分必要条件是什么。对这个问题的回答并不难:上面所明确提出的无时间性的相同的那些条件中至少有一个是缺失的,只有这一点是必要的。这些条件包括意义的相同、句法排列相同和符号组成相同。如果这些条件中有一个或多个缺失,那么,某个文本和这个文本与之相比较的那个文本就不是相同的,因而是相异的。

同样地，就个体文本的历时性而言，除了刚刚提及的那些，还有三个条件：个体性、类型的相同和连续性的存在。如果缺失其中任何一个条件，那么，这些文本就不是相同的而是相异的。

Ⅲ. 文本的识别和再识别

识别（*identiify*）某物意味着将它挑选出来，再识别（*rei-dentiify*）意味着将它识别为相同的。当我能够将这张我正写字的纸挑选出来时，也就是将它与它周围的那些东西，比如说它所在的桌子、我用来在纸上写字的钢笔以及桌子上相邻的另一张纸区分开来时，我就识别了这张纸。再识别比识别包含着更多的东西，包含着两次或更多次将某物挑选出来，并且将它视为相同的。再识别要求有三个逻辑阶段：在某个时间将某物挑选出来，如一张纸；在另一个时间将某物挑选出来，如一张纸；将这两者识别为相同的，即同一张纸。

对于哲学家们而言，识别和再识别的有趣之处，主要在于识别和再识别的恰当标准问题。"标准"一词强调了这个问题的认识论性质，因为标准指的是我们用以进行识别和再识别的标志。它在这两种情况下都包含着认识：首先，它是对于某物是其自身并且也区别于其他东西的认识；其次，它是对于某物是其自身并且两次或多次都是相同的认识。这两个问题所关涉的，是对认识者如何认识的解释，而不是对事物被认识者所认识的方式的解释。

识别和再识别的问题，在很大程度上是前文我们讨论过的同一性的本体论问题所对应的认识论问题。到目前为止，我们已经讨论过什么使得普遍文本无时间性地相同、什么使得个体文本无时间性地、共时性地和历时性地相同。共时性的和历时性的同一性问题并不适用于普遍文本,因为普遍文本并不受制于时间及其流逝;只有个体文本能够是共时性地相同,因为只有它们受制于时间,类似地,只有它们能够历时性地相同,因为只有它们才经历时间的流逝。

从认识论上考虑这些问题,我们就会追问知道普遍文本和个体文本无时间性地相同的充分必要条件是什么,以及知道受到特定的时间限制的个体文本共时性和历时性地相同的充分必要条件是什么。识别的问题是决定普遍文本和个体文本无时间性地相同的充分必要条件的那些本体论问题所对应的认识论问题,也是决定个体文本共时性地相同的充分必要条件的那些本体论问题所对应的认识论问题。再识别的问题则是决定个体文本历时性地相同的充分必要条件的那些本体论问题所对应的认识论问题。

解决本体论问题的充分必要条件,完全有可能也适用于它们所对应的认识论问题。解释一张纸在经历时间后仍然相同的原因,为什么不能是我们在不同的时间认识到它是同一张纸的理由呢?有人可能会说,这张纸的特征既说明了它经历时间后的相同,也说明了我们对相同的理解。但是,尽管解决本体论问题的充分必要条件与解决认识论问题的充分必要条件可以是相同的,但它们并不必定如此,因为它们并不是用来说明同一个东西的。因此,为避免免混乱,明智的做法是在一般情况下将认识论问题与本体论问题分开考虑,并且对于那些涉及文本的问题我已经这样做了。但是,因为前文关于相同的本体论问题的讨论大部分在这里也是适用的,重复它们会是多余的,所以我在这里将只简单地讨论一下识别和再识别的认识论问题。

关于识别,我们不得不讨论的有三个问题:(1)什么是识别一个普遍文本的充分必要条件?(2)什么是识别不受时间限制的个体文本的充分必要条件?(3)什么是识别某个特定时间的个体文本的充分必要条件?尽管问题 2 和 3 在逻辑上是不同的,但在认识论的语境中,正如在本体论中一样,它们是近乎相同的,因而能够合并起来。关于"再识别",仅仅只有一个问题需要讨论:什么是再识别一个个体文本的充分必要条件,亦即什么是在两个或更多的时间将个体文本识别为相同的充分必要条件。

从前文的讨论我们知道,普遍文本无时间性的本体论上的同一性的条件包括:意义的相同、句法排列相同以及类型-符号组成的相同。当然,这些条件并不能保证认识论上的同一,因为我们需要有对于这些条件的认识。总之,在认识论上识别一个普遍文本的条件,相当于对这个普遍文本的本体论上的同一性的条件的认识:对意义的相同的认识、对句法排列的相同的认识以及对类型-符号组成的相同的认识。

但是,根据上述关于本体论和认识论的讨论,初看起来,对本体论上的同一性的所有条件的认识,对于认识论上的识别来说可能都不是必要的。实际上,有可能我们所获得的是关于条件的认识而不是关于本体论上的同一性的认识。但是,就对普遍文本的无时间性的识别而言,这种可能性并不能实现,因为在一个普遍文本中,除了本体论条件外没有别的什么,除非我们知道这些本体论条件都能得到满足,否则我们不可能知道这个文本是不是相同的。要认识到某物是《堂吉诃德》的文本，我必须认识到这个文本与《堂吉诃德》的文本有着同样的意义、同样的句法排列和同样的类型-符号，否则我就不能确定这个文本的确就是《堂吉诃德》的文本。因此，前文提出的本体论公式应当加以修改：

> 一个普遍文本 X 被认识到是与一个普遍文本 Y 无时间性地相同的，当且仅当认识到(1)X 与 Y 有着相同的意义，(2)X 与 Y 有着相同的句法排列，以及(3)X 与 Y 由相同类型的符号组成。

但是，如果将这一公式用于个体文本，这一公式并不能说明个体文本的无时间性的相同和共时性的相同。就个体文本的无时间性相同来说，这一公式看来如下：

> 一个个体文本 X 被认识到是与一个个体文本 Y 无时间性地相同的，当且仅当认识到(1)X 与 Y 有着相同的意义，(2)X 与 Y 有着相同的句法排列，以及(3)X 与 Y 由相同类型的符号组成。

在共时性相同的情况下，这一公式看来如下：

> 一个个体文本 X 被认识到是与一个个体文本 Y 共时性地相同的，当且仅当认识到(1)X 与 Y 有着相同的意义，(2)X 与 Y 有着相同的句法排列，(3)X 与 Y 由相同类型的符号组成。

这些公式不能用于个体文本无时间性的相同和共时性的相同，是因为它们只是阐明了普遍文本的相同的条件。因此，尽管 X 和 Y 符合那些条件、有着相同的类型，它们也不一定是个体地相同的。必须再加上个体相同的条件。这意味着，对个体文本来说，无时间性的同一和共时性的同一的问题，是个体化的本体论问题所对应的认识论问题，也就是说，它涉及我们如何知晓一个文本——除了是一个文本以及是某个类型的文本之外——也是一个个体的文本。

识别或认识个体的充分必要条件可能与个体化的条件有很大的不同。[1] 仅就认识论上的识别的条件包含着对于本体论上的识别的条件的认识而言，它们也并不必然地不同，但本体论上的识别的条件并不包含这种认识，正如我们在普遍文本的情况中已经看到的。个体文本的情况与普遍文本不同。不同的根源在于：个体文本总是处于以不同方式使它们的识别成为可能的环境中。例如，在某种特定的语境中，颜色足以使人识别一个物理文本，即使在另外一类环境中它既非必要条件又非充分条件。这一问题并不仅限于文本，而是适用于所有的个体，因为我在其他地方已经详细地讨论过这个问题，所以我们在这里根本就没有必要再谈它。[2] 只要指出，根据个体所具有的不同特征和它们所处的环境，我们能够以很多不同的方式认识个体（无论这些个体是不是文本），这就足够了。然而，假若那些特征是相似的，建立在由某个主体所提出的绝对观点基础上的时间坐标和时空坐标最终在认识论上就会个体化，即识别某个个体。

对于再识别和历时性相同的问题，也可作与上述关于识

---

[1] 格雷西亚（Gracia）:《个体性》(*Individuality*)，第 21—24 页。

[2] 格雷西亚（Gracia）:《个体性》(*Individuality*)，第 179—196 页。

别和个体化的讨论相类似的讨论。文本的历时性的相同涉及经历时间的个体文本的相同的充分必要条件。例如，它需要说明什么使得一个个体文本在两个不同的时间是相同的，也需要确定在什么样的环境下以及在哪些因素的基础上文本不可能是相同的。这与再识别中所涉及的问题有很大的不同。后者与确定我们在两个或更多不同时间把文本识别为相同的充分必要条件有关。因此，它涉及一个主体在某个时间所获得的对文本的认识与在另一个时间所获得的对文本的认识是相同的充分必要条件。经历时间的相同与世界的某种特征的原因有关，而再识别则与一个认识者关于世界的认识所具有的某种特征有关。

需要注意的是，只要世界没有被等同于认识者对这个世界的认识，"世界"的终极状态并不影响这一区分。我们都知道，世界可能是观念的。或者它可能像一些前康德的哲学家所宣称的那样，是知觉或知觉的部分，或者甚至是被知觉的事物。但是，只要我们对"世界"与对"关于世界的认识"的理解不同，这些都不会造成什么差别。只要这一区分存在，在世界的原因、世界上所发生的事情以及认识者关于世界的认识之间就可能存在差别。

与人们用以确立识别的充分必要条件的步骤类似，人们也可以按此步骤来确立个体文本的再识别的条件。在本章前面的论述中，我曾在下列公式中提出了个体文本的历时性相同的充分必要条件：

时间 t_n 的个体文本 X 与时间 t_n+1 的个体文本 Y 是相同的，当且仅当(1)X 和 Y 属于相同的类型以及(2)X 的存在与 Y 的存在是连续的。

把这个公式转换为认识论模式,那么,我们可以说：

时间 t_n 的个体文本 X 被认识到是与时间 t_n+1 的个体文本 Y 相同的,当且仅当认识到：(1)X 和 Y 属于相同的类型以及(2)X 的存在与 Y 的存在是连续的。

显然,如果这些条件被满足,我们就知道个体文本 X 与个体文本 Y 是相同的,但在个体文本具有同一性的情况下,以别的条件为基础来再识别个体文本,有时也可能成功。例如,在一个只有红色的东西是个体文本的世界里,文本可以根据它的红颜色被再识别,而我们不必知道任何有关连续性存在的情况。但是,在我们这个世界里,情况完全不同。

Ⅳ. 结　论

在本章的开头,我曾指出在布法罗大学图书馆里有很多册名为《堂吉诃德》的图书,尽管它们在很多方面都不同,但图书馆的使用者们会把它们视为相同的。这就提出了这样一个特殊的问题:什么使得这些书是相同的? 我们还可以提出一个更普遍的问题:什么使得文本是相同的?

在提出问题之后,我们看到有五种不同的答案呈现出来。这些答案建立在这样的文本概念基础上,即认为文本是(1)构成文本的实体,(2)文本的意义,(3)构成文本的实体和意义,(4)一定的行为,以及(5)构成文本的实体,它们不只是被认为有意义,而且被认为有着特定的意义。相应地,我们也以五种不同的方式设想了文本的同一性。遗憾的是,所有这五种方式都遇到了难题,但第五种方式所受到的质疑是最少的,所以,我开始着手于说明它的优点。然而,要完成这项任务,我就得阐明这个问题的实质,因为它表面上的简单背后隐藏着相当大的复杂性。这种复杂性有两个来源:一是相同概念本身,二是相同要应用的对象。相同区别于相似,它可以分为无时间性地相同(即不考虑时间)、共时性地相同(即以时间为根据但不考虑时间的流逝)和历时性地相同(即以时间的流逝为根据)。

无时间性的相同可以应用于任何事物。因此,联系到文本,我们发现无时间性的相同可被用于(1)作为文本的文本,(2)普遍文本(不论是实体/特征—聚合体类的普遍文本还是特征—聚合体类的普遍文本),(3)个体文本。当被应用于作为文本的文本时,无时间性的相同的问题就相当于什么使得一个文本是一个文本的问题。对于这个问题,在导言中已经作出了回答,那里曾提出了关于文本的定义。只有当这个问题涉及普遍文本或个体文本时,这个问题才变得与定义问题有着重要的不同。在这种意义上,我们需要知道:第一,什么使得文本的不同印本,如在大学图书馆里找到的《堂吉诃德》的文本,是无时间性地相同的;第二,《堂吉诃德》的文本的每一个个体印本的无时间性的相同的条件。

回答第一个问题的尝试,引导我们考虑了在文本性中起作用的基本要素:意义、作者、言语行为、读者、语境、符号排列和符号。得出的结论是:当普遍文本具有相同的意义、展示出相同的句法排列并由相同类型的符号组成时,普遍文本是无时间性地相同的。这就解释了为什么图书馆里《堂吉诃德》的文本的所有印本都是无时间性相同的普遍文本,因为它们满足了这些条件,尽管它们占据不同的空间,以不同的打字稿印在不同硬度的纸上,每一页上有不同的字数,使用了不同颜色的墨水,等等。

这样,对于普遍文本的无时间性的相同,我们已谈了很多。我们还得考虑文本《堂吉诃德》的每一个印本,因为个体文本的无时间性相同的条件与普遍性文本的无时间性相同的条件不可能是相同的,否则一个文本的个体印本也会是普遍文本,反之亦然。

对于这一问题的回答部分地来自第一章中关于文本的个体性的讨论所给出的答案,部分地来自在本章前面关于普遍文本的无时间性的同一性的讨论。在第一章中,我得出的结论是,一个文本是个体的文本的唯一的充分必要条件是它的存在。所以,我只需在这上面加上适用于个体文本是其个例的普遍文本的条件。故此,某一个体文本的无时间性的相同的条件就是使得这一个体文本是其个例的普遍文本无时间性地相同的条件加上存在。这既解释了为什么图书馆里的《堂吉诃德》的印本都是《堂吉诃德》的普遍文本的印本,也解释了它们为什么都是这一普遍文本的个体印本。

共时性的相同的问题并不需要分开来单独考虑。共时性的相同仅仅适用于时间性的个体,但在应用于个体时,它的条件与无时间性的相同的条件并没有什么不同。因此,我对共时性的相同未作进一步的讨论。

但是,就适用于历时性的相同的条件与适用于共时性的相同的条件很不相同而言,历时性的相同的情况就不一样。与共时性的相同一样,历时性的相同也只适用于个体,但它适用于经受时间流逝的个体。这些条件确立了什么使得个体文本如我昨天在图书馆里阅读的《堂吉诃德》的文本与我今天正在读的是相同的。需要注意的是，这个问题与我如何知道它们是相同的认识论问题无关。对于后一个问题，本章后面作了回答。

某些文本是实体/特征聚合体，而另一些文本是特征聚合体，这一事实自然又带来了很复杂的情况。我们讨论了几个由这些复杂情况导致的看法。但是，我们得出的结论是，这样的复杂性并没有对这个问题产生实质性的影响，而且有单独的一组条件适用于所有历时性地相同的个体文本。这些条件是，当两个个体文本属于相同的类型，并且在它们之间有一种存在的连续性时，它们是历时性地相同的。

相同的对立面是相异，所以我们也得对它作一些讨论。适用于相同的东西，在细节上稍作修改，也适用于作为相同的关联词的相异。文本是相异的，当且仅当它们背离了已列举的相同的任何一个条件；它们是无时间性地相异的，当且仅当它们没有相同的意义或者它们没有展示出相同的句法排列，等等。它们是历时性地相异的，当且仅当它们不属于相同的类型，等等。

关于识别和再识别的问题，许多必要的论述可以来自对前文讨论的适当修改。因此，识别一个普遍文本的充分必要条件问题，相当于被置于一种认识论语境中的同一性的充分必要条件问题，即认识普遍文本的同一性的条件：意义、句法排列和类型-符号组成。

个体文本的情况稍有不同，因为个体文本的同一性可以以不同的方式来确定，这取决于它们所处的环境。但是，对于受到时空限制的文本来说，建立在某个主体所提出的绝对观点的基础上的时空坐标最终可用于这个目的。

最后，就在两个或更多的时间对个体文本的再识别来说，对于文本类型的相同和连续存在的认识，会保证我们进行有效的再识别。但是，在一些条件下其他因素也可以起作用。

在概述了我们所得出的结论后，我现在想转而讨论这里提出的关于文本的同一性的观点的某些意含。考虑图书馆里名为《堂吉诃德》的不同书册的情况。在什么意义上这些文本是相同的以及在什么意义上它们是相异的？从已有的讨论可以得出：它们都是同一普遍文本的个例。只要这些印本都有着相同的意义、相同的句法排列和相同类型的符号，它们就有着同一个普遍文本。但是，作为个例，这些印本都是相异的。因此，当前图书馆里的那些《堂吉诃德》的不同文本的同一性，并没有什么会让我们感到困惑。

如果这些文本没有相同的意义、相同的句法排列或相同类型的符号，那么它们就得被视为是相异的，不仅个体文本是这样，普遍文本也是如此。《堂吉诃德》的英译本与西班牙语译本不是相同类型的文本，尽管这个译本具有相同的意义。这个例子将我们带回了文本与作品的区分。① 文本和作品的同一性的条件是不同的。文本的同一性的条件包括意义的相同，但大多数作品的同一性的条件仅仅只包括意义的相同，因为作品是特定文本的意义。英语和西班牙语文本可能都具有相同的意义，并因此代表相同的作品，但它们不是相同类型的文本，因为它们在语法排列上是不同的，而且也不是由相同的类型的符号组成的。

类似地，人们可以认为，口头文本与笔头文本也必然是不

---

① 见《文本性理论》第一章。

同类型的文本,即使这两者中的一个被视为另一个的符号且两者具有某种额外的共同意义。我说出的声音"那只猫在垫子上"和写下来的记号"那只猫在垫子上"是两个不同的文本,尽管它们以这样一种方式相关联,即除了意指猫在垫子上以外,它们中的一个还可以意指另一个。对于前文提出的口头文本对笔头文本的同一性问题,我们现在可以信心十足地给予回答了。需要指出的是,关于口头文本、笔头文本的同一性问题的这些讨论也适用于精神文本。

本章开头提出的另一个问题与文本的新颖性以及相应的作者的原创性有关。某个作者在什么时间以及在什么程度上进行了原创性的工作?这明显地取决于他或她所创作的文本的新颖性。那么,什么决定了新颖性?根据这里已有的讨论,新颖性与相异有关,特别是与文本中相异的引入有关。因此,新颖性将取决于对文本的同一性的条件的背离。

一个文本所展示出来的任何相异,都使得它和它的作者具有相应程度的原创性。我们知道,文本是由作者在一定环境下赋予其意义以向读者传达意义的实体构成的。因此,使得这个文本与其他文本区别开来的这些实体或它们的意义的任何方面,都是新颖性的一个要素。新颖性的要素可以是运用已被运用过的实体去表达一种不同于这个实体以前被用来表达的意义。例如,某种语言中的句子可以被赋予新的意义。同样地,在运用一个新的实体来表达一种并非新的意义的过程中,也有一种新颖性的要素。例如,人工语言的句子都是这种意义上的新文本,尽管它们的意义没有什么新的东西。最后,运用一个新的实体还可以表达一种新的意义。在这里,新颖性的程度远远高于刚才讨论过的那些情况下的新颖性。例如，当某人不仅创造了一个新的实体而且还赋予这个实体以新的意义时，文本的新颖性和作者的原创性就都很完满了。世界语的发明者以世界语写出的一个原创性的作品，就是这样的情况。当然，这并不意味着这样的一个文本就会比《堂吉诃德》的文本更有价值。文本的价值并不仅仅是原创性的结果，它还与文本的文化功能等其他的东西相关。

文本的同一性要求意义的相同有一种重要的意含。如果意义的相同是文本的同一性的要求，那么当两个或更多的人对一个文本的理解相异时，就不能说它们理解了相同的文本。假定两个人 P_1 和 P_2 听到了第三个人 P_3 发出同样的声音"fire!"，P_1 将它理解为意思是起火了，而 P_2 将它理解为意思是她将被击中。在这种情况下，这两个人所理解的就不是相同的文本，因为有两种意义与这个声音相联系。然而，这里仅只有一个声音。而且，作者大概也只是创作了一个文本，那么这里究竟是有一个还是两个文本？

对于这个问题的回答是：我们必须记住，用以构成一个文本的实体的同一性的条件与文本的同一性的条件是不同的，正如作品的同一性的条件与文本的同一性的条件是不同的。文本是由有意义的实体构成的人工物，因此，它们的同一性的条件，来自构成它们的实体在语义上有意义的特征和它们的意义。如果记住了这些观点，我们就可以看到，相同的实体能够在同一时间被不同的人用来传达不同的意义，因而成为不同的文本。由 P_3 发出的并被 P_1 和 P_2 听到的声音"fire!"是同一个声音。但是，由于 P_1 赋予它的意义与 P_2 赋予它的意义是不同的，所以我们就有了两个不同的文本。它们是不是 P_3 所创作出来的同一个文本，这完全是一个不同的问题。有

可能 P_3 所创作出来的是 P_1 所理解的文本,或者是 P_2 所理解的文本,或者都不是。事实上,也有可能 P_3 根本就没有创作出什么文本,只不过由于她想练练声而发出了一个声音。

那么,这是不是意味着,当某个人对一个文本作了不同的理解时,他所理解的就是一个不同的文本? 这似乎是违背直觉的,因为我们时常允许对同一个文本有不同的理解和解释。对这些问题的回答取决于理解和解释的性质,如同我在别的地方对它们已作的相当详细的讨论。① 就我们当前的目的而言,指出一个文本的意义限度取决于文本的文化功能就足够了。一个发挥着宗教方面的作用的文本相较于一个发挥着文学或法律方面的作用的文本,有着不同的意义限度。文化功能决定了意义限度,并因此决定了文本的同一性。

这就提出了一个有关编者的问题。诸如《堂吉诃德》这样的特定文本,包括普遍文本和个体文本,它们的同一性条件是什么? 前文对同一性问题的回答,只是在一般的方式上回答了这个问题,也就是说,我确定了所有的普遍文本和个体文本的同一性的条件。但是,我并没有谈及任何适用于某个特定的普遍文本和它的个例(如图书馆里《堂吉诃德》的普遍文本的它的印本)的特定条件。例如,说它的历时性的同一性的条件包括意义的相同、句法法排列类型的相同和符号类型的相同,对于编者而言并无帮助。因为编者想知道的是,比如,文本的哪些物理特征是同一性的条件,据此他们可以在编辑已被创作出来的文本的过程中进行取舍。人们应当考虑塞万提斯创作的《堂吉诃德》的早期草稿吗? 人们应当更喜欢

---

① 见《文本性理论》第四章和第五章。

塞万提斯创作的但从未出版过的修订本吗?

    我在这里所提出的方案,并没有对这些问题作出回答。原因并不是因为这些问题不重要或不吸引人。它们是重要且有趣的。原因在于它们不是一个哲学家能够或应当回答的问题。要记住,文本的意义限度是由文本的文化功能确立的,但这种功能并不是由哲学家所而是由使用这一文本的文化决定的。这样,文化决定了功能,因而决定了特定文本的文本同一性的条件。编者不会从我这里获得任何具体的帮助。他们有一项工作要做,而且也只有他们能够有效地做这项工作。当然,会出现观点上的分歧,但这正是整个过程的一部分。编者编辑的是哪一个文本以及他们会作怎样的修正,都取决于这个文本的功能和编辑的目的,编者所接受的专业训练使得他们比哲学家更适合做这项工作。

第三章 作 者

　　在哲学史上的大多数时期,哲学家们一般很少谈及文本的作者。毕竟,文本的作者就是创作文本的那个人或人们,这看起来不过是一个常识。① 这什么好争论的呢? 然而,稍作深入的研究,可以提出许多关于作者以及他们与文本的关系的问题。例如,人们可能会追到作者的同一性,因为稍作思考,显然可以发现,在大多数情况下文本都不只是一个人的成果,而是多个人的成果,在时间的流逝中,这些人都对文本作出了贡献。那么,在这些人中,哪一个应被视为作者? 是那个最先创作出一个现在已经不存在了、却是我们所拥有的当代文本的原型的历史文本的人吗? 或者是在许多文本读物中挑选出他们所认为的最好的文本的那些编者? 读者和整个社会在这个过程中起着什么作用? 如果大多数文本都是省略的,要求读者完善它们,那么就此而言,读者难道不也扮演着作者的角色吗? 最后,我们知道,自然语言的形成与社会有关,而

---

　　① 作者并不必定仅限于文本的作者。我们时常也会把作者与其他的事物相联系,包括行为。例如,霍布斯会在谈及某个行为时提到它的作者,见《利维坦》1,16,第125页。

大多数的文本都是由自然语言构成的，因而我们可以追问：难道我们不能认为整个社会以某种方式决定文本的形成并在一定意义上是文本的作者吗？①

与作者的真正功能有关的另一个可以加以考察的问题是：作者所做的究竟是什么？他们仅只负责组成文本的符号的排列，还是他们也负责文本的意义？从许多方面来看，他们似乎对两者都不用负责，因为他们并没有创造出它们，在大多数情况下，他们使用的是那些现成可用的符号和意义。这样说来，如果作者的功能是创造，那么他究竟创造了什么？或者，除了创造，作者是不是有别的功能？

还有文本能否没有作者的问题。例如，考虑一个像所谓的"发现艺术（found-art）"的文本的情况，它看起来并不是有意的计划的结果——比如，沙滩上的一组鹅卵石拼出了一些具有众所周知的意义的单词，而这些石头的排列和位置是潮汐和风作用的结果。在这种情况下，我们似乎就有了一个没有作者的文本。然而，认为一个实体是有意义的但并不是有意的计划的结果，这种关于实体的整体观念不仅看起来是荒谬的，而且也与我们在导言中采用的文本定义相悖。

可能还有人会问到有关作者对文本的认识给读者对文本的理解所施加的限制。以《圣经》为例。那些相信它是上帝之言的人将它所包含的关于人类行为的箴言视为所有人都须遵循的神圣指示。但是，那些认为《圣经》纯粹是人类作品的

---

① 在涉及"作者"这一概念的起源及其历史时，这样的历史问题也可能被提出。实际上，巴特（Barthes）等人就声称作者的角色是近代的一个创造。但这里我将省却这类历史问题的讨论。关于巴特的观点，见《作者之死》（"The Death of the Author"），第142—143页。

人则会把它所包含的箴言视为只不过是对某个时期的某个社会的信仰的记录,它对其他任何社会都没有指导作用。显然,某位读者对某个文本的作者的了解,可以改变该读者理解这一文本的方式。这样,我们会问,对于某个文本的理解是否需要对作者有所了解,这样的了解又在多大的程度上影响着读者对文本的理解?

最后,作者的内在主观状态(subjective states)与他们作为其作者的文本的意义之间的关系问题也可能会被提出。主体性总带有私人的和个人特征的色彩,文本的意义必须到主体性中去寻找吗? 或者,文本的意义是不是超越了作者的主体性呢? 对这些问题的回答是重要的,因为对于与文本的理解、解释、可辨别性有关的许多其他问题的考察都取决于这些回答。①

显然,可以就作者以及他们与文本的关系提出许多有趣的问题。在本章中我打算关注这样五个问题:作者的同一性、作者的功能、作者的必要、作者的约束特征以及作者的主体性的本质和内涵。讨论将从作者的同一性问题开始,因为对作者的同一性的理解,有助于澄清解决围绕着作者概念提出的其他问题。

需要注意的是,文本的作者并不必定仅限于人。既有有意识的行为又能够理解文本,任何这样的存在,无论是人或其他的什么,都可以创作文本。当然,如果有诸如上帝和天使这样的存在,他们必定也能够创作文本。新近的研究表明,非人

---

① 其中的一些问题在《文本性理论》第四至六章中已经详细论述过。

的动物不仅可能会使用符号甚至文本，而且可能会创建符号甚至文本。就我们的讨论而言，文本的作者究竟是神、天使、人或者只是动物，这无关紧要的，虽然这个问题在对意向性行为的考察中是有意义的。然而，因为我在这里关注的并不是意向性行为本身，所以我不必对这个问题作进一步的考察。需要记住的是，尽管这里关于作者的讨论主要是围绕人来展开的，但这些讨论经必要的修改后，也可以用于非人的作者。

Ⅰ. 作者的同一性

按照导言中提出的关于文本的定义，看起来只要有一个文本，就会有一个作者，因为作者被认为是从事如下行为的人：挑选和排列被用作符号的实体，将这些实体构成文本，以在特定的语境中向读者传达某种意义。但是，一个文本的表现形态可能不止一个，因而相应地，可能也就不止一个作者了。实际上，在《文本性理论》中，我们确定了许多不同的文本形态：现实的（它又可以划分为历史的、当代的和中间状态的）、意向的和理想的。而且，正如先前在第一章中所指出的，还可以有普遍文本和个体文本。这就提出了对促成了这些不同文本的各种作者进行确定和描述的问题。我将区分四种不同的作者：历史作者、伪历史作者、复合作者和解释作者。

A. 历史作者

历史作者是创作历史文本的主体，历史文本也就是被我们称为文本的人造物，它由用作符号的一定实体构成，并被人们打算用来在特定的语境中向读者传达某种意义。① 这种主体事实上可以表现为多个主体，因为或者在挑选和排列符号的过程中，或者在确定要传达的意义的过程中，有多人在文本的创作中合作，这并非是不常见的。例如，这种情况在科学上十分常见，而在文学上有时也有这样的情况。应该把某个文本创作过程中几位主体自觉合作与这种情况区分开来，即某个文本受到了来自非原始作者的主体的修改，而这些主体在进行修改时对原始作者并不了解，也没有得到原始作者的同意。在这些情况下，修改原始文本的那些人也是"历史作者"，但他们不是原始的历史文本的作者——只不过是原始的历史文本的修改本的作者。考虑到这样的情况，所以，在原始的历史文本(*original historical texts*)和可以被称为衍生的历史文本(*derivative historical texts*)的文本之间作一种区分是有必要的。前者的作者可以被称为原始的历史作者(*original historical author*)，后者的作者可以被称为后继的历史作者(*subsequent historical authors*)。但是，需要明确的是，根据我们在第一章和第二章中所确立的前提，原始的历史文本和它的修改本不能被看作是相同的，除非这种对原始文本的修改没有改变第二章中所确立的文本的同一性(textual identity)的条件。

尽管历史作者(在本章中我将用男性单人称来指称这个

---

① 历史作者类似于尼哈马斯(Nehamas)和其他人所称的写作者(*writer*)。但是，"写作者"这一概念的局限性太大，这是因为，比如，既会有口头文本的作者，也会有思想文本的作者。见尼哈马斯(Nehamas)：《什么是作者》，第 685—686 页；尼哈马斯(Nehamas)：《写作者·文本·作品·作者》，第 272 页；以及卡瑞尔(Currie)：《作品和文本》，第 333 页。摩根(Morgan)在《作者权和哲学的历史》("Authorship and the History of Philosophy")第 331、354—355 页中使用"历史代理人"这一表述来指称历史作者。

人，以免产生混乱）可以表现为一组主体而不是一个单独的主体，他也不会与我们将会简短地加以讨论的复合作者相混同；历史作者只是构成复合作者的作者中的一位或一组。历史作者是历史文本的作者。需要注意的是，这种作者是存在的——他是一个现实的主体，生活于历史上的某个时期。然而，尽管他曾现实地存在过，但由于各种原因，我们并不能非常清楚地了解他。

首先，有很多关于他的事情我们根本就不知道，而这常常会引发历史争论。以亚里士多德为例：我们知道他对亚历山大的看法吗？我们知道他童年时代所有对他的观点有影响的经历吗？他有哪些爱好？还有很多诸如此类的问题。而且，我们所知道的是从许多推测和传说中过滤而来的。我们的所知还会受到我们对他的思想的认识的影响。在我们看来，比起柏拉图，亚里士多德显得更有人情味、更亲切，但他真的是这样的吗？我们关于他以及他的特征的印象，难道不是以这样的方式即受到甚至从他生活的时代就开始的解释传统的影响而形成的吗？我这并不是认为我们对亚里士多德一无所知或者我们所知道的都是猜测。至少我认为这样的结论适用于所有的作者。我称为历史文本（*historical text*）的东西，其作者是现实的历史人物，但我们对这个历史人物的了解，最多只是对这个作者实际上是什么样的近似了解。我把我们知道或者我们认为我们知道的复合人物（composite figure）称为伪历史作者（*pseudo-historical author*）。历史作者只是以伪历史作者的形象呈现在我们面前的。

在我们离开历史作者而转向伪历史作者之前，还有一个有趣的问题。当我们考察历史作者时，我们考虑的是终其一生的这个人还是仅仅在其生命里某个时间点的这个人,比如说,是创作某个文本时的这个人,还是在这个时刻及之前但不包括这个时刻之后的这个人? 这个问题很有意思,因为人们在他们的一生中会发生改变,而那些改变表明,创作某个文本的作者可能与数年之后的他并不相同。《逻辑哲学论》(*trac-tatus*)的作者与《哲学研究》(*philosophical investigatious*)的作者是相同的吗?

这个问题不仅有趣,而且也很难回答,因为它包含着个人的同一性(personal identity)问题,而这正是数世纪以来哲学争论的一个焦点问题。① 但是,我认为,在这里我们可以用一种回避这些问题的方式来处理这个问题。我采用的方式的就是区分如下两个问题:跨时间的个人的同一性(personal identity through time)问题和跨时间的作者的同一性(authorial identity through time)问题。需要指出的是,考虑到当前的目的并为了讨论的便利,我将假设文本的作者总是人,尽管正如前文所述某些动物完全有可能不仅可以理解而且可以创作简单文本。正如我先前所做的那样,通过假定这些动物具有萌芽状态的人格或者在这种语境中用主体来代替人,就可以避开这一难题。下文将要进行的讨论会应用这两种方法,所以我将忽略这一问题。

再回到作者的同一性问题,我认为人们不必将个人的同一性(personal identity)问题等同于作者的同一性(authorial identity)问题。前一个问题涉及确定 t_1 时的人 P_1 与 t_2 时的人

①　关于"个人的同一性"(personal identity)这方面文献的导读,参见罗蒂(A.O.Rorty):《人的同一性》(*The Indentity of Persons*)。

P_2 是否同一，如写作《逻辑哲学论》时的维特根斯坦与写作
《哲学研究》时的维特根斯坦是否同一。要回答这类问题，人
们将不得不讨论人的本质以及保证跨时间的个人的同一性的
条件。

这样，正如我们将会看到的，作者的功能与文本的创造有
关。这意味作者的同一性条件与文本的同一性条件有关。因
此，如果某人在某个特定时刻创造了一个文本，但在某个稍后
的时刻，因为他已经发生了某种重大的改变，所以他不能再创
造这个文本，那么在后一个时刻的这个人不能被视为是前一
个文本的作者，即使作为人而言，他还是同一个人。简言之，
个人的同一性的条件一般并不是作者的同一性的充分条件。
按照个人的同一性的标准，t_1 和 t_2 时的维特根斯坦是同一个
人。但是，就《逻辑哲学论》的作者不能创作出《哲学研究》、
《哲学研究》的作者不能创作出《逻辑哲学论》而言，《逻辑哲
学论》的作者并不是《哲学研究》的作者。[①] 这样，历史作者
只是在某个历史时刻创作了这种历史文本的人，或在其他的
历史时刻能够创造出相同的文本的同一个人。

总之，如果我们认为历史作者(*historical author*)是指那个
恰好创作了某个特定文本的人(*person*)，那么我们不必将这
个人限定于某个历史时刻、地点或条件。但是，如果我们认为
作者(*author*)是指某个文本的创作者(*composer*)，那么，当那
些使得作者创作那个文本的功能得以发挥的条件缺失时，我
们就不能说这个作者是同一的。由此可见，个人的同一性是

---

① 这里我所说的"没有"并不是指逻辑上的不可能，而仅仅是指事
实上的没有。

作者的同一性的前提,所以,如果在两个不同时刻,某个文本的作者是同一的,那么这个人在这两个时刻也必然是同一的。如果维特根斯坦即《逻辑哲学论》和《哲学研究》的作者是同一的,那么创作这两本书的人也是同一的,但是,反之并不成立。其原因在于,个人的某些方面,对于作者的同一性而言是本质必需的,但对于个人的同一性而言则不是本质必需的。①例如,某种观点,对于某人作为为这种观点而辩护的文本的作者而言是本质必需的,但是,对于人的同一性而言,这种观点并不是本质必需的,因为人们有可能只改变他们的观点而不改变他们的同一性。

这一立场并不意味着两个不同的文本不可能有同一作者。这是因为,创作某个文本的能力使得某个作者是同一的,这一事实与作者还有创作别的文本的其他能力之间并没有什么必然的矛盾。假设一个人创作了文本 T_1 和 T_2。根据上文的讨论,T_1 和 T_2 的作者可以是相同的,只要在创作 T_1 的时刻,T_1 的作者也能创作出 T_2,并且只要在创作 T_2 的时刻,T_2 的作者也能创作出 T_1。人们不应由此得出结论说,其他的某个人具有创作 T_2 的能力,因而也是 T_1 的作者;人们也不应仅仅根据这一能力作出相反的推断。因为那个人与这个人不是同一个人,而人的同一性是作者的同一性的必要条件。

这一立场带来的是一个令人不悦的结论,即在同一个作者那里不可能有重大的进展。如果一个作者发生了重大的改

---

① 乌纳姆诺(Unamuno)在《关于〈堂吉诃德〉的阅读和解释》("On the Reading and Interpretation of Don Quixote")第 977 页提出了一种类似的观点。与此相反的观点,见克鲁特维尔(Cruttwell):《制作者和人》("Makers and Persons"),第 489 页。

变,大概就不能说他与改变发生之前的那个作者是同一作者,因为在改变发生之后,他不能创作出在他发生改变之前创作出的文本。实际上,有人可能想要将这种观点再推进一步,说任何发生于这个人身上的改变都将排除这个人有创作相同文本的能力,都将导致作者权(authorship)的改变。

考虑这样的事实:任何人都不会认为三岁的亚里士多德是《范畴》(categories)这个文本的作者。我们所说的《范畴》(categories)这个文本的作者,指的是成熟的亚里士多德,他实际上已经创作出这个文本,或者我们所指的是亚里士多德这个人,也就是在生命的某个点上创作出这个文本的人。我提出对作者与人进行区分,其关键不在于要抛弃我们日常的完全可以理解的说话方式。其关键在于,它为"作者"引入了一种专门性的意义,这一意义抓住了作者与文本之间的不同寻常的关系和这一关系的影响。我认为,"作者"的这样一种专门性的意义,实际上蕴含在我们对作者的一些谈论之中,尽管它并非蕴含在我们对作者的每一次谈论之中。因此,将这个概念明确地提出来,并用它来澄清作者权概念以及它与文本概念之间的关系,是十分有益的。

由上可见,与作为作者的那个人的同一性不同,历史作者的同一性取决于文本的同一性,反之则不成立。我们已经看到,一个文本的同一性并不取决于历史作者的同一性,尽管在伪历史作者是一个剧中人时它可能取决于伪历史作者的同一性。就历史作者而言,文本的同一性与这种同一性的条件起着很重要的作用。这就使得我想提出这样的观点,即我们所讨论的文本的类型会对历史作者的同一性产生影响。因此,一则日记的历史作者的同一性的条件,可能不同于一部小说的作者的同一性的条件,或不同于一个诸如"不准吸烟"这样的符号的作者的同一性的条件。这有助于解决许多看起来是由这种观点的反例所提出的问题。

在对文本的历史作者和作为这个文本的作者的人进行技术性的区分后,为了讨论的便利,除了某些特别注明之处以外,我将继续把历史作者作为起着历史作者的作用的那个人来谈论。这将会简化后文的讨论。例如,它将会简化我在第四章中引入的作为读者的作者这一范畴的讨论。严格说来,与这里的讨论相一致,作为读者的作者应当是那个作为历史作者的人,并且他也发挥着读者的作用。这种谈论问题的方式虽然精确但太累赘,因此,为方便起见,我将不采用这种方式。

B.　伪历史作者

伪历史作者可以按两种方式来理解。按照一种方式来理解,他仅仅是一种我们所知道或我们认为我们知道的有关一个历史作者的情况的复合体,与这个历史作者希望其他人认为文本的创作者是谁无关。① 按照另一种方式来理解,伪历

① 被这样理解的伪历史作者的概念,与福柯(Foucault)和尼哈马斯(Nehamas)的"作者(author)"概念有些类似。见福柯的《作者是什么?》(第121页及以下诸页)、尼哈马斯(Nehamas)的《什么是作者》(第689页)和《写作者·文本·作品·作者》。摩根(Morgan)在《作者权和哲学的历史》("Authorship and the History of Philosophy")中似乎是将我所说的伪历史作者进一步地划分为代理作者(the surrogate author)和现实作者(the actual author)。代理作者指解释者在分析某个文本时所构想出的作者;现实作者也是由解释者所构想出来的,但它只是一种关于"作者是什么"的理想构想而并没有确定的内容(见第342页及第355页)。参阅沃尔顿(Walton):《艺术的风格、作品和过程》第88页及以下几页中的"显性的艺术家"(apparent artist)概念。

史作者正是历史作者希望被其他人认为是创作了文本的那个人。① 在这两种情况下，与历史作者不同，伪历史作者都从未作为一个现实的人存在过。我们首先来考察对于伪历史作者的第一种理解。

许多历史学家宁愿把按照这种方式理解的伪历史作者视为历史作者。他们这样做是因为他们希望把历史的意义限定为对事件的记述，并且希望消除那种把历史视为可以加以记述的事件的观念。但是，这是一种混淆了问题因而包含着矛盾的观点。② 如果我们强调作为一系列事件的历史与作为历史学家对那些事件的记述的历史之间的区别，那么我们就可以说历史作者是第一种意义上的历史的构成要素，而伪历史作者则是第二种意义上的历史的构成要素。伪历史作者是我们认为创作了历史文本的作者。我们从他同时代人和其他历史学家的记述中，从我们在被认为是他创作的文本中所找到的线索里，来认识他。完全有这样的可能，即历史作者符合对伪历史作者的所有的或绝大部分的记述，尽管实际上总会有某些东西被遗漏了——比如说，当奥古斯丁在《论教师》(*De*

① 在这一意义上，伪历史作者是由历史作者创造出来的虚构作者。在艺术上，这样的作者被称为虚构的创作者(fictional creators)。见沃尔顿(Walton)：《艺术的风格、作品和过程》，第 82 页。迪克(Dickie)在《美学》(Aesthetics)第 116 页中也谈及作品的"戏剧性的说话者"(dramatic speaker)。

② 格雷西亚(Gracia)：《哲学及其历史》(*Philosophy and Its History*)，第 44—45 页。主张这一区分，并不意味着对历史持现实主义的立场，因为历史学家对事件最终状况的描述仍然可能被以其他的方式来理解。这里的矛盾源于把"对事件的描述"与"作为描述的事件"视为相同的。现实主义者与反现实主义者之间的争论，见哥德斯坦(Goldstein)、科奥兹(Krausz)、勒文(Levine)和马可瑞尔(Makkreel)在《一元论者》(*The Monist 74*)1991 年第 2 期的文章。

magistro）中写下单词 saraballae 时,他没有表达出来的思想影响了他对语词的选择。也有可能历史作者不符合我们对他的大多数记述甚至不符合我们对他的任何记述,除非把那个文本的作者权归之于他。实际上,甚至这一点都是可质疑的。①

我使用作者权这个范畴,是想强调伪历史作者是一种关于历史作者的看法而不是历史作者本身。它并不必然意味着伪历史作者总是不准确的。某个特定的伪历史作者是关于某个特定历史作者的完全准确的看法,这在逻辑上是可能的,但这仅仅只是一个可能。尽管伪历史作者完全可以是准确的,但事实上它们总是残缺不全、含糊不清的,并且时常具有不准确性。

众所周知的伪狄奥尼修斯（Pseudo-Dionysius）问题,就是这类产生我所说的问题的情况的一个很好的例子。"伪狄奥尼修斯"这一名称被历史学家们用来称呼写于中世纪前期的四部系列重要论著的作者,这四部论著是:《论圣名》(*on the Divine Name*)、《神秘的神学》(*on mystical theology*)、《天国的等级制度》(*on the Celestial Hierarchy*)和《尘世的等级制度》(*on the Earthly Hierarchy*)。在整个中世纪,他都被认为是狄奥尼修斯（Dionysius）,即据说是《圣经·新约·使徒行传》13章34节中所载的受到圣保罗（St.Paul）的感化在雅典皈依基督教的那个人。实际上,直到文艺复兴,狄奥尼修斯的身份才受到洛伦佐·维勒（Lorenzo Valla）的质疑。如今我们知道,

---

① 由于这个原因,认为伪历史作者只不过是历史作者的一部分或不完全的历史作者的观点是错误的,如施密茨（Schmitz）在《哲学在其历史中显露出的本真性质》("The Actual Nature of Philosophy Disclosed in Its History")一文中就提出了这样的观点。

他不可能是受到圣保罗的感化而皈依的那个人，因为他的作品受到普罗克洛斯（Proclus）的影响，这就可以推断他生活的年代至少是在狄奥尼修斯在雅典皈依的 400 年之后。那么，上面提及的那些文本的作者是谁呢？在过去的一千多年里，这位作者都被认为是狄奥尼修斯，但如今，人们认为他可能是一个生活于 15 世纪左右的来自叙利亚的基督教士。这个中世纪的人物显然是一个伪历史作者，但是，即使是在今天，我们对他的印象也必定与写了上述文献并假托狄奥尼修斯之名以使他的作品具有权威性、确保它们能够流传下去并发生影响的实际的历史人物相去甚远。实际上，这些论著的历史作者必定很敏锐地感受到了这个伪历史人物的重要性。

伪历史人物的重要性，由希伯来圣经的但以理书（the Book of Daniel of the Hebrew Scripture）的作者很好地展现出来。在这个例子中，该书的历史作者把但以理（Daniel）作为它的作者，以使得这本书中的陈述看起来像是对未来的可信的预言，而实际上这些被预言的事件在写作前就已经发生了。

这些例子也阐明了前文所述的在第二种意义上所理解的伪历史作者的概念。在这一意义上，狄奥尼修斯和但以理就是那些论著的历史作者希望被其他人认为是文献作者的人。显然，一个历史作者会使用假名而不是他自己的名字有许多原因。有时是因为文本中所表达的观点可能会给作者带来危险，有时是因为作者会从匿名中获得一定的好处，在另外一些情况下，历史作者还可能希望通过使用假托之名能够在读者中产生某种影响、获得某种理解。当然，并非仅仅只有这些原因；其他的一些原因也是可能的，但我们在这里没有必要一一列出。

　　我们在第二种意义来理解伪历史作者,也就是把他理解为历史作者希望被我们认为是创作了文本的那个人物(persona),这种意义上的伪历史作者并不仅仅源于假名的使用。更为常见的是,作者把他自己以某种方式置于文本之中,也就是成为一个剧中人,正如乔叟(Chaucer)既是《坎特贝雷故事集》(*The Canterbury Tales*)的作者,又是文中的朝圣者。① 这可以以许多方式来完成:作为一个前言或导言的署名者,作为文本中的一个角色,作为文本的讲述者或创作者,作为文本中的角色所提及的某个人——即使这个人在文本所记述的事件中并没有直接起作用,作为自传中的"我",等等。在所有这些情况下,都有这样的一个人物,他在这个文本中起着直接或间接的作用。这个剧中人是一个伪历史作者,因为他总是以代表历史作者的方式出现,显露出历史作者的部分身份。顺便说一下,在这种语境中被历史作者所采纳的这个人物的出现,不论是不是历史作者有意欺骗或有意影响读者的结果,都是不重要的。无论是或不是,它都会在某种意义上、某种语境中并只是部分地呈现出来。因此,我们必须仔细地区分文本的(*of*)作者和文本中(*in*)的作者,因为他们起着不同的作用并且发挥着不同的功能。

　　关于建构第一种意义上的伪历史作者的各种记述的讨论,使我提出了四个观点。第一,我认为,建构伪历史作者的记述通常来自历史学家,他们作出这些记述是想真诚地交流有关历史作者的信息,只是由于偶然的不真诚或无心之过,才

---

　　① 福柯(Foucault)在《作者是什么?》第 129—130 页提到过这种关系中的"第二自我"。

使得他们没有准确地记述历史作者。在历史学家们记述《老实人》(*Candide*)的作者时,他们想记述的是历史中的伏尔泰(Voltaire),尽管他们可能会由于不完整或有错误的信息,或者由于不完善的历史方法论,而在那些记述中犯错误。当然,偶尔历史学家们也会由于某些非历史的原因而故意地歪曲历史记载,以从好的角度或坏的角度来呈现某个人物。例如,众多北美的历史学家所描绘的斯大林的形象,很少有刻意奉承的;然而,直到最近,俄罗斯的历史学家们仍想粉饰斯大林的许多行为,想把这些行为视为小小的过失。伪历史作者的这类故意的歪曲与那些历史学家们真诚的记述一样具有影响力。实际上,有时伪历史作者所产生的影响更大,因为创造了这些伪历史作者的历史学家利用了读者心中对于他们作出历史判断的某种要求和渴望。但这不应遮蔽在大多数情况下历史学家都是真诚地进行记述的。与之形成对照的是,那些有意地给自己的文本使用假托之名的作者,他们的动机与此不同——他们的目的通常就是想欺骗读者。而那些将自己置身于文本中的作者,他们可能是有意也可能不是有意隐瞒自己的真实身份。

这使得我提出第二个观点,即伪历史作者也有其约束因素(constraints)。伪历史作者并不像那些把他等同于历史作者的批评家们所认为的那样只是解释者头脑中源于无拘无束的幻想的虚构。① 伪历史作者通常被断定为文本的历史作者,并因此被认为是实际地创作了历史文本的历史人物。这

---

① 参阅米勒(Miller):《阿里阿德涅的断裂的纬线》("Ariachne's Broken Woof"),第59页。

意味着,伪历史作者这个人物必须有其历史可信性。例如,
《堂吉诃德》这个文本的作者不可能是古埃及的法老——他
必定是某个生活在 16 世纪的西班牙人,等等。而且,作为这
个文本的作者,伪历史作者这个人物必定与这个文本直接或
间接的显露出的关于它的作者的信息相一致。我之所以说
"直接或间接",是因为作者有时在文本中以不同的方式明确
地显露了他们自己,而且即使他们没有这样做,文本也会告诉
我们有关他们的一些东西。由果溯因,这是一条众所周知的
法则,因此,我们也可以期望文本能够告诉我们一些关于它们
的作者的信息。这样,伪历史作者这个人物必须像文本的作
者那样是可信的。我们不能把奥古斯丁的《论教师》归之于
伏尔泰,或者把文本《老实人》归之于奥古斯丁。但是,我们
必须反对这样的观点,即断定文本所告诉我们的关于作者的
信息是很清楚的,并且遵循严格的规则。文本是由用作传达
意义的实体所构成的复杂人工物,仅仅以对文本的考察为基
础来确定创作了这个文本的那个人的特征,这绝非易事。因
此,有人提出用"暗示"(implication)概念来说明文本所告诉
我们的关于其作者的事情,是很有说服力的。①

　　我想提出的第三个观点是:严格地说,读者能够接受多少
个版本的历史作者,那么在第一种意义上理解的伪历史作者
就有多少。一个文本,就它的每一个读者都具有诸如关于
"斯大林或伏尔泰是谁"的观念而言,它的每一个读者都建构
了一个伪历史作者,这个伪历史作者的形象与他人所建构的

----

　　① 例如,见布斯(Booth):《小说的修辞法》(*The Rhetoric of Fiction*),第 71 页。对此观点的批评,见尼哈马斯(Nehamas):《写作者·文本·作品·作者》,第 273—274 页。

形象可能相同也可能不同。尽管是同一个人，在不同的时候对同一个历史人物持不同的看法，这不仅是可能的而且在现实中经常发生。这样，伪历史作者数可以是无限的。

第四，无论是在第一种还是在第二种意义上理解的伪历史作者是否曾经存在过都是有疑问的，因而他是否创作了任何一个被归之于他的文本也是有疑问的。他是否创作了当代文本或者历史文本，这是存疑的。他也不能够被认为是意向文本的作者，因为正如我在《文本性理论》第三章所认为的那样，意向文本只不过是那些在其所接触的文本中发现了一些错误之处或不恰当之处的解释者们所假定的幻象。① 当然，解释者们有时会以他们关于历史作者的观念即伪历史作者为基础，来论证对于文本而不是对作者的某种特定的理解，力求从他们对作者的观点的分析中找到作者的意图。但是，这完全是一种建立在解释者们可能会犯错的推测基础上的构想。因此，人们不可能为伪历史作者是意向文本的作者提供令人信服的理由。

同样，人们不可能为伪历史作者是理想文本的作者提供令人信服的理由，因为理想文本是历史作者本应创作出的文本，而伪历史作者只是解释者自己关于谁是真正的历史作者的观念。理想文本不可能是被认为是历史的并实际上被视为创作了某个历史文本的作者的作品。这样，伪历史作者事实上不是任何文本的作者；他只不过是被作为历史文本的作者的某个人假定为历史文本的作者。

―――――――――

① 意向文本这一概念时常会在进行文本批评(textual criticism)时被使用。见坦塞勒(Tanselle)的《文本批评的基本原理》(*A Rationale of Textual Criticism*)。

C. 复合作者

复合作者是当代文本的作者。当代文本是我们所拥有的历史文本的某个版本或众多版本，它们是历史文本变迁的结果。在当代文本的形成中起作用的有三类人：创作了历史文本的历史作者；从历史文本诞生时起到现在，其传播过程中的众多的抄写员或排字工人；以及那些试图编辑出历史文本的一个权威的或至少是具有历史准确性的版本的编者。每个或每组起作用的人都在当代文本的形成中具有重要的作用，因此，他们都必须被视为这个文本的作者的构成要素。当代文本是所有那些参与了创作这个文本的人的累积的努力的结果。

历史作者的作用是创作历史文本，无论是原始的文本还是衍生的文本，但这仅仅只是产生当代文本这一过程的开端。从制作出历史文本的其他抄本的抄写员和打字员那里复制这个历史文本的抄写员或打字员等，也为这个当代文本所具有的部分形貌作出了贡献。在复制的过程中抄写员们会犯错误；他们抄漏了一些词；他们看错了一些表述；他们增加或删减了标点，在一些情况下甚至增加了说明和注释。这类事情在打印机被使用之前经常发生（在那时，这实际上是标准流程），当文本以手抄的方式被复制时，每次复制过程都包含着重大变化的可能性。不过，即使是在打印机发明之后，打字员仍然时常会犯些错误，而某些作者却没有机会、没有耐心、没有意向或者甚至没有相应的技能去更正它们。①

———————

① 比如怀特海（Whitehead）留下《过程与实在》（*Process and Reality*）时所处的困难状况。见修订版中由格里芬（Griffin）和谢尔本（Sherburne）所写的编者序言，第 v—x 页。

　　甚至就近期的文本而言,历史文本与当代文本之间的区别也是显著的,因而历史作者和当代文本的作者的区别也是如此。这是由文本的不同版本中出现的错误和变化所导致的,这些不同版本导源于编者的工作,编者作为复合作者的第三种作者构成要素起作用。编者的作用是在一个文本的不同版本之间作出决定,根据他们自己建立的标准或者根据他们工作于其中的编辑传统,来核对不同的版本并且挑选出他们认为是最好的版本。①

　　在对古代文本和中世纪文本进行现代整理时,编辑的工作相当重要,因为文本作者亲笔写的版本只有很少的流传了下来。在大多数情况下,我们拥有的众多抄本可能在某个特定的细节上彼此具有相当大的不同。在这种情况下,编者要建立起一个抄本的"家族树",确定它的哪一个枝干是最好的,其心目中的最终目标是重建这个文本的可能的最好版本。这不仅需要有关语言、思想和那个作者的风格的庞杂的知识,还需要有关作者所讨论的题材的知识。编者被要求在一个文本的不同版本中进行挑选,更正错误,澄清晦涩的或有讹误的段落,以给我们提供某一文本的好理解的和可信的版本。要做到这一点,编者将不得不在很多的个例中像文本的作者那样行动,通过思考而使用在他或她看来最为合适的措词和用语。如果文本仅存唯一的抄本,在这种情况下,编者的作用尤其重要,因为此时编者就成为该怎样去阅读这个文本的唯一

――――――――

　　①　关于不同类型的版本和编辑传统的讨论,见麦克格恩(McGann):《文本的条件》(*The Textual Condition*),第48—68页。关于"理论立场如何影响编辑"的讨论,见格瑞萨姆(Greetham):《文本编辑中理论的显现和调适》("The Manifestation and Accommodation of Theory in Textual Editing")。

的仲裁者。① 所有这些表明,在构成复合作者的三类作者中,
编者在重要性上仅次于历史作者。②

D. 解释作者

解释作者可以按两种不同的方式来理解。按一种方式来
理解,作者只不过是某位或某些试图去理解文本的读者(一
人或多人),他这么做最终获得了一种理解,这一理解不同于
对历史文本的意义的理解。在这一意义上,通过改变文本的
同一性的条件,读者创造出了一个新的文本,他成为了这个文
本的作者,尽管读者可能还自认为是在理解历史文本。当然,
该读者并不需要挑选和排列构成文本的实体并把它们用作符
号。因此,他的作者地位在一定程度上被削弱了,但是,就这
个新文本是他的创造物而言,他仍然是这个文本的作者,即使
这不是他有意的创造。③

---

① 这就导致一些人认为编辑中总是包含着"缺陷"。参见格瑞萨姆
(Greetham):《(文本的)批判和解构》("〔Textual〕Criticism and Decon-
struction"),第 19 页。

② 许多批评家强调编者的重要性;但是,希林斯伯格(Shillingsburg)
是一个受欢迎的例外。见《学术性的编辑》(*Scholarly Editing*)第 93 页,以
及《自主的作者、文本的社会学、文本批评的辩论法》("The Autonomous
Author, the Sociology of Texts, and Polemics of Textual Criticism")。坦塞勒
(Tanselle)指出,在一些情况下编者有效地成为"作者的合作者",《文本研
究和文学鉴赏》(*Textual Study and Literary Judgment*),第 114 页。

③ 见《文本性理论》第四章和第五章。麦克格恩(McGann)在《文本
的条件》(*The Textual Condition*)第 95 页曾指出"读者和编者可以被视
为……作者和写作者"。也可见希林斯伯格(Shillingsburg)《自主的作者、
文本的社会学和文本批评的论辩术》("The Autonomous Author, the
Sociology of Texts, and Polemics of Textual Criticism")第 39—41 页,以及《作
为事件、概念和行为的文本》("Text as Matter, Concept, and Action")第 72
页及以下诸页。

　　由解释作者所创造的文本仅仅存在于读者即重建了文本的那个人(或人们)的头脑中,在这一意义上,解释作者所创造的文本是理想文本。因此,理想文本是某人头脑中的建构物,而那个头脑就是它的作者,因为那个头脑在审视它所考察的当代文本的 ECTs 时,创造了这个理想文本。

　　但是,解释作者,也就是这种意义上的读者,并非总是想到要进行理想文本的建构。很多时候,他的目的(假若他是个人)仅仅只是理解这个历史文本。然而,他常常最终建构了一个理想文本,而不是理解这个历史文本。

　　毫无疑问,柏拉图主义者会认为,并不是上述意义上的文本解释者创造了理想文本。解释者仅仅只想利用理想文本;他们并没有创造它,而只不过是通过一种精神辩证法(mental dialectic)发现了它。以这种方式考虑理想文本,并且认为解释者不是理想文本的作者而是它的一种传达者,对此我并不全然地反对。如果果真如此,那么也就带来了理想文本的作者的同一性问题,以及这样的一个文本实际上是否需要作者这一问题。柏拉图会认为这一文本没有作者;奥古斯丁会把上帝视为这一文本的作者;其他人还会对这个问题作出别的回答。所有这些,尽管有趣并且也需要有一个答案,但目前对我们来说都是无关紧要的。

　　不过,解释作者也可以在第二种意义上来理解。在这一意义上,他的功能是使得由于各种不同的情况而与历史文本分离开来的读者理解文本成为可能。这通过向文本添加某些东西即诸如一个注解的另一个文本来完成。① 这种意义上的

----

① 见《文本性理论》第五章。

解释作者是某个解释的作者。

以上是我们对不同类型的作者的讨论表明，从许多方面来说，历史作者都是作者的范例；因为历史作者创造了历史文本，没有历史作者，也就不可能有其他文本和其他作者。而且，正如我们将会在本章的下一节中所看到的那样，历史作者的功能在很大程度上决定和支配着其他作者的功能。由于这些原因，一般来说，当某人谈及某个文本的作者时，他所指的是历史作者。作者(author)这个尊称通常仅被授予历史作者。这与单词"author"在词源上的来源是一致的，"author"在词源上源于"auctor"，"auctor"在拉丁语中意指"他造成了这个事物的存在，或者促进了它的增长和繁荣，无论是他首先创造了它，还是他的努力促进了它的持久和持续。"①这与日常的使用也是相一致的，正如任一字典所显示的那样。但是，这一观点与一些当代哲学家所信奉的观点有很大的不同，在这些当代哲学家看来，伪历史作者起着范式的作用。②

从上述关于作者的不同范畴的讨论中得出的另一个结论是，这些范畴中有一些可能重合。我们已经指出，就历史作者是历史文本的作者而言，他是复合作者的构成要素。而且，就历史作者能够在某个特定时间和地点重建我们所拥有的那个版本的历史文本而言，一个历史作者成为一个复合作者在理论上是可能的，尽管这在现实上是少见的。对此，我们必须补充指出，复合作者时常与我们以第一种方式理解的解释作者

————————

① 刘易斯(Lewis)和休特(Short)：《拉丁词典》(*A Latin Dictionary*)，第198页。

② 见专门论述伪历史作者的那一部分涉及尼哈马斯和其他人的注释。

相重合。实际上,我想说,如果作者没有也扮演解释者的角色,那么也就不可能有复合作者,因为某个不同于历史文本却被视为与历史文本相同的文本的建构,似乎意味着一种对文本的不同于其历史作者的理解。但是,这并不十分正确,因为有这样一些情况,在这些情况下,复合作者只不过是一个抄写员,他对历史文本作了一种不准确的复制,而抄写员在复制时有可能根本没有注意他们所抄写的文本的意义——实际上,这常常就是他们为什么会犯错误的首要原因。

在讨论了作者的同一性之后,我们现在必须讨论作者的功能问题。这个问题不像它初看起来那么简单。

Ⅱ. 作者的功能

作者的类型不同,他们所具有的功能也就各不相同。历史作者负责挑选和排列组成一个文本的符号以在一定的语境中向读者传达某种特定的意义,就此而言,历史作者的功能是作为历史文本的最初成因起作用。复合作者也力图创作出一个文本,就此而言,复合作者的功能与历史作者的功能相似。两者的不同在于:历史作者的创作,不会受到来自某个先前存在的文本作为一个整体或它的任何构成要素所施加的约束,当然,当这个作者不是这个文本所使用的语言符号的创作者时,他要受到这些语言符号的约束。然而,就复合作者而言,作者想重建的是像最初被历史作者创造出来的那样的历史文本。这两类作者间的共同之处在于,他们与文本都具有直接的因果关系。

复合作者进行的重建,既涉及对构成这个历史文本的实体的重建,又涉及对这些实体与一定意义之间的精神联系的认识。因此,它包含着对构成文本的实体的重建和对文本意义的理解。

与此不同,伪历史作者和解释作者的首要功能都是认识论上的功能,尽管他们也可以有其他的功能。他们的首要功能不是创造文本而是揭示文本对于读者的意义,即使得读者对某个文本的理解成为可能。就大多数伪历史作者而言,我们所拥有的是历史作者的某种图像——无论是不是历史作者意向中的图像,无论正确与否,无论是由历史作者设想的还是由他人拼凑的——它都影响着读者理解文本的方式。这个作者与历史文本之间没有因果关系;它与对这个文本的理解或与读者可以拥有的历史文本的当代版本之间具有因果关系。但是,在伪历史作者作为文本里的剧中人(*dramatis persona*)起作用的情况下,它的功能就不仅仅是认识论上的功能,因为它是文本的构成要素。这个作者在文本中由符号来表征,并且在作品中扮演着某种人物角色。

解释作者的功能取决于我们对解释作者本身的理解。如果解释作者被认为是根据一定的标准形成对文本的某种理解的人,那么,这个作者在这种理解的形成中就是发挥了作用的。但是,如果解释者所做的是创造一种对文本的解释以帮助某个因为与历史文本的语境距离(contextual distance)而在理解文本时有困难的读者获得对文本的理解,那么,这个解释作者就直接作为这种解释的起因(cause)起作用,并且间接地作为这种解释在读者那里引发的理解的起因起作用。这样,这个作者相对于文本的功能就是认识论上的功能,因为它的目的在于理解,尽管它也可以被视为形而上学的功能,也就是说，它与解释之间有一种因果关系。

现在，我将开始讨论每一类作者的功能，对这些功能进行深入探究。首先，我从历史作者的功能开始讨论。

A. 历史作者的功能

历史作者的任务是挑选和排列组成文本的符号，以在一定的语境中向读者传达特定的意义。要理解历史作者的功能，至少必须考虑两个重要的要素。第一个是作者所从事的活动；第二个是这种活动所指向的客体。

首先来看第二个要素。我们知道，文本是由作者挑选和排列以向读者传达特定意义的一组用作符号的实体。我们也知道，意义并不是那些被挑选和排列以表达它的符号。最后，我们还知道，用作文本的实体与文本的意义之间的联系是约定的。因此，我们可以问，这里面哪些是应该由历史作者负责的？他对意义负责？他对构成文本的实体负责？他对实体和意义间的联系负责？或者我们应该说他对这三者中的两个还是所有这三者负责？至于第一个要素，我们会问，符号的“挑选和排列”使得什么成为必需，而这又如何与通常被归之于历史作者的创造力联系起来？我们的探讨实际上相当于要确定什么使得某人是一个历史作者，即历史作者的充分必要条件，因而也就意味着要对我们迄今为止有关历史作者的一般记述加以细化。而且，既然相对于文本而言，历史作者的概念是一个功能概念，那么我们的探讨也将限于对这一概念进行功能上的解释。在这一意义上，接下来的探讨是对前文关于历史作者的讨论的补充而不是重复。

我们的探讨从创造(creation)这一概念开始。这个概念在哲学上已经并且仍然广受关注和极富争议。① 在西方关于这个概念的讨论背后的犹太天主教的神学语境中,创造(creation)通常被理解为同时包含着某个独立的事物的生成(向外 *ad extra*)和从无中生成某个事物(从无到有 *ex nihilo*)。在西方传统中,仅仅只有神力被视为能够以这种方式创造。因此,文本的人类作者不能被视为这一意义上的创造者。但是,还有第二种不那么严格的对创造的理解。在这一意义上,创造不过是生成新的(重新 *de novo*)和独立的事物,虽然这种生成中包含着业已存在的材料。说艺术家创造了艺术客体,是在重新(*de novo*)创造和向外(*ad extra*)创造的意义上的创造,而不是在从无到有(*ex nihilo*)的意义上的创造;也正是在这一意义上,可以说某个作者创造了一个文本。文本的历史作者也就是用业已存在的材料创造出某个新的并且独立的事物。

文本独立于历史作者,初看起来这并没有什么问题。大多数文本都是这样的客体,它们独立于它们的历史作者而存在,并且经常在它们的历史作者逝世后的很长时间内仍然存在。但是,有一类文本,即精神文本,它的独立性并不是那么明确。因为精神文本的存在看上去显得依赖于它们的作者,而且,从某种意义上来说,它们似乎是作者的一部分。

然而,我认为,尽管精神文本与它的历史作者的头脑或与

---

① 例如,见托马斯(Tomas):《艺术中的创造力》(*Creativity in the Arts*)。

其他任何能够思考这个文本的人的头脑之间存在着依赖关系，但它也有自身的客观状态将它与作者的头脑区分开来，也正是在这一意义上，它能够被视为独立于作者的头脑。历史作者与文本相联系，包括那些从未离开过他们的头脑的文本，正如主体与客体是相联系的一样，而这样的一些文本是不同于主体的某些东西，即使它们的存在依赖于主体。文本独立于它的历史作者，因而它是向外（*ad extra*）生成的，这就是我们所需坚持的全部。尽管可能在作者与文本之间没有任何物理的分离，如果我们涉及的是大脑与精神精神文本之间的关系也确实没有这种物理的分离，但一个文本和它的历史作者仍然是截然不同的实体。这一点可以通过思考如下情况很容易地得到说明：人们能够想象一个精神文本由一个头脑向另一个头脑传递。我们可以把头脑想象成电视控制器，把精神文本想象为它们再现的图像，显然，数个不同的头脑可以同时或在不同的时间有着相同的图像。①

文本的新颖性比它的独立性更难解释。首先需要指出的是，尽管"从无到有的创造蕴含着重新创造"的观点可能有某种优点，但相反的立场即没有任何优点：新颖性并不要求从无中生成。但是，如果重新创造并不蕴含着从无到有的创造，那么，它所蕴含的是什么？它所蕴含的不过是创造出某种有别于已经存在于那里的东西的东西，因此，新颖性中包含着某种

---

① 有必要加上两个限制条件。第一，应该很明显，我的论点是建立在主体与客体之间、头脑—内容—头脑之间的区分的可行性的基础上。第二，我在这里对"向外（*ad extra*）"的理解与被用于基督神学时对"向外（*ad extra*）"的理解是不同的。在基督神学中，世界不可能只存在于神的头脑之中，尽管贝克莱是反对这一点的。但是，一个精神文本则正是存在于任何想到它的人的头脑之中的。

相异(difference)。①

　　相异可以有很多种,并不是所有的相异都须被视为与文本的新颖性有关。正如我们在第二章中所看到的,在种种相异中,只有一些足以说明一个文本与别的文本不是相同的。而且,用以判别相异的方式又取决于文本是普遍文本(如《堂吉诃德》的普遍文本)还是那个普遍文本的个例(如文本《堂吉诃德》的多个印本)。如下相异能带来普遍文本的相异:意义的相异、句法排列的相异和类型–符号的构成要素的相异。读者和作者的某些变化也足以允许我们谈及"一个新的文本"。但是,这些变化必须是能够改变文本意义的那类变化。这些条件在第二章中已经被详细讨论过,这里没有必要再重复它们了。

　　能带来个体文本的相异的条件包括:该个体文本是其个例的普遍文本的相异条件,加上个体性的条件和连续存在的条件。一个新的个体文本,要么属于一个有别于其他所有个体文本的类型,要么属于一个与其他个体文本相同的类型但并不满足连续存在的条件。

　　在确立了使得一个文本相异因而也就是新的文本的条件之后,现在我们可以看到在何种意义上一个历史作者是一个文本的创造者:创造(creat)一个文本就是创作(produce)一个新的文本,因此,就其以上述方式创作了一个相异的文本而

————————

　　①　以这种方式来理解,那么,并不是所有的"从无到有(*ex nihilo*)"的创造都必然包含新颖性。例如,上帝有可能从无到有地创造出某个实体的复制物。在这一意义上,有人可能想将"新"与"新颖"区分开来,因为复制物可能是新的,因为它之前并不存在,但它可能并不新颖,因为它是对其他某个东西的复制。但是,考虑到我们的讨论目的,这里我将省略关于"新颖"和"新"之间的区分讨论。

言,历史作者就是文本的创造者。①

　　这样,严格地说,成为一个文本的作者,意味着这个作者已经创造出一个新的普遍文本或一个新的个体文本。② 但是,新颖性的要素可以在不同的方面呈现出来。就普遍文本而言,这种要素存在于意义、组成文本的符号的语法排列和类型-符号的组成诸方面。就个体文本而言,这种要素存在于我们就普遍文本已提及的那些方面以及影响个体的同一性的那些方面,如个体性和连续存在。通过给予已在使用的符号和排列以新的意义,或者通过使用新的符号或已使用过的符号的新排列来表达某种已知的意义,作者可以创造出一个新的普遍文本。这意味着,一个文本的作者不必被视为文本意义的创造者,或者甚至不必被视为意义与构成文本的实体之间的联系的创造者。作为作者,仅就他要对这个有别于其他所有文本的文本负责而言,他有必要被视为创造者。因此,假使某个文本的意义是一个作品,在文本的创造者这一意义上理解的文本作者,不一定被视为这个作品的作者。③ 这个作品可能是已知的某个东西。例如,在这种意义上,翻译者就是被我们称为译作的文本的作者,因为他们将符号组合于新的排列中,尽管它们所表达的意义已经被其他的符号所表达。关于普遍文本以及它们与作者的关系的讨论,在细节上作必要的修正,也适用于个体文本。

----

　　① 认为"创造"包含着创造出某些新的东西,这一观点流传甚广。见托马斯(Tomas):《艺术中的创造力》(*Creativity in the Arts*),第 98 页。但是,也有些人提出了"创造"(creating)和"制造"(making)之间的区分。
　　② 参见沃尔特斯多夫(Wolterstorff):《走向艺术作品的本体论》("Toward an Ontology of Art Works"),第 137 页及以下诸页。
　　③ 见《文本性理论》第三章。

　　在这一点上我们遇到了一个难题,因为我们已经谈及普遍文本和它们的个例以及两者的新颖性。但是,如果普遍文本既不存在,也没有存在于时空中,正如第一章中所讨论的那样,那么历史作者如何能够作为普遍文本的创造者起作用,这是不清楚的。说历史作者是个体文本的创造者,这是成立的,因为两者都是在时空维度上存在的历史实体。但是,说历史作者是那些在任何意义上都既非历史的又是非时空的普遍文本的创造者,这成立吗? 但我们还是要说,比如,塞万提斯创造了《堂吉诃德》这个文本,尽管这个文本能够被多重例示并因此必须被视为普遍的。艺术和烹饪方面的创造也有相同的问题;如果一个厨师创造了一种新汤或某道汤的新的制作方法,我们会说他创造了一道新汤。①

　　要回答这个问题,我们必须回到第一章的某些讨论。一个普遍文本,也就是某个文本的个例的共相,并不是在现实中区别于那些个例的实体。一个共相和它的某个个例,不是两个截然不同的、要求有两个不同作者的东西。普遍文本的作者权问题,不同于它的个例的作者权问题,如果人们还记得共相的本体论特征的话,这个问题就不应当被提出。一个文本仅仅只有一个作者——也就是普遍文本和它的个例的作者。但是,这里有一种很复杂的情况,即并不是文本的每一个个例的作者都被视为文本的作者。实际上,如果每个个例的作者都被视为文本的作者,那么同一个文本就会有很多作者,因为不同的人可能会创作出文本的不同个例。只有创作了某个文

<hr>

　　①　参见格里克曼(Glickman):《艺术中的创造力》("Creativity in the Arts"),第140页;马戈里斯(Margolis):《艺术作品的本体论特性》("The Ontological Peculiarity of Works of Art"),第45页。

本的第一个历史个例(其后文本会有更多的个例)的那个人才会被视为文本的作者。历史作者场这个概念是一个指称某个历史现象与其他历史现象间的关系的历史称谓。最先创作了某个普遍文本的个例的那个人,与创作了后来的个例的那些人之间有一种区别,而这种区别导致了这样的看法:普遍文本有历史作者。在这种意义上,就历史作者是最先考虑到他创作了一个个例的那个文本的类型而言,历史作者是普遍文本的作者。其他的作者都不是历史作者,因为他们创作出的是别人已经考虑过的文本。①

我们已经指出,历史作者是在重新(*de novo*)创造和向外(*ad extra*)创造的意义上而不是在从无到有(*ex nihilo*)的意义上创造了文本;说作者创造了普遍文本,是仅就他们创作了这些文本的个例而言的。在明确了这些之后,有人可能会问,历史作者事实上是否应当被描述为普遍文本的发现者而不是创造者。他们的功能事实上不就是发现从某种意义上说是一直都可以发现但此前从未被人注意的东西吗? 在此意义上,作者只不过是一位展露或揭示了隐藏着的或从未被人注意到的东西的人。

这一结论并不是由这里提出的对作者权的理解所得出来的。的确,从我已提出的观点来看,普遍文本既不是被创造的也不是非创造的,因为暂存性、所在、存在以及与它们相对立的范畴都不适用于普遍文本。谈某个既不能存在又不能不存在的东西的创造是不得要领的,对于上面提到的其他范畴来

① 对这一问题的另一种不同的解决方法,见马戈里斯(Margolis):《艺术作品的本体论特性》("The Ontological Peculiarity of Works of Art"),第46页及以下诸页。

说,情况也是如此,因为"创造"包含着这样一种观念,即在某个特定时间或地点促成了存在。在这种意义上,历史作者不可能是普遍文本的创造者。但是,在这种意义上,他们也不可能是文本的发现者,因为发现这个概念恰如创造这个概念一样,包含着存在、暂存性或所在的概念。发现某个东西就是使某个已经存在的东西为人所知,或者将其在某一特定的时间或地点展示出来。但是,根据第一章已经论证过的观点,这些范畴并不适用于就其本身来看的普遍文本,因此,说作者发现了它们,如同说作者创造了它们一样,都是不得要领的。从这个角度看,普遍文本似乎并不是被创造或被发现的。

但是,从另一角度看,情况又有所不同。我已经论述过,就普遍文本的个例有作者和普遍文本的个例是由他们创造的而言,普遍文本有作者,而且普遍文本可以被视为作者的创造物。所以,我们的问题实际上就是将普遍文本的个例的作者描述为发现者而不是创造者是否更好一些的问题。因此,我们需要确定哪些范畴适用于那些作者。

普遍文本的个例的情况与普遍文本的情况有很大的不同,因为存在、暂存性和所在的范畴适用于除精神文本以外的所有个例,只有前两个范畴适用于精神文本。因此,就上述范畴都适用于个体文本而言,从原则上说,个体文本是可以被创造和发现的。于是,问题就在于个体文本的历史作者最好是被描述为创造者还是发现者。说他们是个体文本的创造者,也就是说他们创作了某些不同的东西,这些东西以前是不存在的;说他们是发现者,也就是说他们揭示出了某个以前已经存在但不为人所知的东西。发现说是以个体文本是普遍文本的个例、因而普遍文本先于个体文本这一事实为基础的。但是,存在和暂存性都不适用于普遍文本,因此,这里所说的"先于"不可能是时间上的或有关存在的。说普遍文本的存在先于作为其个例的个体文本的存在,这是不可能的。在这些情况下,唯一可行的主张是,一个普遍文本的第一个历史个例不是被它的历史作者发现的,而是被它的历史作者创造的。现在,我们就可以回到普遍文本,可以看到它们亦不能被描述为是被发现的,因为它们的个例不是被发现的。

这里对历史作者的功能所作的理解,为作者和使用者之间的重要区分留出了空间。为了解释这一区分,让我们回到这一讨论的主要点:一个文本的历史作者是那个对使得这个文本不同于其他文本的那些特征负责的人。历史作者创作了一个文本性的人工物,这个人工物或者在意义、语法排列上或者在符号-类型的组成上不同于其他所有的文本性的人工物,就此而言,这个历史作者创造了一个文本。与此不同,那些使用这个文本的人并不对使得一个文本不同于其他文本的那些特征负责。一个文本的使用者并没有创造出一个不同的文本,他只不过是使用了一个至少有一个先在的个例的文本。

正是由于历史作者希望使用文本传达某个意义,因而他们要对那些文本中的相异之处负责,因此,历史作者可以是使用者。文本被创造出来和被使用时常是同时的,比如,当某人第一次使用某种表达时,情况就是如此;但是,说文本的创造意味着对它的使用,这就不符合事实了。某人可能创造了一个文本但没有使用它,比如,一个女人为她所爱的男人写了一首诗但并未把诗送给他。作者有时也可以在他们创作出文本后再使用它们,比如,那个女人最后还是把那首诗送给了她的爱人。而且,作者也可以被看作是部分的使用者,因为在大多数情况下,他们所创作的文本是由已经在使用的语言符号和公式所构成的。即使某部长篇小说的完整文本不同于在它之前被创作出来的所有文本,但在构成这部小说的句子和表述中,有很多都是被人们普遍使用的。很明显,历史作者可以是而且经常是使用者,但使用者不一定是历史作者。

需要指出的是,我先前把关于作者与使用者的讨论限定于普遍文本,但类似的讨论也可以用于个体文本。由于从这样一种讨论中不会产生任何在哲学上令人感兴趣的东西,因而我略去了这一讨论。

某些哲学家想把文本作者的概念留给那些也创作了作品的人,因而把一些机智的措辞之类的创造者排除在文本作者的概念之外。① 我感到这是不可接受的,因为什么是或不是作品纯粹是一件取决于文化习俗的历史性的事情,而作者的创造力在一个作品的文本中能够如同在没有作品的文本中那样明显地表现出来。

将我在这里所说的历史作者(*historical author*)等同于文本的写作者,这也是一种误导。② 写作者的概念,与言说者(speaker)和想象者(imaginer)的概念一样,更接近于使用者

---

① 参见尼哈马斯(Nehamas):《什么是作者》,第686页。

② 巴特(Barthes)在《作者之死》("The Death of the Author")第145页介绍了作者与手稿作者(scriptor)之间的区别。相较于"作者"的概念,尼哈马斯(Nehamas)和其他的一些人提出了"写作者"的概念。见本章的第四条注释。

的概念而不是作者的概念。一个写作者只不过是创作了某个笔头文本的人，它并不必定意味着，这个文本在任何意义上都是原创的，因而这个写作者是它的作者。文本的言说者或想象者的情况也是如此。同时，既然原创性的笔头文本的创作意味着有一个作者，那么，写作者、言说者和想象者并不必定只是使用者。令人遗憾的是，对这些范畴上的混淆，很典型地出现在一些有关文本性的文献中，它们时常带来混乱而不是启发。现在我要回到对作者的讨论。

存在着这样的可能性，即多个人或者同时或者在不同的时间彼此独立地创造了同一文本的个例。在这种情况下，就产生了这样的问题：是这些人中的每个人都应被视为历史作者，还是只有其中之一应被视为历史作者而其他人都是使用者？我将分别讨论这两种情况，并为了简化讨论，我将人数和文本的个例数都限定为两个，尽管其中所包含的原则经适当的修改也可以用于那些文本的个例多于两个和人数多于两人的情况。

> 情况1.同一文本的两个个例且仅只有两个个例被创作出来，它们是被两个人彼此独立地同时创作出来的。

> 情况2.同一文本的两个个例且仅只有两个个例被创作出来，它们是被两个人彼此独立地在两个不同时刻创作出来的。

在情况1中，两个人都符合作者权的标准；他们都创造了一个不同的并因此是新的文本。这两个人都是文本的作者，而且他们都平等地、理所当然地是文本的作者。这类似于彼此独立工作的科学家们同时作出了某种科学发现。① 这意味着,从原则上说,同一文本可以有许多历史作者。当然,这种"同一"文本意味着文本的"同一类型",因为个体文本即个例在每一情况下在数量上都是不同的。同一文本有着不止一个作者的条件在于,这些作者是首先挑选和排列构成文本的那组符号的人,他们以此向相同类型的语境中的相同类型的读者传达特定意义。之所以说"相同类型"的读者和语境,是因为与意义的保持相关的是读者和语境的类型的相同,而不是数量的相同。

因此,例如,《堂吉诃德》这个文本有很多历史作者,这在理论上是可能的,这里我所指的并不是集体作者,比如《美国独立宣言》有很多作者那样;我所指的是处于分散状态的许多作者,就像塞万提斯是文本《堂吉诃德》的历史作者、莎士比亚是文本《哈姆莱特》的作者那样。② 但是,这种可能性只是逻辑上的。如果它要变成现实,就必须不仅有符号和句法排列的相同,还要有语境和读者类型的相同——就它们可以影响文本的意义而言,而要满足所有这些条件似乎是不可能

---

① 参见古德曼(Goodman)、埃尔金(Elgin):《解释与同一性》("Interpretation and Identity"),第 64 页,以及沃尔特斯多夫(Wolterstorff):《走向艺术作品的本体论》("Toward an Ontology of Art Works"),第 137 页。在短文本的情况下,"同时创作"的概念并没有遇到什么复杂的问题,但在长文本的情况下,这一概念却遇到了较为复杂的问题。例如,在创作像《堂吉诃德》这样的不是一次写成并且经过作者多次修改的长文本时,究竟要满足什么样的条件才是"同时创作",这并不清楚。但是,这一难题不会给我们这里正讨论的问题带来影响。

② 古德曼(Goodman)和埃尔金(Elgin)将这些称为"被联合创作的"("jointly authored")和"被多重创作的"("multiply authored",即多个历史作者彼此独立地创作出的——译者注)文本。《解释与同一性》("Interpretation and Identity"),第 64 页。

的。实际上,例如,那些创作《堂吉诃德》的文本的不同的历史作者,他们自身很有可能具有彼此不同的特征,而这些特征会影响他们看待他们所创作的文本的意义的方式。因为不同的人要成为相同类型的文本的作者,他们自己就得有相关的同一类型的特征,还要置身于相同类型的环境中,尽管他们在数量上不必是相同的。这样的要求看起来是很难满足的——实际上,从实践的角度来看是不可能满足的。总而言之,看来每一个文本只有一个历史作者,尽管这只适用于长且复杂的文本。随着文本的长度和复杂性的递减,同一文本有许多作者的可能性成比例地增长。"不准吸烟"这个文本的许多个例由许多历史作者在同一时间彼此独立地首先创作出来,这是完全有可能的。当某个人最早将烟草从美洲经由西班牙带入英格兰时,可能有好几个人在英国法庭上同时作出这样的反应。

情况 1 显示了一个文本同时有多于一个的历史作者的逻辑上的可能性,但我们的讨论表明这样一种可能是难以变成现实的。情况 2 提出了一种类似的观点,但它涉及的情形是某个文本由两个不同的作者彼此独立地在两个不同的时间创作出来。那么,我们是有一个还是两个作者呢? 如果两个人在两个不同时间彼此独立地创作了同一文本的两个个例,而这个文本不同于其他所有文本,那么,得出结论说他们都是同一文本的作者,这看起来是合理的。实际上,如果这对于所有的文本都是可能的,特别是对于短而简单的文本是可能的(正如情况 1 中的情形那样),那么,它在情况 2 中看起来会更加明显,因为在情况 2 中,这些人彼此独立地工作,不仅在空间上而且也在时间上相互分隔开来。

然而,如果文本的另一个个例(B)早先就已由另外的某个人(乙)创作出来了,即使某人(甲)在进行这一个例(A)的创作时对于那个个例(B)一无所知,将这个人(甲)视为文本的历史作者也是错误的。让我们举一个艺术方面的例子,假设某人并不知道毕加索的《老吉他手》(*The Old Guitarist*),他创作了一幅与毕加索的那幅画非常相像的画。我们会把那第二幅《老吉他手》称为原创的画吗?我们会像评价毕加索的画那样评价它吗?大多数人会倾向于作出否定的回答。我们为什么会作出这样的回答,我们又如何看待这两个人对作者权的声索呢?

毫无疑问,问题的关键在于,某人创作了文本的一个个例,这个文本的其他个例已经被创作出来,但这个人对那些个例一无所知,就这个人在他的经验范围内创作了某个新的东西而言,他是这个文本的创造者,但他不能被视为文本的历史作者,因为他没有在更大的集体经验的范围内创作出某个新的东西。在一种更大的语境中,其他的某个人对新颖性有优先的声索权。这表明作者权是历史性的并与语境有关。成为一个历史作者,意味着在历史上的某个时刻和某个特定的环境中创作了某种新的东西。在文本性的领域之内或之外,新颖性都是一种历史现象。①

而且,还有另一个理由,以之为基础,对在情况 2 所列出的条件下同一文本能够有两个作者——当这个文本长且复杂之时,人们可以提出怀疑。历史不会重复自身,但如果要在两

---

① 在艺术的背景下,关于这个问题的另一种不同的观点,见凯斯特勒(Koestler):《势利的美学》("The Aesthetic of Snobbery")。也见我的《伪造品和艺术价值》("Falsificación y valor artístico")。

个不同时刻创作同一文本的两个个例,而且文本又长又复杂,那么这样的重复是必需的,因为文本的同一是以语境、读者等的同一为先决条件的。这在逻辑上并非不可能,但在现实中,至少就长且复杂的文本而言,是不可能的。

总之,作为历史作者,某一文本的历史作者的功能是创作一个不同于其他所有文本的文本。一个文本可以有不止一个的处于分散状态的历史作者,尽管长且复杂的文本不大可能会有一个以上的历史作者。但是,没有理由说一个文本的历史作者不可以不止一个。《美国独立宣言》的文本就是多人共同创作的结果,因而不能被视为只有一个作者。历史作者同样可以成为文本的使用者,包括那些他们自己创作的文本。

实际上,一个文本可以有很多的使用者。每当我们引用一首诗或使用某个口头禅时,我们就是在使用那些历史作者的而非我们自己的文本。对此无需再作过多说明。然而,或许这里还有必要补充一点,当然,这也是相当明显的,那就是:使用一个文本并不必然包含着抄袭。抄袭意味着把我们自己歪曲为文本的作者。文本的使用者并不是抄袭者,除非他们声称他们自己是这个文本的历史作者。

而且,关于引用,或许我们也应当弄清楚:在某些情形下,引用所涉及的是作者的而不是使用者的那种创新性特征。如果一个文本脱离了原来的语境,而且意义发生了变化,那么,引用这个文本的人就扮演着解释作者的角色,而不仅仅是这个文本的使用者,因为此时的文本并不是那个普遍的历史文本的个例,而是一个新的文本的个例,而它恰好与原来的历史文本有着相同类型的构成实体(ECTs)。这一点的某些意涵,我们将在下一章中讨论。

　　最后,我们也来关注一下历史作者与翻译者之间的区别。人们重视的一直是两者间的区别,直到最近,才有人提出,翻译者在某种意义上是作者。这种观点在许多方面与我的观点是一致的,在我看来,文本的历史作者是那个为创造了一个新的(普遍)文本负责的人。因此,就翻译者创作了一种不同于原始文本的符号的组成和排列而言,尽管文本的意义与原来的文本是相同的,这些翻译者也是历史作者。他们是这个文本的译本的历史作者,这个译本当然也是一个文本;但是,他们既非历史文本的历史作者,也非作品的历史作者。他们不是历史文本的历史作者,因为他们并不对历史作者用以传达他想传达的意义的那类人工物负责。他们不是作品的历史作者,这有两个原因:首先,作品是文本的意义,而历史文本与历史文本的译本的意义被认为是相同的;第二,无论对意义负责的那个人是不是历史文本的作者,那个译本的历史作者都不是该意义的作者。

　　一个译本本身是一个历史文本,因为它有一个历史作者并且是在某个时间、某个地点被创作出来的。但是,作为译本的那个历史文本,不应与那个被翻译的作品的历史文本相混淆。

　　因此,翻译者是历史作者,但仅仅是译本的历史作者,不是他们所翻译的作品的历史文本的历史作者。而且,他们的原创性仅限于选择和排列他们所使用的符号,以代替他们所翻译的作品的历史文本的历史作者所使用的符号和排列,甚至在这种选择和排列中仍然存在着限制,因为对符号的选择和排列,在很大程度上又受到它们所要传达的意义的限制。实际上,翻译者们是在向那些不能理解历史作者所创作的文本的人呈现意义和作品。就此而言,他们从许多方面来看都是解释者,而译本则是解释。① 翻译者在某种程度上是作者,但是他们不能被与他们所翻译的文本的历史作者等而视之。②

B. 复合作者的功能

历史作者的功能与复合作者的功能之间有很重要的相似。它们的相似之处在于,二者的目的都是要创作历史文本。因此,他们的努力所指向的对象是相同的。但是,他们的相似之处也仅在于此,因为就历史作者而言,其目的在于创作一些新的和不同于已有文本的文本;这也是为什么我们在谈及历史作者所创作的文本时我们会说是创造。然而,复合作者的目的不是要创造出一个新的文本,即不同于此前任何已经存在的文本的新文本。实际上,如果复合作者的活动结果是作出了这一意义上的一个创造,那么这样的活动将会被视为是失败的,而凭借这样的活动复合作者也无法成为复合作者,而是成为一个新文本的历史作者。复合作者的目的在于再造那个历史文本,也就是复原被遗失或被遗忘的东西。从这种意义上说,复合作者的活动包含着某种相对新颖的要素:复合作者给读者提供了某种新的东西,这种东西是读者以前所不知

---

① 见《文本性理论》第五章。

② 但是,设想这样的情况也是可能的,即翻译者比他或她所翻译的文本的历史作者更具有原创性。例如,这会发生在历史作者的原创性受到限制时,比如受限于文本中所使用的较少的符号。在这样的情况下,如果翻译者所使用的符号显示出更多的新颖性,那么所呈现出来的可能是翻译者更具原创性。例如,菲茨杰拉德(FitzGerald)对莪默·伽亚谟(Omar Khayyam)的《鲁拜集》(*Rubaiyat*)的翻译。

道的。但这种东西并不是绝对新颖的，因为那个被遗失或被遗忘的文本被认为是在复合作者所创作的文本之前产生的。

如果复合作者没有能够再现那个历史文本而是创造了另一个不同的文本，在这个复合作者所创作的文本中也可以有某种新颖的要素。正是由于这些原因，我将复合作者所创作的文本称为当代文本（*contemporary text*）而不是历史文本（*historical text*），因为这两者之间可能有并且常常有本质上的区别。

C. 伪历史作者的功能

伪历史作者是读者相信或者倾向于相信其是文本的历史作者的那个人物。就其本身而言，它通常是虚构的，尽管它有可能在众多方面都近似于历史作者。

作为一种关于历史作者的大致准确的看法，伪历史作者不能被视为在实际上创造了任何东西，即使他显得与历史文本的创造者完全一样。伪历史作者的功能主要是认识论上的。伪历史作者的设定是为了帮助我们理解文本，尽管在某些情况下它所起的作用正好相反。对作者的身份的了解应能帮助我们领会这个文本的意义。伪历史作者并没有创造出什么，因而并不是文本的起因；不如说历史作者是读者从某个文本中获得理解的起因之一，因为它规定和影响着读者从文本中获得的理解。

但是，这个结论也有一个例外。当这个伪历史作者是文本中的剧中人时，它的功能就不仅仅是认识论上的，因为它是决定文本意义的因素之一，并因此而成为决定文本同一性的因素之一。考虑《坎特贝雷故事集》（*The Canterbury Tales*）中的乔叟（Chaucer）的情况，他既是文本的作者又是文本中的朝圣者,以这样的角色创造、陈述和影响着这个传说。在诸如此类的情况下,伪历史作者既在认识论意义上起作用也在本体论意义上起作用。

D. 解释作者的功能

解释作者的功能可以两种方式来理解:作为一个读者,形成对文本的理解;或者是向文本添加某些东西,以使得某个读者能够理解这个文本。在这两种情况下,解释作者与历史文本之间都没有创造的因果关系,因而解释作者与历史作者之间几乎没有共同之处。但另一方面,解释作者与复合作者、伪历史作者之间却具有某些共同之处。解释者试图理解历史文本,而在这样做时他或她会在自己的头脑中以及在某个当代读者的头脑中再造这个历史文本的意义,就此而言,他的功能与复合作者的功能之间有许多相似之处。在这一意义上,解释作者所从事的是一项历史性的工作,并且是复合作者的重建工作的某种写照。① 它们两者间的区别首先在于,复合作者是把文本作为一个整体——构成文本的实体及其意义——来关注的,而解释作者仅仅关注意义。第二,前文所述的第二

---

① 这一观点并不完全反对福柯和尼哈马斯所提出的看法。在他们看来,解释者的作用在于为文本创造出新的、完全不同于历史作者所理解的意义。我在《文本性理论》第四章指出,在文本功能允许的情况下,读者以不同于历史作者和历史作者的同时代读者理解文本的方式来理解文本,这是合理的。而且,我也认为,在文本功能允许的情况下,文本的意义并不受历史作者和他的同时代读者所理解的意义的限制。我还认为,在某些情况下,读者的功能就是为文本创造新的意义,也就是在文本的功能正是由它们作为其组成部分的文化和社会所决定的情况下。但是,我反对这样的观点,即认为读者的功能总是去创造新的意义,因为这种创造会使文本真正的目的落空。

种意义上的解释作者,会向历史文本添加他认为对于实现关于一个历史文本的当代理解来说是必要的各种东西,而复合作者则会尽量避免任何这样的添加,而主要关注将历史文本再造为它最初被创作出来时的样子。最后,对于解释作者而言,他对文本意义的理解,超越于文本的历史作者及与历史作者同时代的读者对历史文本的意义的理解,这通常是合理的;但对于复合作者而言,他这样做绝不是合理的。①

　　伪历史作者的功能和解释作者的功能之间,也有相似和不同。主要的相似之处在于两者的功能都是认识论上的(伪历史作者是剧中人的那种情况例外):伪历史作者和解释作者都影响着理解。就此而论,他们与历史文本没有因果关系。两者的不同首先是本体论上的。伪历史作者是试图理解文本的读者的观念中的影像,而解释作者是一个现实的人(或人们),他想理解一个文本,或者想使得这个文本对于读者而言是可理解的。第二,伪历史作者是解释作者的活动的产物,反之则不然。最后,前文所说的在第二种方式上理解的解释作者,是解释的创造者,而伪历史作者没有创造任何东西。

　　在讨论了作者的功能之后,我们现在必须转向一个很有争议的问题,即作者究竟是否必要。可能有没有作者的文本吗?

Ⅲ. 作者的必要

　　文本是否有作者的问题直到最近才被明确地提出来。的确,从常识的观点看,似乎如果有一个文本,就必定有一个或必

―――――――

①　见《文本性理论》第五章。

定已有一个创作它的作者①,尽管作者的存在并不足以使得某物成为文本。我们把艺术客体、工具和其他的一些人工物以及思想、观念和行为都视为有作者,但这些对象并不必然是文本。如果它们成为文本,那么并不仅仅是因为它们有作者,还要归因于其他的一些因素。然而,认为拥有一个作者并不能决定某物是文本的观点,并不是当今学术界受到批评的观点。相反,近来受到抨击的观点是,认为作者对于文本而言是必要的,即认为没有作者就不可能有文本。这些抨击者们分为两类。最为激进的观点认为文本从来没有作者。② 不那么激进的观点则认为,尽管一些文本有作者,但并不是所有的文本都有作者。③

许多因素燃起了人们对这种观点的兴趣:文本或者至少有些文本没有作者。其中的一个因素就是我们经常会注意到的一点,即不仅文本而且它们的意义都独立于创作它们的作者。用一个标准的比喻来说,文本有一种"生命",而文本被

---

① 参见柏拉图:《斐德罗篇》(*Phaedrus*)276e。尽管近来受到攻击,但现今仍有人坚持这一观点。例如,见赫斯(Hirsch):《解释学的三重维度》("Three Dimensions of Hermeneutics"),第259—260页;乔赫尔(Juhl):《诉诸文本》("The Appeal to the Text"),第277—287页。

② 这种观点的一种版本认为,作者不是创造出文本的那个人,而是后文艺复兴文学批评家们提出的"一种功能(a function)"。见福柯(Foucault):《作者是什么?》,第121页。但是,这并不意味着没有那个将实体组合成文本的人,而只是认为那个人不是文本的作者。凯恩(Cain)在《解释中的作者和权威》("Authors and Authority in Interpretation")第619页提出这种观点。但是这种观点还有更为极端的版本。例如,巴特(Barthes)认为"一个人从不知道他(如作者)是否要为他所写的东西负责(如果他的语言背后有一个主体的话);因为只有写作的存在(也就是组成文本的劳动的意义)使得'谁在说?'这个问题无法被回答。"《S/Z》,第140页。他在《作者之死》("The Death of the Author")中提出了类似的观点。

③ 尼哈马斯(Nehamas):《什么是作者》第685页和《写作者·文本·作品·作者》第275页。

创造出来后,它们自身的存在与那些创造了它们的人没有多少联系。文本的创造者可能事实上已经死了,而这个文本仍然存在,并且继续直接影响着读者。与新近创作的文本相反,许多古老的文本都属于这类文本。就这类文本而言,我们经常会在对作者一无所知的情况下理解文本的意义。就简单的日常文本的情况而言,这一点最为明显,例如,张贴在我所教课的教室里的"不准吸烟"的符号。有许多匿名的文本,它们的意义并没有受到很大的质疑,尽管我们对谁创作了它们一无所知。例如,史诗《熙德之歌》(*EI Cid*)的文本就是其中之一。它的语言、结构和特性使得它是一个相对容易理解的文本,尽管没有人知道究竟是谁创作了它。最后,还有这样的情况,某些人不是文本的作者,却比文本的作者更好地理解了文本。这种情况通常属于那些非常复杂的文本,例如,注释者穷其一生研究那些文本,有时被认为对文本和文本的意义比创作了那些文本的作者知道得还有多。如果你愿意的话,你能够比亚里士多德更像亚里士多德学派的人。

这些考虑引发了关于作者对于文本而言并非必要的猜想。它们也带来了另一个导致相同结论的重要观点,即认为文本的意义与文本的读者之间,相较于它与文本的作者之间,有着更多的联系。实际上,有些人走得更远,认为文本的意义与作者之间没有任何联系,而只是取决于读者;认为是读者而不是创作这些文本的作者,决定了文本的意义。①

---

① 因此,意义就被认为是由读者"建构(constructed)"而不是"揭示(discovered)"出来的。见斯特恩(Stern):《对于解释的事实约束》("Factual Constraints on Interpreting"),第205页。我在《文本性理论》第五章讨论过这个问题。

认为仅仅只有某些文本有作者或者任何文本都没有有作者,对于这样的观点,还可以给出更详细的理由。例如,有人可能会认为,说诸如自然语言的单词或字母这样的符号有作者,这是很奇怪的。的确,以这样的方式谈论是很奇怪,但原因不在于这些在自然语言中使用的单词和字母没有作者,而是在于它们的作者时常是匿名的——我们不知道他们是谁——或者说这些单词和字母是集体而非个体努力的结果。我们通常把作者权与已知的人和个体相联系,而不是与群体相联系。在人工语言中使用的符号的情况应该有助于我们认识这一点,因为我想不会有人反对将那些创作了一种人工语言的人称为它的作者。如果这个人不是一个作者,那么他是什么呢?一个制作者?一个生产者?一个发明者?一个发现者?所有这些词看起来都不适用。

认为告示等简单的文本没有作者,这样的观点背后可能有着类似的理由。要精确地指出谁是第一个将单词"no"和"smoking"连接成文本"No Smoking"以传达叫某人不要吸烟的要求的人,这是很困难的。在烟草被引入欧洲之前,这样的连接可能还没有被使用过,即使被使用过,它被用来传达的意义也不可能是我们今天的使用所传达的意义。然而,必定有人是第一个使用这一连接的人(或人们),它意味着这个文本在它通常所表达的意义上有一个作者。

文本的长度并不能决定文本有无作者,因为一些非常短的文本,比如日本的诗歌俳句(*haiku*),被公认为是有作者的。我在前文曾提到,相对简单性也会被用作某些文本没有作者的另一个理由。但是,俳句可以是非常简单的。因此,长度或复杂性的程度,与文本是否有作者好像没有任何联系。那么,文本有作者,是否要符合某些要求呢?

另一种可能是,只有那些能够作多重解释的文本有作者。① 这也并非事实,因为任何文本都能够作多重解释;甚至最简单的文本都可以被不同的人在不同的语境中做不同的理解,无论他们的理解正确与否。这些解释即使是不正确的,必定至少是被容许的。这样,只要某个文本是这样一种文本,即读者以不同的方式理解它都是合理的,那么,这个文本就有作者。

遗憾的是,这种观点至少会带来一个我们不愿见到的结果:它会把那些只允许一种合理解释的科学论文,排除在有作者的文本的范畴之外。以欧几里得的《几何原本》(*Elements*)和牛顿的《原理》(*Principia*)的文本为例。创作这些文本的人想传达的是有关论题的非常清楚和确定的信息,而不是关于它的许多不同的观点。在日常语言中使用的短文本也是如此。当我叫我的女儿"开扇窗户,让新鲜空气进入这个闷热的房间"时,我要表达的是我希望她打开一扇窗户,以让新鲜空气进入这个闷热的房间,而如果另外的某个人对我所说的有不同的理解,那么他误解了这个文本。

因此,不能认为只有那些有着相当大范围的合理解释的文本才会有作者。这样,我们又回到了讨论的起点。作为

————————

① 尼哈马斯(Nehamas):《什么是作者》第 686 页和《写作者·文本·作品·作者》第 281 页。注意,这一语境中的"解释"指的是理解。

《堂吉诃德》这个文本的作者和作为"不准吸烟"这个文本的作者,的确在很多方面有着很大的不同。但是,这些不同只是程度的不同。最为根本的是,那些创作了这两个文本的人都从事了相同类型的活动,都创造某个新的东西。由于这个缘故,这两个文本都会有作者。

与文本是否要有作者这一问题相关的混乱,部分地源于这一问题的复杂性,部分地与"作者"意指什么有关。因此,为了使这一问题的讨论更清楚一些,我们必须按照前文的区分,在不同作者的语境下考察这一问题。

A. 历史作者的必要

为避免混乱,我们有必要把两个与历史作者有关的问题区分开来。第一个问题是,对于文本而言,没有原因而存在是否可能;第二个问题是,如果在文本的原因中,没有想要通过文本传达一些明确意义这样的主体,那么,文本的存在是否可能。对第一个问题的回答看来相当简单明确。认为文本可以没有原因而存在是不能成立的,它就好比是认为下雨是没有原因的一样。不论用以构成文本的实体是什么,无论它是人工的还是自然的,那些实体和它们所构成的文本都必定有原因。除非我们想象休谟那样质疑全部因果观念并承认存在着没有原因的实体,否则,我们就必须承认,离开了产生它们的原因,文本也不可能存在。

相比较而言,对第二个问题的回答,并不那么容易确定。实际上,有些人会认为,某些文本被创作出来,并没有想要通过这些文本传达一些明确意义的主体作为原因。许多不同的情况都可以用来支持这一论断,但我将仅仅谈及其中的两种。① 一种是"发现"文本的情况,前文已经对它作过相关的讨论。考虑这样的情况,某人走在一个沙滩上发现了一组鹅卵石,这些鹅卵石的排列方式与一个英国人想要形成文本"No Smoking"时的排列方式相同。假设我并没有听说任何人发现了鹅卵石的这样一种排列,实际上,甚至很难想象这种排列会在没有主体的有意的操作下自然地发生。但是,从逻辑上说,它肯定是可能发生的。大风、潮汐等的共同作用原则上能够产生这种排列。如果情况是这样的话,那么,就能论证说,我们有了这样一种文本的个例,在其产生过程中,主体不起作用。②

　　初看起来,回答这一异议似乎只有两种方式。一种是否认沙滩上的鹅卵石的排列是一个文本;另一种是为这种排列找一个作者。但是,这两种回答都遇到了困难。前者不得不解释这样一个事实:一个在沙滩上散步的主体能从这种排列中领悟到意义。后者必须回应这样的问题,即并没有主体创

---

　　① 其他的例子还有诸如某些人在睡梦中说话、在恍惚中喃喃而语或者处在催眠状态。即使这些人看起来并没有要传达意义的意图,他们所发出的声音也能够被视为文本吗? 睡梦、无意的失言、恍惚、催眠以及类似的问题都可以用潜意识来加以解释。但是,如果某人发出的声音被认为具有某些意义,即使发出这些声音的人并没有这样的意图,那么,这种情况就不能用潜意识来解释了。另一个例子是电脑生成的文本。见迪克(Dickie):《美学》(*Aesthetics*),第 112 页。迪克用这样的例子来反驳那些想要将文本的意义等同于作者的意图的"目的论者"(intentionalists)。对"目的论者"的另一种不同的反驳,见麦克格恩(McGann):《文本的条件》(*The Textual Condition*),第二章,第 95 页。关于这方面更多的讨论见《文本性理论》第四章。

　　② 类似的例子已被用于文学作品中。见纳普(Knapp)和迈克尔斯(Michaels):《反对理论》("Against Theory"),第 727 页及以下诸页。

作了这种排列。那么，现在我们必须承认作者对于文本而言并非总是必要的吗？

我将提出一个完全不同的方法来克服这一困境，这一方法以构成文本的实体（ECTS）与文本自身之间的区分为基础。① 构成文本的实体是用来传达意义的任何东西，它是与意义以及这些实体传达这种意义这一事实分开来考虑的。这些实体的例子就是我们刚说到的沙滩上的鹅卵石，或者其他构成文本的物理的或精神的实体。与此相对照，文本就是那些作为一定意义的传达者的实体。现在，既然我们有了两种事物，即构成文本的实体和文本自身，它们的原因也就不一定是相同的。在我们的例子中，产生沙滩上的特定鹅卵石及其排列的原因，与产生文本（即鹅卵石及其排列被理解为具有一定的意义）的原因不一定是相同的。"no smoking"的意义及其与排列起来的鹅卵石之间的联系，并不是由风和潮汐造成的。它的意义及其与被排列起来的鹅卵石之间的联系的原因，是某人首先把鹅卵石所例示的形状和排列与这种意义联系起来的结果。但这样一来，我们可能又会问，既然那个在沙滩上散步的人看来是第一个认为这些鹅卵石及其排列有意义的人，那么，她是沙滩上这个文本的作者吗？我们又必须继续进行区分。因为尽管她是第一个确定在沙滩上发现的这些单个的鹅卵石及其排列有意义的人，她也有可能并不是第一个把这些鹅卵石所展示出来的特定排列与这种特定意义联系起来的人。如果她理解了这些鹅卵石的排列意指"no smoking"是因为她已经知道了这种特定的排列意指"no smoking"，那

① 见《文本性理论》第一章。

么她就不是文本的作者。她不是文本的作者，这是就她并不是第一个建立这个联系的人而言的。她只是一个使用者，因为她使用了已经可供使用的东西。

主体通过约定将某个自然客体与某种意义联系起来从而把这个自然客体用作文本，这种情况与上述情况有很大的不同。在这种情况下，建立联系的主体显然是作者，因而这类情况对我在这里所论述的观点并没有提出什么难题。这类情况与"发现艺术（found art）"的情况，如某人在海滩上拾起的一块浮木，是很相似的。这块浮木是一个审美客体，也正是由于这个原因，它吸引了把它用作艺术客体的主体的注意，这个主体把它放在壁炉架上展示。这个例子中的艺术家，是那个拾起这块浮木并展示它的主体，尽管是自然创造了这个成为艺术品的物体。①

总之，我们无需否认沙滩上鹅卵石的排列构成了一个文本，我们也不必将那个过路人视为文本的作者并认为文本必须有作者。因为一个文本并不是构成它的实体，而是那些被用来作为一定意义的传达者的实体。在鹅卵石的例子中，想要由那些鹅卵石所展示出来的特定排列来传达一定意义的意图，属于首先想到这一点的人。那个过路人不一定是作者，除非她的确是那个首先在实体的某种特定排列与某种意义间建立联系的人。但是，作者是必须有的，因为这里的联系来自约定，而不是自然产生的，而约定则必须

---

① 一些审美学家提出了不同感官的艺术作品或艺术客体间的区分，认为像绘画之类的艺术作品具有基础性的地位，像"发现艺术"这一类的艺术作品处于第二位的派生地位。见迪克（Dickie）：《艺术和美学》（*Art and the Aesthetic*），第25页。这些区分不影响我在这里所提出的观点。

有建立它们的主体。①

在这个鹅卵石的例子中，把过路人想象成文本的作者并不难。这是因为，看到一个由沙滩上的鹅卵石构成的文本，包含着一种对于沙滩上何种客体、客体的特征和可实现的排列是有意义的并因此而构成文本的"创造性的"精神选择。这种精神选择过程的证据是，并非每个人都可以看到这个文本。这与某人看着一朵云时看见这朵云像一只骆驼，或者某人看着星星时看见了其中的诸如北斗七星的图案等情况，是非常类似的。选择和排列并不要求物理的转换——我们应该还记得，有些文本是精神的。但是，在其他情况下，过路人并没有这么容易被确定为作者。

第二个可以用来反驳作为原因的代理人（causal agent）的必要的例子，是众所周知的猴子的例子②。这只猴子只要被给予充足的时间，通过随机地敲击打字机的键盘，最终会打出一本莎士比亚的《哈姆雷特》。这可以被当做视作者为必要的观点的反例，因为这只猴子对它所创作出的文本的意义一无所知，对组成这个文本的符号或这些符号排列的语义意义或语法意义一无所知，也没有传达意义的意图。然而，就是这样，《哈姆雷特》这个华美的文本却由这只猴子在打字机上打出来了。

一只猴子能够创作出《哈姆雷特》的文本，这种特殊的想法有些不靠谱，我们都知道，这种可能性微乎其微。但是，这

---

① 见乔赫尔（Juhl）：《诉诸文本》（"The Appeal to the Text"），第282页；塞尔（Searle）：《言语行为》（*Speech Acts*），第16页及以下诸页。
② 即前述的"无限猴子定理"中的猴子的例子。——译者注

种看法并不一定就能消除这个反例。①

有三种备选策略应对这个反例。第一种是否认这只猴子所创作出来的确是一个文本;②第二种是认为这只猴子是文本的作者;③第三种是认为第一个拿到猴子的手迹并把它理解为《哈姆雷特》的那个人是作者。④ 但是,所有这些备选策略初看起来都不令人满意。第一种看起来是无效的,因为猴子创作出来的这个东西,能够被任何懂英语的人以他们阅读和理解任何一本由人创作出来的《哈姆雷特》的文本的方式来阅读和理解。第二种看起来也不能令人满意,因为这只猴子对于它所打出的东西的意义一无所知,因而也没有任何交流它所打出的东西的意义或其他意义的意图。第三种看起来也令人无法接受,因为《哈姆雷特》的作者不是那个发现了猴子的打字稿的人而是莎士比亚。

---

① 有一个靠谱一些的例子,也是我们大多数人在现实中都很熟悉的例子,那就是鹦鹉说话。一只鹦鹉大概并不理解它所说出的东西,但是,它所说的听起来又是有意义的。一些经院哲学家认为,鹦鹉并不理解它自己所说的,因而它所说的并没有意义,因而也不能被视为符号。另一些人却反对这一观点,认为鹦鹉所发出的声音是有意义的。彼得·赫特多(Pedro Hurtado)在《逻辑》(*Logica*)8,2,23 中持前面的那种观点,托马斯·卡普顿·卡勒顿(Thomas Compton Carleton)在《逻辑》(*Logica*)42,3,10 中持后面的那种观点。

② 见乔赫尔(Juhl):《诉诸文本》("The Appeal to the Text"),第 284 页。也可见纳普(Knapp)、迈克尔斯(Michaels):《反对理论》("Against Theory"),第 728 页。

③ 古德曼(Goodman)和埃尔金(Elgin):《解释与同一性》("Interpretation and Identity"),第 63—64 页。

④ 像巴特和费希那样在文本的建构中强调读者的那些人,必定接受这一观点。见巴特(Barthes)的《作者之死》("The Death of the Author"),以及费希(Fish)的《解释"集注本"》("interpreting the *variorum*")。

　　按照前文关于"发现文本"的例子的讨论,有人可能试图通过在猴子创作的实体与《哈姆雷特》的文本之间作出区分来形成一种解决方案。猴子创作的实体由纸上的一些记号构成,而就这些记号是被有意用来传达意义而言,文本就是由这些记号构成的。在这方面,这个例子与沙滩上的鹅卵石的例子非常相似,也可以用同样的方法来分析。这只猴子(它对应于风和潮汐)创作了记号;文本的作者是莎士比亚,他第一个将那些记号与我们所知道的作为《哈姆雷特》的作品或意义联系起来;而那个发现了猴子的打字稿的人仅仅只是这个文本的一个使用者(相当于沙滩上的散步者)。

　　但是,这一解决方案也遇到了一些难题。例如,无论是否有人发现了这只猴子创作的打字稿或者某人写作了这个文本,都可以说这只猴子创作的打字稿是有意义的。假设这只猴子创作《哈姆雷特》的文本在莎士比亚存在之前(或者假设莎士比亚从未存在过),并且进一步假设从没有人发现这个文本。基于这些情况,我们还能说我们有一个文本吗? 假如我们说有,那么谁是作者? 在这种情况下,我们不能认为莎士比亚是文本的作者或者认为作者就是发现者,因为莎士比亚并不存在,而且这份打字稿也还未被任何人发现。尽管如此,我们可能还是想认为这份打字稿有意义。因为这份打字稿是由属于英语的符号所组成的,而且这些符号是按照符合英语句法规则的方式来排列的,以这样的方式来排列,这些符号能够被任何懂英语的人认作是有意义的。实际上,如果有人最终找到了这份打字稿,那么他就能够阅读它、理解它甚至通过吹嘘说这是他自己的手稿而冒充为

《哈姆雷特》的作者。① 这样,我们就有理由追问:在这种情况下谁是作者?

有人可能想这样来回答这个问题,他们说,这只猴子的打字稿引起这些问题的原因在于,构成打字稿的字母和单词——主体创造出来用以传达意义的人工物——已经有了确定的意义;正因如此,这份打字稿看起来是有意义的,尽管它没有作者。② 这只猴子正使用已经确立起来的语言符号去创作打字稿,如果这些符号确实是有意义的,那么原因就在于它们的排列是符合英语语言的语法规则的。因此,文本是打字稿与意义之间的联系的结果,这种联系是潜存于符号及其排列被公认的意义之中的。在这种情况下,没有单个的主体能被称为文本的作者(author),毋宁说促成了语言及其规则的主体在作为文本的潜在作者起作用。在这个因果复合体中,有一种主体要素为这只猴子的《哈姆雷特》负责,这一要素由文本在其中创作出来的语言的语言体现出来,而这一点源于猴子是在一种由主体制造出来以产生语言符号的机器上打字这一事实。在一个像"fire!"这样的偶然由猴子打印出来的短文本的例子中,这是很明显的,因为文本(相当于《哈姆雷特》的文本)的作者并不是那只猴子,而是把合成物"fire!"的形

———————

① 这看起来类似于迪克(Dickie)有关电脑生成的文本的观点。《美学》(Aesthctics),第112页。

② 在17世纪,组成语言的单词时常被与货币相类比。正如货币的价值来自统治者的意愿而不是使用它们的人,单词的意义来自创造出它们的人。参见达斯卡尔(Dascal):《语言和货币》("Language and Money")。这种比喻源于可以追溯到中世纪的关于符号的学术讨论,并且直至今天仍然存留于像戴维森(Davidson)和利科(Ricoeur)那样的作者那里。利科对这一比喻的使用,见《语言中的创造力》("Creativity in Language"),第121页。

状与这个文本在英语中的意义联系起来的那个人。

有人可能还会补充说，如果一只猴子会敲击打字机的键盘，它这样做很有可能是因为它曾看过人这样做。因此，这也以一种间接的方式涉及了一个主体或多个主体。但是，模仿不是这只猴子所创作的东西的文本性的必要条件，因为这只猴子无论是否曾经看到有人这样做，它都能够敲击键盘，而且这只猴子在这样做时并没有传达意义的意图。

这样，这只猴子的打字稿的情况，看起来与沙滩上的鹅卵石的情况并不完全相像，因为在鹅卵石的例子中，认为那个过路人是文本的作者，这至少在她是第一个将意义和鹅卵石所构成的形状相联系的人这一特殊情况下是可能的。猴子的打字稿的情况看来与我们偶尔会用动物之类的东西来辨识云的形状所涉及的情况也不完全相像。在这种情况下，人们可能会说那个过路人是作者，因为是她将云与骆驼联系起来或者将某些星星的排列与长柄勺联系起来。但是，这只猴子的打字稿是由一些已经确立起来的语言符号即字母和单词所构成的，它们不是以某人所观察到的类似性为基础的，而是以公认的约定为基础的。沙滩上的过路者或云的观察者都能被看作是"有创造力的"，而那只猴子的打字稿的阅读者却不能像他们那样被看作是"有创造力的"。

然而，尽管已作了上述这些讨论，我们似乎并没有解决由猴子创作的《哈姆雷特》的文本所提出的问题，因为"fire！"是一个在英语中人尽皆知并被经常使用的文本，而《哈姆雷特》的文本（也就是猴子创作的文本）是一个原创的、新的作品，就此而言，《哈姆雷特》这个文本与"fire！"这个文本的情况是不同的。社会或者任何发明了文本"fire！"的人都可以被视为这个文本的作者,但看来没有人能被视为《哈姆雷特》这个文本的作者。那只猴子不能获得这个称号,因为它对意义一无所知,也没有传达意义的意图。社会也不能被视为作者,因为它并没有创造我们所说的《哈姆雷特》这个特定文本,虽然它创造了某种语言,这种语言的可能排列中包含着一个像《哈姆雷特》文本那样的排列。而且,如果我们在这种情况下把作者的称号给予社会,那么,在莎士比亚实际创作了这个文本的情况下,为什么我们不能把作者的称号给予社会呢?最后,猴子的打字稿的发现者也不能获得这个称号,因为他或她并没有创造打字稿、意义或打字稿与意义之间的联系。这样看来,我们并没有获得这一问题的解决方案。猴子所创作的《哈姆雷特》的打字稿要么不是文本,要么是文本而没有历史作者。

让我们先来考察第二种可能,即这个文本没有历史作者。有人会认为这是可能的,因为一系列复杂的原因有可能一起出现,并且碰巧创作出了在一般条件下仅仅只有一个作者能够创作出的东西。因此,归根到底,看来情况是这样的,至少在一种情况下可能有没有历史作者的文本,即可能有这样的文本,没有人有意地选择和排列组成这个历史文本的符号以在一定的语境中向读者传达某种特定的意义。但这是一个反常、例外,并不意味着不能对文本的存在作出因果说明,尽管这样一种因果说明包含着某种偶然的因素。而且,这一观点必须与前文所述的认为文本根本没有作者或至少并不总有作者的观点区分开来。这是因为,对于有一个作者意味着什么,前文所述的那些观点的理解与这里所提出的观点的理解是不同的。

这一可能可以通过回顾第一章关于意义的讨论来得到进

一步的阐明。在那里我们看到,文本的意义是与一定的实体相联系的,这些实体在被主体所考虑时,能够导致对意义的理解。而且,因为文本必定有意义,它表明对于文本性而言主体的理解是必须的。猴子的打字稿的例子和"发现文本"的例子的问题在于,它们对于那些在它们的创作中并没有起作用的读者而言是可理解的,但它们并没有被创作了它们的代理人(agent)或"诱因(cause)"所理解。

这样,在符号和文本是由代理人在对它们的意义一无所知并在它们被诱因偶然地再现之前所创作的情况下,它们的作者显然是那些首次有意识地创作了它们的人。这并没有什么问题。而且,当符号最先是被某人视为符号而不是被那些创作了构成符号的实体的诱因视为符号时,文本的作者也没有什么问题。在这种情况下,这个"某人"就是作者。如果文本是由无意识的诱因创作出来却又有意义,而且此前没有被任何有意识的代理人创作出来,那么,问题就产生了。那就会出现这种情况:在莎士比亚创作《哈姆雷特》之前,某只猴子创作出了《哈姆雷特》的文本。消除挥之不去的疑问的一种方法,是认为在这种情况下存在着有意识的代理人,这些代理人创制了符号和这些符号据以排列的规则。因此,尽管没有单个的、总体的有意识的代理人对这个文本负责,但仍然存在着有意识的代理人,他们的意图使得作品《哈姆雷特》与它的文本之间的联系得以可能。实际上,文本的意义是多种因素的结果,因而文本自身也是多种因素的结果,即使在作者可以被确定为文本的创作者时也是如此。① 因此,认为这些因素

---

① 见《文本性理论》第四章。

在通常情况下共同弥补了所要求的东西的缺乏，这是合乎情理的。

　　最后，还可以补充一点，正是文本的复杂性质以及它们的意义部分地源于组成它们的符号的意义这一事实，使得这种解释似乎是可信的。如果一个实体的构成要素是有意义的并且属于语义上有意义的排列，那么，这个实体必定是一个文本，即使在没有主体对这个实体负责时也是如此。

　　然而，问题的实质在于，这种可能不仅与导言中所采用的文本定义相背离，而且它看起来也与我们关于文本性的一些最基本的直觉相反。认为文本可以没有想要通过文本传达一些特定意义的作者的观点，看起来是荒谬的。那么，另一种观点，也就是认为猴子的打字稿不是一个文本，这种观点能够成立吗？我相信是能够成立的，因为我认为，它的不太令人信服之处源于到目前为止的讨论中尚未受到质疑的一个假设。这个假设是：这份打字稿有意义。但是，我们真的可以质疑这一假设吗？毕竟，任何懂英语并且阅读猴子的打字稿的人看起来都能理解它。而且，这份打字稿是由属于英语语言的单词构成的，这些单词是以与英语语法规则相一致的排列呈现出来的。这样，还有人可能因为这个文本没有意义而认为这份打字稿不是一个文本吗？

　　但是，如果有人更细致地考察这一例子，就会清楚地看到情况并非这么简单。原因在于，组成打字稿的符号的意义并不清楚，因为符号像文本一样，是历史的实体，是约定俗成的产物，它们的意义时时都在变化。因此，猴子的打字稿在16世纪所具有的意义，可能不同于它在18世纪或20世纪的意义。因为猴子是一个历史地中立的实体（它并不理解自己所打出的东西），而这份打字稿并不是在社会的语境中被创作出来的（它没有读者），我们也就不太可能说这份打字稿的意义是这样的而不是那样的。①

考虑另一个例子。假设这只猴子打出的是"fire！"而不是《哈姆雷特》的打字稿。在这种情况下，我们遇到了一种使"fire！"的意义错乱的情境，因为有几种可能的但彼此不相容的意义都能归因于这种情境。例如，"fire！"是指某人应该扣动枪支的扳机吗？或者它是指某个建筑物着火了吗？或者它只是某个正在学习使用"fire"这个英语单词的人所报出的东西？问题的关键在于，语境对于意义而言是本质必需的，而一份没有语境的打字稿必定没有意义。需要注意的是，我所提出的这种观点不是认识论上的，尽管认识论确认了这一观点。脱离了文本的历史语境，我们就无从认识看似文本的东西的意义；处于历史之外的文本是静默的。我所提出的这种观点是本体论上的，因为它涉及这样的事实，即实体要获得意义和成为符号，符号要组成文本，它们就必须在历史上的某个时刻被挑选出来并在一定的排列中被赋予意义。否则，它们不过就是实体而已。处于历史之外的文本并不是文本。

这一观点也不受这样的事实的影响，即某个特殊的文本可能有一个意义域或在意义上是开放的。意义的界限最终是由文本的文化功能来确定的，而这种文化功能取决于历史环境。因此，即使文本的意义域是开放的，这种功能和历史环境对于确定意义域也是必要的。猴子的打字稿所缺乏的正是确

---

① 见格雷戈利（Grigely）：《文本事件》（"The Textual Event"），第179页；丹托（Danto）：《平凡物的变形》（*The transfiguration of the Commonplace*），第35—36页。

定意义域的因素。因此,不能认为这只猴子的打字稿的情况
与受文化功能所从决定而具有一种开放性的意义域的文本的
情况是一样的。

　　这样,我们的结论是,文本的确需要历史作者,因为没有
作者的文本是没有历史的文本,而没有历史的文本是没有意
义的文本,也就不是文本。因此,不管会有怎样的反例,历史
作者是文本性的一个必要条件。

　　这些考虑为诸如猴子所创作的那样的打字稿开启了另一
种可能性。这就是,第一个发现这份打字稿的人归根结底还
是起着它的作者的作用。因为这个人所做的就是根据当时的
用法和约定而把似乎是用来创作打字稿的符号的意义确定下
来。当然,这个作者的原创性是相当有限的,而且在很多方面
与解释作者的原创性相似,但不管怎样,这个人的活动使其具
有作者的意义。

B. 伪历史作者的必要

　　伪历史作者是一种精神建构,它被读者认为——或者是
由某人(有时是由历史作者)构建起来以引导读者认为——
是历史作者。对于文本是否能够没有伪历史作者的问题,如
果我们将这一问题与前文论述历史作者时所提出的问题相对
照,就很容易作出回答。其易于确定的原因在于,这种回答可
以以经验证据为基础。在我们的日常经验中,我们熟悉许多
没有伪历史作者的文本。例如,对于在我星期四上课的教室
中所张贴的符号"no smoking",是不是任何人都有关于其作
者的观念,我感到很怀疑。实际上,在被张贴的告示的意义上
被理解的符号大多数是被视为没有作者的。这并不意味着任

何人都会认为它们是没有原因的。显然,有人将这些文字刷在墙上,有人命令他们这么干,还必定有人最先将这些文字放在一起以传达不要吸烟的命令。但是,没有人会操心去想究竟是谁做了这些事。原因在于,那些符号的意义是如此明确,在一定语境中一目了然,而这些符号自身的原创性和价值通常是如此之小,以致无论是对于理解而言还是就专有权益而言,它们的作者是谁都不重要。但是,即使是相对简单的符号,事情也并非总是如此。我们会很关注究竟是谁在一位犹太人墓地的墓碑上绘了一个卍字(德国纳粹党的党徽——译者注),因为这包含着对法律的亵渎以及透露了做这件事的人的某些思想和信仰。① 但是,一般而言,意思很清楚、含义很简单的符号都不会导致伪历史作者的出现。伪历史作者是那些希望对一个文本知道得更多或希望对文本作者作出评价的解释者的建构。

例如,文学的、哲学的、宗教的或科学著作的文本,导致伪历史作者的出现。原因在于,它们是解释的对象或显示出了原创性的特征以及能够带来专有权益增加的价值。例如,即使一个文本在语义上是一目了然的,但由于它的原创性,它也能导致伪历史作者的出现。我们想知道和获得那些众所周知的陈词滥调的作者的图像,尽管它们的意义是很清楚的。

将伪历史作者等同于历史作者,似乎是一些哲学家为什么认为文本并不要求有作者以及一些文本没有作者的主要原因。因为他们真正的意思是,某些文本没有伪历史作者,而且

---

① 在这种情况下我们谈论的或许是一个符号而不是文本,但是这一观点既适用于符号也适用于文本。

不需要伪历史作者发挥作用。①

认为所有的文本都没有作者,这种观点源于一个明显的事实:某些文本没有伪历史作者,而那些有伪历史作者的文本与那些没有伪历史作者的文本之间,没有真正绝对的划界标准。那些采用了这种观点的哲学家们认为只有被他们理解为经过解释的文本的作品才有作者,由此解决了作者权问题。那些没有经过解释的文本是没有作者(即伪历史作者)的,它们只有"写作者"(即历史作者)。②

我对这种观点的异议并不是反对它关于伪历史作者的主张,而是反对它对作品和文本的看法。我已经在别处提出了我对这种观点这些方面的异议,所以我在这里就不必再重复它们了。③ 这种观点的主要优点在于论认识到伪历史作者是一种精神建构,是对文本进行解释的产物。

C. 复合作者的必要

复合作者对文本是必要的吗? 所有的文本都有复合作者吗? 对这两个问题的回答都是否定性的。复合作者是那些当代文本才有的作者,而不是历史文本的作者,因为历史文本的作者是历史作者。复合作者由历史作者、复制作为"殊型(token)"的历史文本的抄写员、致力于重建历史文本的编者构

---

① 我认为这就是经常被人们所引用的塞缪尔·贝克特(Samuel Beckett)的那句话"有人说,谁在说话又有什么关系,谁在说话又有什么关系呢"("What matter who's speaking, someone said, what matter who's speaking")背后的意思。见《无意义的文本》(*Texts for Nothing*),第16页。

② 参见尼哈马斯(Nehamas):《什么是作者》第688页,以及注释4中的参考文献。

③ 见《文本性理论》第二章。

成。如果最后作为"殊型"的历史文本流传下来,那么当代文本就是历史文本,它的作者不是复合作者而是历史作者。同样,如果在它的任何复制本被制作出来之前历史文本就遗失了,那么就不可能有当代文本,相应地,也就没有复合作者了。只有不是历史文本的当代文本才有复合作者。这意味着并不是所有的文本都必有一个复合作者。

不过,在进行上述讨论之后,我们还应补充一点:大多数古老文本都是以当代版本的形式流传下来的,即使最初的那个殊型流传了下来,其复制本也会在许多方面不同于那个殊型。这些情况表明,我们通常是通过当代文本知道历史文本的,这也使得把它们连接起来的复合作者的存在成为必要。

D. 解释作者的必要

可能存在没有解释作者的文本吗? 尽管解释作者的概念很复杂,但对这个问题的回答是同样的。一方面,如果解释作者被理解为对文本有着不同于历史作者的理解的读者,那么,许多文本都没有解释作者。有些文本没有解释作者,只是因为除了历史作者外没有别的人知悉这些文本。其他一些文本没有解释作者,则是因为所有知悉这些文本的读者都是以历史作者理解这些文本的方式来理解这些文本的。

另一方面,如果解释作者被理解为创作了一种对文本的解释以便利读者对文本的理解的人,那么,仍然不是所有的文本都需要有或实际上都有解释作者。许多文本在语义上是一目了然的,并不需要对其作解释以帮助读者理解。与历史作者及其所创作的文本同时代的读者通常并不需要别人提供的解释来帮助他们理解文本。仅当文本相当复杂或者读者远离文本的语境时,才需要解释。当然,如果文本的读者并不熟悉文本所使用的语言,那么,一种以翻译的形式出现的解释是必要的,即使这个文本非常简单明了。

这样,我们可以看到,是否所有的文本或任何文本都有作者,这个问题在很大程度上取决于作者的同一性以及理解这个问题的方式。如果这些事情弄清楚了,那么所有的文本都有原因这一点就是显而易见的。我们已经认识到,所有的文本都有历史作者,但只有一些文本有复合作者和解释作者。文本的解释作者或者被理解为对文本有着不同于历史作者的理解的作者,或者被理解为为了读者而创作了对历史文本的解释的作者。

我所提出的作者概念是非常宽泛的,因而不仅会有作品或复杂文本的作者,而且还会有简单文本甚至符号的作者。因此,例如,某人可能是一种人工语言中的个体符号的作者,只要这些符号在某种意义上是新的。同样地,也有这样的短文本的作者,这些短文本作为符号起作用,而这些符号被理解为告示,如张贴在我的教室中的"不准吸烟"的符号;还有不是作为符号起作用的短文本的作者,比如当我说"我四年前游览过埃及"时,情况就是如此。在本章中,我主要就文本对作者进行了讨论,但内含于这些讨论中的理解容许将这一概念延伸至符号和作品。

然而,最近某些哲学家的观点看起来与这种作者权概念是相反的。某些哲学家认为只有复杂文本才有作者,而另一些哲学家则认为只有作品才有作者。在这种意义上,说某人是一个作者,所指的远远不止他是一个文本的创造者;它还意味着这个人已经创造了一个作品或一个特别复杂的文本。

某些当代哲学家认为只有某些文本有作者,隐藏在他们这一主张背后的原因之一是他们把文学文本作为文本性的范例,而在文学文本那里,实际上解释的合理范围通常是很宽广的。我猜他们这样做的原因,多少是因为他们认为在文学中人们能够看到文本的创造性的集中体现。就从事文学创作的人受到的制约比从事哲学或科学研究的人要少些而言,他们在某种程度上或许是对的。但是,他们认为那些容许合理解释的范围较小和展现出的原创性较少的文本没有作者却是错误的。那些文本实际上也有作者,尽管这些作者的创造力可能比其他文本的作者要少一些。

Ⅳ. 作者的约束特性

近来某些哲学家反对设置文本作者的必要或愿望的另一个重要原因在于,他们认为作者的功能主要是起约束作用。①尽管有关这一问题的观点彼此有很大的不同,但这里所说的约束都被解释为一种参量上的限制,在这个参量范围内文本可以被理解,并被解释为把对文本的某种理解强加于读者。作者这一角色限制了对一个文本可能的理解的范围。这种观点已经被人们以许多不同的方式表述出来,但其最简易的表

---

① 见福柯(Foucault)的《作者是什么?》("What Is an Author")第124页,以及尼哈马斯(Nehamas)的《什么是作者》("What an Author Is")第686页对福柯的观点的阐释。在同一文本的第 690—691 页,以及《写作者·文本·作品·作者》("Writer, Text, Work, Author")第 287 页,尼哈马斯对"作者必然具有约束特性"这一观点实际上持反对意见。但是,巴特(Barthes)在《作者之死》("The Death of the Author")中接受并发展了类似的理论。

述是:如果一个文本被确定为是由某个特定的作者创作出来的,那么我们对这个作者的认识和看法、作者的观点和威望,都会对这个文本可能被理解的方式产生影响,以致对文本的其他理解方式都会被看作是骗人的或不合理的。这不仅限制了读者的自由,以各种不同的方式抑制和管控着读者的理解,而且还会妨碍对文本的更深更广的理解,因为在这种情况下文本仅被看作是向我们展现了有关代理人的某些情况的代理人的一种表达。① 因此,例如,所谓的《亚里士多德的神学》(*Theology of Aristotle*)在中世纪曾被认为是亚里士多德的一个作品,这使得经院哲学家们对这个作品的文本的某些理解带有偏见,不仅导致了历史上对它的错误解释,而且限制了那些试图理解它的人的自由。现在我们知道它不是亚里士多德的作品,我们已经可以领略到它那浓重的新柏拉图主义色彩。

被控起约束作用的作者就是前文我称之为伪历史作者的作者;它是一种起着认识论上的作用的作者,影响着读者理解文本的方式。说历史作者起着约束作用,这是没有道理的,因为历史作者只不过是创作了历史文本的人,我们对他的任何所知都是伪历史作者的构成要素。历史作者没有认识论上的意义;他仅仅通过伪历史作者而在认识论上存在。历史作者是一种形而上学的实体,但在认识论上他是那种我不知道是谁的作者(the author-I-know-not-who)。

同样地,说复合作者起着约束作用,这也是没有道理的,因为复合作者也没有认识论上的意义。人们能够谈论复合作

---

① 这一观点在尼哈马斯关于福柯的讨论中阐释得很清楚,见《写作者·文本·作品·作者》,第 271 页。也可见麦克格恩(McGann):《文本的条件》(*The Textual Condition*),第二章。

者的约束作用的唯一途径,是复合作者创作了当代文本——这种文本与历史文本可能相同也可能不同——他形塑了理解的客体。例如,一个文本的某个版本,仅只允许一定范围内的理解,它与另一个不同的版本所允许的范围可能重合也可能不重合。

最后,如果解释作者被看作是为了读者而创作出解释的创作者,那么,解释作者可能会起闭合作用。就一种解释会生发出对文本的一定的理解或某种理解范围言,它影响着那些接触它的人并因此而阻碍着的其他的、不同的理解。学者们的作品,尤其是"权威的"学者们的作品,在许多方面会向或者能够向对文本的理解施加限制,它们会像伪历史作者所施加的限制一样多甚至更多。不过,接下来,我将着重讨论伪历史作者的约束特性,因为它是能够更明显地起约束作用的作者,而在文学中被人们视为起约束作用的也正是这种作者,尽管人们通常并没有认识到它的真正的伪历史性质。

人们不必为避免把约束与作者权联系起来而赞成认为文本没有历史作者的极端观点。一种在当代文学中很容易得到证明的更合理的方法是:认为对文本的理解应当脱离我们对历史作者的所知,也就是应当独立于伪历史作者,即使人们实际上承认这个文本有一个历史作者。文本被认为是自己向读者言说,独立于它与伪历史作者的任何可能的联系,也就是独立于我们对历史作者的所知。因为,一旦一个文本被视为属于某个作者,读者的理解就被限制在一定的方式上,并被引导至一定的方向上。

在专名的摹状词理论(a descriptivist view of proper names)的语境中,这种观点具有多方面的意义。专名的摹状词理论认为,专名除了所指(reference)之外还有意义,因而与限定摹状词没有什么不同。① 例如,考虑苏格拉底的例子。在摹状词论者看来,"苏格拉底"指称的是(refers to)苏格拉底,但它的意义是(means)诸如"柏拉图的老师"等。而且,他们认为,正是专名的意义决定了专名的所指。因此,"苏格拉底"指称苏格拉底正是因为它的意义是"柏拉图的老师"。如果"苏格拉底"的意义是"柏拉图最著名的弟子",那么它所指称的就是亚里士多德。我们不必涉猎摹状词理论的繁难内容,就能发现摹状词理论为这样一种观点提供了支持:联系某个文本来使用作者的名字,就向该文本的读者施加了某些限制,并且会导致某种限定的解释方向。

这种观点认为将一个作者的名字与文本相联系显示了作者的约束特性,反驳这种观点的一种常见方式是采用关于专名的指称理论(a referential theory of proper names)。指称理论认为,专名有所指但却没有意义,或者如某些支持这一理论的人所认为的那样,专名的意义就是它们的指称。② "苏格拉底"的意义就只是苏格拉底,而不是摹状词论者所宣称的那类描述。所以,指称论者认为,这就是专名的主要特征及其区别于通名(common names)之处。如果一个名称的使用并不意味着任何种类的描述,那么自然也就很难认为,将一个文本归于某个作者,会多少给读者对这个文本的理解带来限制或者将这种理解限定在某些方向上。

---

① 见罗素(Russell):《人类的知识》(*Human Knowledge*),第303页;塞尔(Searle):《意向性》(*Intentionality*),第232页。

② 见穆勒(Mill):《逻辑系统》(*A System of Logic*),第21页;罗素(Russell):《逻辑与知识》(*Logic and Knowledge*),第200—201页;维特根斯坦(Wittgenstein):《逻辑哲学论》(*Tractatus*)3.203,第47页。

采用这两种理论中的任何一种，都会使得对作者的约束特性的判定变得更容易一些。但是，近来关于专名的研究文献已经很清楚地揭示出这两种理论都不是无懈可击的。于是，就产生了其他的理论。在这些理论中，最流行的就是关于专名的因果理论(causal theory of proper names)。① 这一理论最主要的原则有三条：(1)专名有指称但没有意义；(2)专名的指称最初是通过描述来确定的，但是这些名称随后并不或并不必然地与那些描述或其他任何描述相联系；(3)当专名的指称在最初的行为(这一观点的支持者们称之为命名仪式)中被确定之后，指称是通过交流中的因果链来固定的，在交流中知道这个名称的说话者，必定想使用它来指称那个他们从其得知这个名称的人想用这个名称指称的对象，一直回溯到最初的命名仪式。

在别的地方我已经指出，就其通常呈现出来的形式而言，这三种理论我都不赞同。② 我对它们的反对意见在于，它们都倾向于只强调专名的意义和指称所涉及的问题的一个方面，而忽略了其他的方面。因为在别处我已经相当详细地讨论了这些问题，在这里我就没有必要再过多地关注它们。指出我所提出的这样一种观点就足够了，我把它称为"三重观点(threefold view)"。这种观点认为，关于专名，有三个问题必须作出回答：(1)专名的功能是什么？(2)专名是如何确立的？(3)语言的使用者是如何学会有效地使用专名的？对第

---

① 见唐纳兰(Donnellan)：《专名与同一性描述》("Proper Names and Identifying Descriptions")和《指称与限定摹状词》("Reference and Definite Descriptions")，第46—48页；以及克里普克(Kripke)：《命名与必然性》(Naming and Necessity)，第59、96页，注释22。

② 格雷西亚(Gracia)：《个体性》(Individuality)，第216—226页。

一个问题的回答是,专名的功能是指称。对第二个问题的回答是,专名是通过某种命名仪式确立的。对第三个问题的回答是,语言的使用者通过描述学会使用专名。

当我们把这种观点用于考察将作者的名字与文本相联系是否会显示作者的约束特性时,我们看到,的确像摹状词论者所认为的那样,这一联系为限制留下了空间,并因此显示了作者的约束特性。这是因为,尽管专名的功能不是描述而是指称,但我们是通过描述而学会使用专名的,对这些描述的记忆可以丰富我们对文本的理解。这意味着,以我找到的最受认可关于专名的理论为基础,对那些认为把作者的名字与某个文本联系在一起会显示作者的约束特性的人,我不能形成一种有效的论据来反驳他们。因此,我必须或者承认这样的使用显示了作者的约束特性,或者采用其他的对策。因为我并不认为我们必须如此轻易地接受约束理论,所以我打算采用第二种行动方案。

我的对策在于指出,关于作者的约束特性的理论依赖于一个有缺陷的假设,一旦这个假设被排除了,那些支持这一理论的人把作者视为约束性的必然性也就消失了。这个假设是:对文本的理解范围施加限制必然是不怎么好的,因为它抑制了读者通过自身的努力去理解文本的创造力。仅当读者的唯一目的是进行创造时,这个假设才是正确的,但是,在大多数情况下这并不是读者的目的,更不用说在所有情况下了。尽管创造是值得肯定和必须加以鼓励的,但它并非在任何情况下都一定是一件好事。创造有好的方式也有不好的方式,这取决于所追寻的目的。例如,对于一个正为某人做手术的外科医生来说,只有在所采用的新颖的手术步骤有利于患者的健康和促进患者的康复的情况下，才应当想方设法鼓励其进行创新。做手术的新方法，比如说止血的新方法，肯定是应当加以鼓励的。但是，我并不认为会有人想鼓励这个外科医生为求新和实现创造而采用一种可能会引发过量出血、因而会伤害患者的方法。无约束的创造对于外科医生来说未必是件好事。实际上，大多数外科培训都是将那些经过验证的步骤教给外科医生，这些步骤是在他们的行业实践中必须遵循的。采用试验性步骤无疑也是应当加以鼓励的，否则，外科医生就会还是像很久以前那样做手术，外科手术就不会取得任何进步，但这种试验性步骤仅在有着明确界限的范围内才是被鼓励的，在这一范围内，所要达到的目的是很明确的。

如果我们把上述关于外科医生和手术的讨论应用于读者及其对文本的理解，也可清楚地看到，向关于文本的解释施加限制，并不必然是不正当的。理解中的创造是不是一件坏事，取决于这样一种理解所要达到的那种或那些目标。如果这样一种理解的目标是领会作者在创作这个文本时头脑中的所想或领会与作者同时代的读者在理解文本时所理解到的东西等，那么，显然任何有利于达致这些目标的限制都是好的，而那些无助于达致这些目标的限制都是不好的。例如，如果我的目的是要理解柏拉图同时代的人是如何理解《蒂迈欧篇》（*Timaeus*）这个文本的，那么，通过考虑创作这一对话的文化语境来限制它的意义的参量就会有所帮助。试图离开其文化场景来理解这一对话，是无法把握其历史意义的。

当然，如果我阅读《蒂迈欧篇》（*Timaeus*）这个文本的目标不是要理解柏拉图的意旨以及他的同时代人所理解到的东西，而是要测试一下我的创造性，看看我对于这个文本能够做些什么,那么,由对作者的所知带来的任何限制都会妨碍这一目的的实现,因而都是不正当的。向对文本的理解施加限制并不必然是不好的,因此,对文本的作者的考虑所可能施加的限制也并不必然是不好的。

但是,这个结论并不意味着对作者的考虑总是有益的。在某些情况下,对作者的考虑可能实际上是有害的,它会促进对文本的理解和使用但却无益于人们获得对文本的正确理解。这种情况的一个有趣的事例发生在中世纪。《生命之源》(*Fons Vitae*)一书的作者是一位名叫伊本·伽比罗(Ibn Gabiron)的犹太教徒。然而,在中世纪,他被认为是一位名叫阿维斯布朗(Avicebron)的基督教徒。自然地,这一混淆的结果不仅仅是《生命之源》的使用没有引起基督教神学家们的反对——实际上它在那个时候变得非常流行——而且人们是按照基督教的术语来理解这个作品的。对文本作者的误解使得这个文本流传下来成为可能,但它也使得经院哲学对这个文本的理解与伊本·伽比罗所想表达的或他的同时代的读者的理解大相径庭。

我已指出,联系某一文本来使用作者的名字、我们对历史作者的所知即我称之为伪历史作者的东西,其功能并不必然是约束的,也不必然是有益的,从而我已间接地指出,它可以是约束的或有益的,这取决于所追寻的目标和相关的环境。那些目标和环境也决定着伪历史作者的哪些方面会表现出约束作用或有益的影响。例如,如果目的在于理解一个文本所表达的哲学观点,那么,考虑其他被认为是由这个伪历史作者创作的哲学文本看来是既恰当又有益的。然而,考虑作者的个人心理特性则可能毫无用处,甚至可能还是有害的。①

因此，作者权起着约束作用这种观念具有多方面的意义，但目前人们过于关注约束作用的负面影响。作者权的影响既有正面的也有负面的，在一种关于文本以及文本与作者、读者的关系的合理理论中，两者都要被考虑。毋庸多言，作者权起着有害的还是有益的作用，在很大程度上取决于读者所知道的伪历史作者反映历史作者的准确度以及作用某个文本的目的。与伪历史作者有关的准确度使得对作为一种主体的历史作者的认识成为必要，因而接下来我们需要转而讨论作者的主体性。

Ⅴ. 作者的主体性

近来围绕文本作者的争论大多集中于主体性的概念以及主体性对文本的理解和解释而言意味着什么。人们普遍承认作者是主体，对此我不想作何辩驳。并不总是清楚的是——因而有了争论——首先，主体性是什么以及它在一个文本的创作中所起的作用；第二，主体性适用于文本的哪些作者。我从讨论主体性开始，然后转而讨论它所适用的作者。

当代许多关于这个概念的讨论都是晦涩的，部分原因是因为人们在讨论主体性时经常使用诗意的语言，还有部分原因则是因为人们很少尝试去区分各种类型的主体性。我试图通过避免使用比喻性的语言和预先区分可以被用于文本作者

---

① 在《哲学及其历史》的第 229—231 页，我在哲学文本的语境中讨论了这个问题。

的各种类型的主体性来澄清问题。

　　Subjectivity(主体性)通常与处于控制之下的东西有关，这个事实是由"subjectivity"所源自的语词"subject"的词源学所揭示的。"subject"来自 subjectum，这个词在拉丁语中是指"正处在控制下的东西(what is lying under)"。尽管有了关于这个语词的这种非常普遍的理解，subject 这个概念在不同的学科中仍然有很大的不同。在语法上，subject(主语)与 predicate(谓语)相对，它由从句法上确定的句子的一部分构成。在逻辑上，subject(主项)也与 predicate(谓项)相对，但它的确定并不以句法为基础，而是与逻辑形式有关。因此，语法上是 subject(主语)的东西可能并不总是逻辑的 subject(主项)，反之亦然。在伦理学中，subject 至少可以从两个方面来理解。从一方面看，它是行动的发起者；从另一种看，它是行动的接受者。在形而上学中，subject 被以很多不同的方式来解释，但它时常与特征(特性、偶性、性质、特点)相对，被说成是那些特征为其所固有(inhere in)的东西或那些特征所依附(adhere to)的东西。

　　这些对于 subject 的理解中，有一些是与对"作者"的理解有关的。作为行动发起者的伦理学的 Subject 概念适用于作者，作者的确创作了文本。作者也是形而上学意义上的 subject，他们具有与他们所创作的文本相联系的特征。最后，逻辑上的和语法上的 subject 概念也适用于作者，因为"作者"一词可以成为一个句子的语法上的主语，而主体概念可以用作逻辑上的主项。但是，这些对于什么是一个 subject 的理解，都没有像哲学上对作为认识的主体概念的作者的讨论那样，吸引了那么多的关注。原因很明显：文本是用作沟通的，而沟通必定与认识有关。

从认识论上看,主体最重要的一个特征是它表现出意识(consciousness)。人们已经写过很大论著来讨论意识的本体论,亦即讨论它是不是一种关系、一种状态、一种性质等。所有这些,尽管在哲学上是人们所感兴趣的,但与我们在这里所关注的问题没有什么关系,因而我不会去讨论它。就我们的目的而言,把意识理解为某种"觉知(awareness)"就足够了。某些哲学家把意识等同于自我意识,以至于意识总是对于自我的意识。但是,这种对意识的理解太有限了,因为我们可以在事实上没有意识到我们自身时意识到其他的东西。例如,我可以在没有意识到我自身的情况下意识到我正在它上面写字的纸。

意识并不是主体仅作为他或她所意识到的东西的接收者来行动的被动活动。实际上,很多哲学家已经指出过,在意识中既有主动的方面,也有被动的方面。亚里士多德曾明确指出,在心灵的活动中既包括主动的因素也包括被动的因素,而某些中世纪的作者沿袭他的观点指出,甚至在一种觉知的活动(简单的理解)中,心灵的一部分对它所接收的资料进行主动地抽象,以便被动地领悟它——所有这些都发生在作出任何判断之前。[1] 问题在于,甚至对某个对象的存在的把握,都包含着一个将这个对象纳入某种概念的范畴结构之中的过程。实际上,这种情况扩展至一些最基本的知觉。一个人感知到痛苦或快乐、红或蓝等,就意味着其对知觉的某种意义上

---

① 阿奎那(Aquinas):《神学大全》(*Summa theologiae*),第一集,第一卷,85,5,第563—564页。

的分类。因此,从认识论上看,即使一个主体表面上并没有进行任何明显的活动,其仍然在进行着主动的分类,将知觉纳入到他所具有的概念和经验的框架之中。

这意味着,一个主体将某个文本纳入到一个概念和经验的框架中,这对于这个主体如何与文本本身相联系有着很大的影响。这样,作者的主体性就正是使得一个主体是他或她所是以及这个主体用以看世界的那个概念和经验的框架。①

我这里所想到的,并不是那种被康德用作经验的栅格(grid)的普遍的范畴图式。如果康德是对的,那么这种图式也必定是影响文本创作的东西,但它是以一种普遍的方式来发生影响的,这种影响对于所有主体来说都是共同的。我所意指的也不是一个主体与属于同一文化或社会群体的其他主体所共享的文化的和社会的范畴。因为这些对于许多主体来说也是共同的因素,因而它们具有一定的客观性和公共的特征,而这是真正的主体性所不具备的。关于主体性,我所想到的是每一个体主体给意识带来的并因此影响着他或她看世界的特有方式的独特要素。这种个人框架使得每个主体以不同的方式解释同一图景,并因此而彼此不同地理解他或她周围的事物。②

在对主体性作了简要描述之后,我们现在必须确定主体

① “框架”和“结构”的概念吸引了那些从事人工智能研究的人的注意。见裴多菲(Petofi):《框架的构架》(“A Frame for Frames”);尚克(Schank):《概念信息的处理》(*Conceptual Information Processing*);文斯顿(Winston):《人工智能》(*Artificial Intelligence*),第 235—236、265—270 页。

② 这并不意味着主体总是与“情感”或“幻想”联系在一起的——如罗蒂所认为的那样,因为并非任何源于主体的都是“情感”或“幻想”这类东西。见罗蒂(Rorty):《哲学与自然之镜》,第 339 页。

性适用于我们前文讨论过的那些作者,以及在与文本的关系中它是怎样适用于这些作者的。将主体性用于历史作者和复合作者,都不会有什么困难,因为正是他们创作(就历史作者而言)或重构了(就复合作者而言)影响着他们如何建构或重建文本的复杂的概念和经验的框架。这种语境中的文本必须被视作各种因素的聚合之所:由作者挑选出来用作符号的客体或客体的特征、作者想传达的意义、作者关于文本的作者的观点、作者对与文本相关的语境因素的觉知以及构成主体的独特性、他或她的主体性的整个概念和经验的框架。作者的意识起着一种大熔炉的作用,在这种大熔炉中,文本被创作出来,而许多决定文本意义的不同要素都可以在这种意识中找到。

因此,这一点也就应该很明显了:在历史文本和当代文本的最终形态中,历史作者和复合作者的主体性都是决定因素。就此而言,历史作者和复合作者的主体性对这些文本有着直接的影响。

与此不同,解释作者的主体性对文本没有直接的影响;它的直接影响或者是施加于解释作者自己对文本的理解,或者是施加于为解释作者的理解创作了一种解释的读者对文本的理解。由我所提出的解释作者的概念可以得出这样的结论:解释作者对读者关于文本的理解有着直接的影响,不论解释作者是被视为理解文本的读者,还是被看作为了使读者能够理解文本而创作了某个解释的创造者。在这两者中的任一种情况下,解释者的复杂的概念和经验的框架对读者关于文本的理解都会发生影响。在第一种情况下会发生影响,是因为主体性直接影响着解释者自己如何理解文本;在第二种情况下会发生影响,则是因为主体性直接影响着解释者所创作的解释,而这又会直接影响着读者的理解。当然,在后一种意义上,对读者的理解的影响是间接的,要以对解释的影响为中介。

然而,伪历史作者的情况有所不同。伪历史作者看起来根本没有任何主体性,这一事实就排除了他的主体性对读者关于文本的理解的影响。因为伪历史作者并不是某个人,而不过是解释作者的精神构建。例如,我关于亚里士多德的看法,怎么能说有什么主体性呢? 对于这个问题的回答是:严格地说,伪历史作者没有主体性,因此,他的主体性不可能影响对文本的理解。伪历史作者影响对文本的理解的唯一方式是通过解释作者。如果在这个过程中涉及任何主体性,那么这是解释作者的主体性而不是伪历史作者的主体性。

作者的主体性并不神秘。作者的主体性不过是作者在认识论上的相关特征和作者创作出他们心目中的文本时所处的语境的相关特征。不过,尽管作者的主体性并不神秘,但它对于文本的意义是非常重要和有极大影响的,因为正是在这一语境中,文本表达了它的历史作者想传达的意义。而且,它在很大程度上是一个难以捉摸的要素,在文本的创造和解释中,它的作用是很难确定的。它不是神秘的,因为它并没有什么不能说明的高深莫测的或非理性的东西,但是,当它属于其他的某个人而不是我们自己时,它通常又超出了我们的能力所及。实际上,甚至当它确实属于我们时,要阐释它也是很难的,因为我们浸润于其中,而要将它客体化包含着诸多困难。如果要把握它,就必须将作者的主体性客体化,要在不改变它的情况下去把握它大概是不可能的——因而使得它几乎是难以接近的。某些心理学家,如弗洛伊德,在人的主体性中看到了更深层的和难以接近的无意识的方面。如果他们的观点是正确的,那么作者的主体性在很大程度上超出了我们可及的范围。

Ⅵ. 结　论

我将以结论的方式简要陈述本章所得出的主要观点。本章是从提出一系列关于作者及其与文本的关系的问题开始的。这些问题中,首要或许也是最紧迫的问题与作者的同一性有关,因为经过仔细的考察,我们发现,当我们谈论作者时,我们所意指的可能是很不相同的东西。文本本身是多种多样的,因而只能料想也会有多种作者。我辨识了四种作者。历史作者是创作了历史文本的人,尽管这种作者时常是个人,但在很多情况下也并非如此。而且,我还认为,作者的同一性必须与个人的同一性区分开来。同一个人可能会创作出两个不同的文本,这是很有可能的——实际上经常如此,但是,在与第一个文本被创作出来的条件相同的条件下,同一个人不可能创作出第二个文本。因此,创作了某个文本的那些作者的同一性可能是不同的,尽管那些人的同一性是相同的。

我们对历史作者的所知通常是相当有限的,所以我们必须在对他与伪历史作者作出区分。后者是我们对历史作者的所知或我们认为是我们对历史作者的所知的复合物,或者是历史作者希望被我们认为是创作了历史文本的那个人。我们大多数人都有不同的所知和看法,因而上述第一种意义上的伪历史作者有很多,读者们有多少种关于作者的不同观念,就有多少个第一种意义上的伪历史作者。伪历史作者从未在某人或某些人的头脑之外的现实中存在过，但他会对读者施加认识方面的影响。

复合作者是当代文本的作者。它由所有那些以这种或那种方式——作为编者、抄写者等——帮助形成了我们所拥有的历史文本的版本的人构成。由历史文本的现状和历史所决定，这组作者是非常重要的。

最后，解释作者是理想文本的作者。他是那个使用各种各样的标准致力于重建历史文本的人（或人们）。

涉及作者的最为重要的问题或许与他们的功能有关，因此，在本章中我用了相当大的篇幅来探讨这个问题。我所坚持的观点是：作者是文本的创造者，必须把他们与文本的使用者区分开来。文本的创造者是提供了某个以前从未被例示过的某个普遍文本的一个个例的人。创造与某个独立于和不同于创作者的东西的创作中的新颖性有关。在这种情况下，它并不包含从无到有的创作，而只包含某种新的和独立的东西的创作。这里所说的新颖性，就普遍文本而言，可以体现在组成这个文本的符号上，可以体现在符号的排列上，或者体现在文本的意义上。就个体文本来说，差别可能与我们就普遍文本已作过详细说明的那些东西有关，或者与个体性和持续存在的条件有关。但是，并不是一个普遍文本的任何个例的创造都会使某人成为一个作者，只有一个普遍文本的第一个历史个例的创造才会使某人成为一个作者。

严格地说，作者权的条件是我们已详细阐明过的那些东西。但是，因为总有这样的可能，即不止一个作者可能同时创造了某个普遍文本的第一个个例，而且还有这样的可能，即某人可能创造了某个普遍文本的个例，而在此前这个普遍文本的其他个例曾经被创造出来，但这个人并不知道这些个例，所以看起来在某些情况下一个文本可能不止一个作者。也就是说，有可能不止一个作者，这里所说的不是集体作者，而是一些彼此分散的作者。然而，尽管如果出现同时创造的情况我们可能会承认多人享有作者权，但是，如果不是同时创造，我们会把在时间上最先创作文本的创造者视为作者。这表明了作者权的历史的和语境的性质。作者权总是发生于某个时间和特定环境下的。

在讨论了作者的功能问题之后，接下来的是讨论作者对于文本来说是否必要的问题。我们发现这个表面上看似简单的问题可以被拆分成另外两个问题，一个涉及没有其产生原因的文本的存在，另一个涉及在一定环境下带着向读者传达某种特定意义的意图挑选和排列构成文本的符号的某个人的必要性。对第一个问题的回答是，文本和其他任何东西一样，没有其产生的原因，文本不可能存在。在回答第二个问题时我们发现，没有作者，文本也不可能存在，因为那些看似没有作者的文本实际上没有意义因而也就不是文本。

接着我讨论了所谓的作者的约束特性。它指的是，对某个文本的作者的认识，无论正确与否，都会向人们理解这个文本的方式施加限制，并因此而限制了读者的理解自由。这一讨论的结论是，对文本的作者的认识可能会产生约束，但这种约束可能是有益的，取决于读者所追寻的目的。如果读者所追寻的是发现作者们在理解文本时所理解到的东西，那么，关于作者的正确认识只可能是有用的。但是，如果读者的目的是自由发挥他在解释方面的想象力，那么对作者的认识可能就会起负面作用。

最后,我讨论了作者的主体性问题及其与对文本的理解之间的关系。我把主体性理解为影响一个主体如何看待世界的独特的概念和经验的框架。这样,作者的主体性就是由作者认识论上的相关特征和他们在其中以各种各样的方式创作文本的语境所构成的。这样理解的主体性并没有什么神秘之处,尽管那些不是主体的人或者甚至在某些环境下的主体(他或她)自己都可能无法认识主体性。

文本是作者为了向读者传达意义而创作出来的。因此,在讨论了作者权后,现在我们必须转向关于读者的讨论。

第四章 读 者

　　读者是现实的或假想中的人群,他们事实上知悉、能够知悉或者打算知悉一定的文本。从词源学上看,"读者"一词是指一群聆听者。该语词的这种意义可以追溯到主要通过口头语言这一形式来知悉某个作者的作品的那个时代。然而,从印刷机发明直到无线电广泛应用的年代,手写文本是了解一个作者的作品的主要方式。尽管当代的媒介已经出现了一定程度的变化,但在科学和人文学科中,某个作者的作品的读者仍然主要是由阅读者构成的。就我当前的目的而言,阅读者和聆听者的区别并不重要,因此,我通常把读者称为一群阅读者,尽管我关于阅读者所作的讨论,经必要的细节修改后,对于聆听者也是适用的。

　　读者的概念引起了各种有趣的哲学问题。或许其中最显而易见的问题就是文本究竟是否必须有读者。有些作者宣称文本没有读者,因为他们自己在创作文本时根本就没想到读者。然而,如果文本是打算用来传达意义的,那么,这表明它们至少必须是打算提供给读者的。这个矛盾如何解决?加之,读者的同一性问题也令人困惑。读者是作者所希望的理解文本的任何人？读者是实际上与文本发生联系的任何人？或者读者是任何潜在地可能与文本相联系的任何人？除此之外，因为读者由个人构成，因而我们必须追问这些个人是如何联系起来的，以及他们对文本的理解是集体地(collectively)还是分散地(distributively)实现的。①

而且，不同的人对文本的理解是不同的，这意味着作者对文本的理解方式与其他人对文本的理解方式之间有着不同。这是否就意味着读者总是曲解了文本的意义？作者与读者之间是否有一种对立的关系？读者可能是有意地误解了文本，或者总是无意地误解了文本？如果读者是有意地误解了文本，如同某些情况下所表现出来的那样，由于有意的误解似乎暗示着正确的理解，那不就产生了一个问题吗？最后，特定读者与文本相联系的方式很大程度上取决于这样的事实，即读者是主体或者是由主体构成的，而主体会将他们的主体性带给读者。但是，如何理解读者的主体性，它在读者对文本的理解中起着什么作用？主体性总是决定着理解吗，如果是这样，那么，它是否不可避免地导致了误解？

由对读者的思考所提出的某些问题与读者本身有关，而不涉及他们与文本之间可能有的任何关系，但其他问题正是在人们试图说明读者和文本之间的关系时产生的。我在这本书中所关注的是文本，所以后一类的问题是更为相

———————

① 就读者来说，为什么我们不应将非人类包含于读者的范畴之中，这并没有显而易见的理由。但为了讨论的简明，我在这里谈到的读者都是指人。

关的。然而，如果没有对前一类问题的解答作参照，那么，就无法讨论或无法很好地讨论某些后一类问题。因此，我将对这两类问题都进行讨论。尤其有五个问题看起来是相关的，而它们在某些方面与前面章节中对于作者所提出的某些问题相对应，这五个问题是：读者的同一性、读者的功能、读者的必要、读者的主体性、读者的颠覆特性和约束特性。

Ⅰ. 读者的同一性

在前文的论述中，在一直在谈论文本的读者，读者的同一性似乎是清楚的。实际上，从许多方面来说，对于什么是读者，我们都有一定的看法。然而，稍作反思就可发现不同类型的读者之间的差别，这些差别对于理解一个文本与它的读者之间的关系来说，被证实是具有重要意义的。接下来，我将从试图澄清读者的同一性开始讨论。首先，我将着手讨论一个文本可能有的读者的不同类型；然后，我将讨论可能构成他们的人数。

A. 读者的类型

对于一个文本来说，至少有五种不同类型的读者，我把他们叫做：作为读者的作者、意向中的读者、同时代的读者、中间状态的读者以及当代读者。

1. 作为读者的作者

从一个作者写下一些东西、说了些什么甚至思考他正在创作的文本的那些已经确定的部分的那一刻起，即使他只是临时地回顾一下他所写的、说的或想的,他就变成了一个读者。① 如果是笔头文本,它会获得比口头文本或思想文本更加独立于作者的形态。但即使是口头文本或思想文本,当它被记录在录音带上或作者的记忆中时,也可以由作者作为读者来进行考察。在所有情况下,考察自己已创作的文本的作者都可以作为读者起作用,因为在他考察这些文本时带有理解文本的目的。事实上,创作文本的整个过程是作者在作者的角色与读者的角色之间——也就是在写作者与阅读者之间、言说者与聆听者之间或思考者与记忆者之间——不断转换的过程。为了解他所说的内容和方式所产生的效果,他需要作为一个观察者而不是一个创作者去看文本。②

从许多方面来说,作者所起的作用取决于他们能否在角色之间灵活转换以及他们对读者的需求的理解。例如,好的写作者会只写那些为传达某种意义而有必要说的话;他们根据读者已经知道的东西来决定写什么;他们写出来的东西,用词简练而又令人印象深刻。然而,糟糕的作者只会重复读者已经知道的材料,不能写出为实现理解所必要的东西——因而他们令人厌烦或不知所云。因此,作者转变为读者并作为

---

① 麦克格恩(McGann)指出:"作者和写作者都可以被视为……读者和编者。"《文本的条件》(The Textual Condition),第95页。但是,需要指出的是,严格地说,并不是作者在扮演读者的角色,而是扮演着历史作者角色的人,放弃了他的角色,扮演了读者的角色。然而,就我们当前的目的而言,这种精细的区分对讨论的结果没有什么影响,却会使讨论变得繁琐。在这种情况下,我把那些扮演着历史作者角色的人都称为历史作者。

② 对于实际区分"言说者"与"聆听者"的必要经常被哲学家们所否认。例如,参见托马斯·卡普顿·卡勒顿(Thomas Compton Carleton):《逻辑》(Logica)42,4。

一个读者来看他自己的作品的能力，对于使他的作品发挥作用是至关重要的。把作者看成读者，这并没有什么矛盾或奇怪之处，尽管就作者发挥着作者的作用而言，作者不可能是读者。只有了解并认同读者的需求，使其以作者的角色恰当地言说，作者才能够成为读者。

在某些情况下，即使作者在创作文本时并没有考虑读者，如同新小说派（nouveau roman）的实践者那样，但写作、修改、校对的过程会把读者的角色强加给他。区别在于，在这种情况下，作者并不是力图扮演别的某个人，这个人被他有意或无意地确定为作品的读者。然而，引导他在文本中进行修改的那种批评立场表明，他使自己与文本之间保持了距离，并且接受了读者的角色。

但是，如果作者是在意识流中机械地创作了文本，从来没有回顾一下文本，在这种情况下，作者能够成为读者吗？或者考虑像萨特那样的作者的情况，萨特以写作《辩证理性批判》而闻名，但他从不回顾他所写的东西，因为他从不关心是否要通过修订来保证他所写的东西的连贯性。在这些情况下，仍然能够认为作者作为读者起作用吗？答案是肯定的，因为即使在这些不寻常的情况下，文本的创作也包含着对先前的符号的添加，并因此而带来先前符号排列的总体变化，它意味着对先前的那些符号和符号排列的某种理解。当然，这假定了被创作出来的是一个文本。如果被创作出来的是零散的符号而没有形成文本，那么，我们可能不禁会作出结论说，作者并没有作为读者起作用。然而，即使遇到这种情形，尽管作者不是文本的读者，但在大多数情况下，作者仍然会作为符号或部分符号的读者起作用。原因在于，大多数符号是声音或记号的复合物,因此,这些符号的形成涉及在创作它们的构成要素的过程中的某种觉知和记忆。

考虑某人正创作下面这样一句话:"在我的思绪到达这一点后,我需要对这个问题作进一步的反思,以找到解决这个问题的新的方法,这将不仅满足我对"明晰"和"充分"的渴望,而且……"。我们假定,文本的作者像我们一样,面对的是以"而且"结尾的这个句子。显然,为了完成这个句子,作者将不得不在某种意义上把这个句子的第一部分呈现在他的大脑中,理解它的意思,并因此而像它的读者那样行动。否则,他如何能够完成这个句子? 实际上,因为在大多数情况下,文本是由自然语言构成的,这些自然语言的使用规定了某些符号在一些固有的排列中的运用,所以那些语言的使用者有必要意识到他们所创作出来的符号和排列,以便对其添加更多的符号,并创作出不同的整体排列。这个过程使得那些创作了文本因而是作者的人承担了一种读者的角色。因此,我的看法是,要成为一个作者,必须也要扮演读者的角色。但是,反过来说是不成立的,因为读者在理解文本的过程中所必须发挥的主动作用并不总是意味着作为作者起作用,除非我们所说的是作为解释者的读者。①

作者在创作过程之外的其他过程中可以作为读者发挥作用。在一个文本完成之后,作者经常回顾它,对它进行解释和评判,由此在另一种意义上承担读者的角色。在当代哲学中,维特根斯坦是一个典型的例子,他在其后半生中似乎一直致

---

① 参看第三章,我在那里讨论了解释作者。

力于对其早期论著中的某些主张进行抨击。① 一种更为常见的情形是：一个作者写完一本书后，他会花费一些时间对他在书中所说的东西进行阐释或辩护。

对于那些力图获得关于某个历史文本的准确理解的人来说，关于文本的历史作者的知识可能是有益的也可能是有害的。就关于作者的歪曲图像即一个非常不准确的伪历史作者或准确但不完整的伪历史作者可能产生误导而言，它可能是有害的。但是，在某些情况下，它也可能是有益的。由于作者也可以作为读者起作用，因而很自然地，对于其他那些力图理解文本的读者而言，关于作为读者的作者的知识同样可能是有益的也可能是有害的。

2. 意向中的读者

意向中的读者是作者为其创造文本的那个人或那群人。② 作者有时会很明确地将一个作品献给某人。如果我们面对的是一个笔头文本，在这种情况下，他可能是期望那个人能够读他的作品，并在读后或者从中获益或者为作者做些什么。许多著名的作品以及不少臭名昭著的作品，都被作者献给某些权威人物，作者希望能从这些人物那里获得地位、保护或其他的好处。其他的许多作品则是有意于启迪那些它们被呈献给的读者。

除了作品可能已明确说明的呈献对象之外，作者也经常

----

① 也有其他的例子，其中作者意识到了这种情形。例如，阿莱尔（Allaire）在谈起他多年前所写的某篇论文的作者时以及在谈到那篇论文时，就好像他自己并非论文的作者那样。参见《再探贝克莱的唯心主义》（"Berkeley's Idealism Revisited"），第 197 页。

② 埃科（Eco）提出过这样的观点：是文本，而不是作者，决定了它的读者。《解释的限度》（ The Limits of Interpretetation ），第 55 页。

在头脑中将某个特定群体的人列为读者。哲学家通常写给别的哲学家看,科学家通常写给科学家看,如此等等,有人甚至时常写给某类人中的一些小群体看。只有文学作者是瞄准较广范围的读者的,但即使如此,其读者的范围也受到与教育、文化和语言有关的限制。

一个文本的意向中的读者并不必然就是这个文本宣称它所面向的那个或那些人。作者所说所写的东西所针对的常常并不是他们表面上面向的那些人。① 例如,当美国总统在爱荷华向一群农场主发表演讲并谈到欧洲农业补贴所面临的危机时,他意向中的读者可能包括欧洲那些补贴农业的国家的政治领导人,而并不必然地局限于(甚至按其用意可能并不是)他的演讲所面对的农场主。

将意向中的读者与仍有待讨论的三种读者区分开来的是,意向中的读者不必知悉文本,甚至根本不需要存在。意向中的读者可能从未接触过文本,可能实际上只是作者的想象所虚构出来的东西。可能并没有作者意向中的那类人,而即使有作者意向中的那类人,也并不能保证他们一定会接触到文本。顺便指出,不应想当然地认为意向中的读者总是与作者属于同一个时代的。许多作者认为他们的同时代人不可能理解他们,因而他们是为后代人写作的。卢梭就是一个典型的例子。

对意向中的读者的理解,对于其他正在理解某个文本的读者来说是有帮助的,因为它向他们展现了那些被作者认为

① 参看托尔赫斯特(Tolhurst):《文本是什么以及其如何表达意义》("On What a Text Is and How It Means"),第 12 页。

是最喜欢文本的那个或那群人。从这种意义上说，意向中的读者间接地表明了作者的某些意图以及应当如何去理解文本。例如，如果我们知道某个文本是写给专业哲学家看的，这些哲学家在某一哲学传统下思考并共享某些方法论方面的假设，那么，相较于不了解这一背景时的情形，我们能够更好地理解和评价这一文本。因为这样一来，我们就更易于提供作者认为读者理所当然会提供的方法论假设。

3. 同时代的读者

同时代的读者由所有那些与历史作者同时代并且已经知悉或者能够知悉文本的人们构成。他们与作者共享很多那些后来的读者无法与作者共享的东西。与作者生活在同一时代，即使在不同的国家和不同的文化里，似乎也能受到一些基本的和共同的因素的影响，尽管情况可能并非总是如此。作为读者，一个不识字的部落成员与一个诺贝尔文学奖得主几乎没有什么共同之处，即使他们生活在同一个时代。从理论上说，比起一个自命为后现代主义者的人，一个当代的亚里士多德主义者可能与亚里士多德会有更多的共同之处。

因此，我所说的同时代的读者，并不是指在文化和教育方面与历史作者有很大差距的人。我所指的是那些具有基本的教育和文化手段、大体上能够理解所说文本并大致上与作者同时代的历史作者所属的社会群体或类似的社会群体的成员。① 在这些情况下，这种读者在对文本的理解上比后来的读者具有更好的条件。

---

① 费希(Fish)将这类读者称为"意向中的读者"。这不但将读者局限于阅读者，而且没有考虑到作者可能会特别地把某人视为文本的读者。参见:《这一类中有文本吗?》(*Is There a Text in This Class*)，第160页。

如果文本的作者把在文化、教育和时间上与他同时代的人视为文本的读者,那么,同时代的读者就可能是意向中的读者。不过,事情并不必定如此。意向中的读者可能只是同时代的读者中个别成员或某个亚群体。或者是像前面所提到的那样,作者意向中的读者原来是未来的某个人或某个群体。

如果对一个文本的同时代读者的所知是正确的,那么,这种所知对于那些力图理解文本的人来说是大有帮助的。认为作者和同时代的读者所共享的文化和社会背景在很大程度上决定了作者和读者都要遵循的创作和理解文本的规则及程序,这种看法是有道理的。例如,在大多数情况下,作者使用的语言也是同时代的读者所使用的语言。假如我们对柏拉图的对话写作时的雅典、当时希腊文的读写方法以及那个时期的文化和社会习俗有所了解,我们就能够更好地理解柏拉图的对话。但是,如果人们对某个文本的同时代读者的所知并不正确,那么,它就可能误导而不是帮助对于文本意义的确定。

4. 中间状态的读者

中间状态的读者由那些已经知悉或有可能会去知悉文本、但既非与作者同时代也非与那些试图理解文本的人同时代的人群构成。因此,他们不仅在个人风格上也在时间上与作者分隔开来。由于生活于不同的时代和环境中,他们接触文本时所处的语境有别于历史作者同时代的读者,也不同于解释者的同时代人阅读这一文本时所处的语境。这种语境究竟有多大的不同,不仅取决于中间状态的读者与历史文本创作之间的时间间距,也取决于时代的观念假说和风尚发生了多大的变化。时间间距与观念间距并不直接成正比。一些在时间上相隔很远的时代可能比其他一些在时间上相隔较近的时代在观念上更加接近。

对于解释者而言，只有在中间状态的读者已经创作出关于历史文本的解释并且这些解释都流传下来时，对中间状态的读者的所知才是有用的。在这些情况下，对中间状态的读者的所知，有助于理解中间状态的读者所创作的那些关于历史文本的解释，因而间接地有助于理解历史文本。当然，这可能是因为相较于作者和同时代的读者，中间状态的读者与解释者所处的语境更为接近。如果中间状态的读者并没有创作出解释，或者那些解释并没有流传下来，那么，对于中间状态的读者的所知，对后来关于文本的理解也就没有任何帮助了。当解释者力图理解一些时代久远的文本时，中间状态的读者在这些文本的传播和理解的过程中所起的作用对于他们是非常重要的。

5. 当代读者

当代读者由那些已经知悉或有可能会去知悉文本而并不是作者、与作者同时代的读者或中间状态的读者的人群构成。在某些情况下，当代读者就存在于与作者同时代人之后的那一代人之中。如果情况是这样的话，那么，在同时代读者与当代读者之间也就没有中间状态的读者。但是，在其他各种情况下，在同时代读者与当代读者之间至少有一代人可能知悉文本，这也就使中间状态的读者的存在成为可能。

对于当代读者来说，理解某个历史文本的困难不仅在于他与这个文本之间在时间、文化和观念上的间距，而且还在于他所面对的这样的事实：可能会有由同时代的读者和中间状态的读者所提供的解释、有时甚至还会有由作者本人所提供的解释供他参考。而且,随着时间的流逝,解释在数量上还趋于不断增加。这些解释对于当代读者加深对文本的理解可能有帮助也可能没有帮助。就它们能够在当代读者和历史文本之间架起桥梁而言,它们是有有帮助的;但就它们可能是错误的并且可能把当代读者引向更加远离而非更加接近历史文本的意义的方向而言,它们又有可能是一些障碍。

在我转向讨论读者的构成之前,应当予以明确的是,我认为这里对各种不同的读者所作的区分并不严格,它们有一定程度的重合。例如,同时代的读者可以由不同时代的人构成,人们可能会认为其中的一些人也可以成为中间状态的读者、甚或当代读者的一部分。这种可能性突显了这些范畴的人为特征(artificial character),因而也突显了以其他方式对读者进行分类或在这些范畴的基础上增加其他范畴的可能性。例如,除了已提出的范畴,人们还可以增加历史读者的范畴,它可以包含作为读者的作者和同时代的读者这些范畴。[1] 还可能有其他一些我没有使用的范畴。但是,这些范畴的人为特征无损于我所提出的观点或这些范畴的解释学作用和启发作用。

我们已经根据其构成者的特性讨论了文本可能拥有的各种不同类型的读者。现在我们要转而讨论读者的构成。

B. 读者的构成

到目前为止,除作为读者的作者(作为读者的作者也可以是复数的,但我通常是以单数的形式来谈论它)以外,我总

---

① 见《文本性理论》第四章。

是把读者作为复数来谈论的。然而，我所讨论的大多数读者的复数都能够以两种方式来理解：一种是分散的（distributively），也就是由那些各自独立地知悉或能够知悉文本的单个人构成的复数；另一种是集体的（collectively），也就是作为一个群体来理解文本。后一种方式说明个人的复数能够形成一个整体并且作为读者以集体的形式来行动。这些思考带来了有关读者与文本的关系的有趣问题。

一个文本就好比是一个谜的一部分，它只有作为某个更大的整体的一个要素时才是有意义的，而读者也提供了这个更大的整体的一个重要的部分。然而，读者可以是单数的也可以是复数的，它意味着单数的读者和复数的读者所提供的构成要素可能是不同的，因此，某个人对文本的理解可能不同于一个群体对文本的理解。一方面，这种不同似乎并没有什么好担忧的。我们都会同意，我对《美国独立宣言》这个文本的理解在某些方面不同于美国人民对它的集体理解，但我们不会对此感到担忧，因为这些不同并不重要。另一方面，如果这些不同是如此之大以至于毫无希望以某种方式将它们统一起来，那么，事情就会变得令人担忧。如果我对一个文本的理解不同于社会大众对它的理解，这对我来说毕竟不是什么好事。如果我将"No Parking（不准停车）"这个标牌的意义理解为"除我以外的其他所有人都不准停车"，那么，我将很可能会收到一张停车罚单并不得不缴纳罚款。①

① 为了简化问题，我在一开头就假定：当一个群体被认为是理解了P时，意味着这个群体的所有成员都理解了P。但在日常实际中，并非总是如此。"一个群体理解了P"经常是指这个群体的大多数成员理解了P，正如"美国人支持减税"通常是指大多数美国人支持减税。

　　个人与群体对文本有着不同的理解,这一令人不悦的断言基于这样的假设:个人与群体在某些方面完全没有联系,或者至少他们之间的联系不紧密或太脆弱,从而不能影响他们各自对文本的理解。毫无疑问,有许多理由可用以捍卫这一假设。毕竟,某个人对文本的理解发生于其自己的头脑中,与其他人的理解相分离、不相关联。理解似乎是一种私人事件,可以被描绘为个人的心理活动。因此,我对《美国独立宣言》这个文本的理解是我的理解并且仅仅是我的理解,它仅仅存在于我的意识的私人空间里,仅仅为我所知。与此相反,一个群体的理解表现为某种公共的东西,由这个群体的所有成员所共享。因此,可以得出结论说,《美国独立宣言》这个文本对于作为群体的美国人的意义是某种公共的东西,它不同于这个文本对我的意义。

　　人们可能会以这样的方式来试图反驳上述结论,即认为某种理解是公共的这一事实并不足以使得它不同于某种所谓的私人理解。对于“2+2＝4”的公共理解是二加上二等于四,而这也是我对它的私人理解。

　　但是,这一回应显得并不有效,因为它会受到这样的反驳:个人所代表的语境与群体所代表的语境之间的不同,意味着他们的理解会是不同的。大多数文本是省略的,它们被发现时所处的语境对文本意义的影响,与构成文本的符号、符号的排列对文本意义的影响一样大。但是,个人在理解一个文本时所处的语境,与一个群体给文本的理解所带来的语境是根本不同的。个人有一组十分独特的假设、信念等,它们源于个人的历史和经验。它们不同于群体共享的假设和信念。因为对文本的理解在一些重要的方面依赖于文本被置于其中的假设和信念的语境,显然,某个人对文本的理解会不同于某个群体对同一文本的理解。

那些不想接受这一结论的人就只有两种行动方案了。第一种(Ⅰ)是认为某个人与某个群体之间并没有重大的不同;第二种(Ⅱ)是认为,尽管他们之间有重大的不同,但他们之间的关系使他们有可能形成一致的理解。

我先来分析第一种方案。这种观点可能采取两种形式。一种(1)是将这个群体还原为构成它的个人;另一种(2)是将个人归并于其所属的群体。第一种还原(1)可以通过指出这个群体不过就是构成它的人来完成。并没有一个凌驾于构成一个群体的人之上的属于这个群体的公共的头脑。因此,一个群体对某个文本的任何理解都不过是这个群体的成员们对这个文本的分散理解(distributive understandings)。个人对文本的理解与群体对文本的理解的不同,不过是一种理解与多种理解之间的不同。

这种论证的问题在于:第一,它并没有实现它的初衷。它把群体还原为构成它的个体,并没有消除群体的个体成员之间的理解的不同。第二,它没能将理解和理解的对象区分开来。如果理解是头脑的一种行为,而就文本来说理解的对象是文本的意义,那么,对同一意义可能有数种不同的理解。①因此,群体并非必然地能够还原为个体。

另一种还原方法(2)试图将个人归并于其所属的那个群体,以表明这些个人和群体可以有着相同的理解。这种归并可以通过指出这一点来实现:从语境方面来说,与文本理解有

———————

① 《文本性理论》第四章。

关的是假设和信念,而个人的假设和信念都源于社会,也就是说,这些个人的假设和信念与他们所属的群体的共同信念和假设是相同的。因此,就理解文本来说,群体与其个体成员是相同的,因为他们共有相同的假设和信念。

这种观点的明显错误之处并不在于它认为我们的观念有某种社会起源。假设这个起源被正确地理解了,那么,这种观点可能是正确的,尽管我在这里并不打算为这种观点辩护。这种观点的错误之处在于,它排除了在个人头脑中以不同于在社会大众或在其他社会成员那里所呈现出来的方式将这些观念结合起来的可能性。实际上,如果这种观点是正确的,那么群体的所有成员都必定以相同的方式思考,而他们以不同的方式进行思考的任何可能性都必定被排除。但是,这与我们的经验根本不相符合,因为我们的确是以不同于我们所属的那个群体的其他成员的方式来进行思考的,我们在这里所讨论的各种不同的论调的存在也清晰地表明了这一点。而且,个人也常常并不认同社会大众通常所持的观点。

因此,将个人归并于群体或者将群体还原为构成群体的个人,都是不可取的。我想为之辩护的第二种方案在这两种极端观点之间持一种中间立场。它承认个人与群体之间的不同对于文本的理解来说是重要的,但同时它也认为,那些个人与群体之间具有重要的联系,这些联系对于文本的理解来说也是重要的,它们使得对文本的共同理解成为可能。

另一方面,我也承认,某个人所从事的理解行为是独立的和私人性的,因而不可能被其他人或某个群体所共享。群体事实上不可能有像个人那样的理解行为。人们通常所说的诸如"某个群体对一个文本的理解"是某种添加在原始文本之上的得到一致同意的文本。它连同那个文本一起，就是我所说的解释。而且，还有这样的情况：某个人具有一些独特的经历，因而他经常会有一些古怪的看法和信念。这些经历留存于这个人的记忆中（或潜意识中，如果人们愿意接受这一概念的话）。另一方面，群体却并不像个体那样具有可以储存共同经历的记忆。社会的记忆是档案馆和图书馆，即文本和记录的收藏，因而通常不同于基本上不是由文本构成的个人的记忆（或潜意识）。例如，我关于我的大学毕业典礼的记忆是由一系列图像和经历所构成的，这些图像和经历并未作为其他任何东西的符号起作用。与此不同，关于这一事件的集体记忆主要是由保存在各个档案馆和图书馆的一系列的文本——报纸文章、记录等——构成的，尽管也可能有一些照片、绘画，甚至是影片。

所有的这些看起来基本上不会引起争论，但一个人的信念在很大程度上依赖于从社会继承而来的概念框架，这一事实是显而易见的。同样显而易见的是，社会在形成概念和观点方面，又要依赖于它的成员。这种个人与群体之间的相互依赖在各种不同的层面上发生。人类在基因上彼此不同，个体的生存也要与群体中的其他成员发生联系。但在涉及文本的理解时，这些以及其他类似的关系都没有意义了。对于后者而言，重要的是，人们之所以依赖于社会，是因为他们所使用的许多符号、他们用来排列这些符号的规则以及他们通过这些符号和规则所要传达的意义都是社会的。反过来，社会也依赖于个人，因为要保全那些符号应当表达的意义离不开个人,还因为构成文本的那些实体自身并不能产生理解,它们也不包含或蕴涵意义。因此,个人并不是一个与社会意义这块大陆相隔绝的语义的孤岛,群体与构成它的个人在语义上也并不是相隔离的。群体和它的成员之间的关系使得某种理解的共同体成为可能。这一点可以通过一个群体达致对某个文本的理解的方式来加以说明。

我们把一个哲学班视为一个群体,比如说它由十个学生和一个教员构成,这个群体正试图理解安瑟伦对于上帝存在的著名证明。这个班开设于所有的成员都已阅读了《宣讲》(*Proslogion*)的第1—4章之后。因此,我们可以设想这个班级的每一个成员都会有一种对于安瑟伦的证明的理解,这种理解可能与这个班的其他成员的理解不同,也可能相同。一旦这个班集合在一起开始讨论,那么就会很清楚地看到,这个班的不同成员对文本的理解并不总是一致的。某人以《宣讲》第一章结尾的一些陈述为依据,认为信仰是使这一证明成立的一个必要条件。另一个人则以《宣讲》第四章结尾的一些陈述为依据,认为信仰并不是使这一证明成立的一个必要条件,但他承认这种证明是以一种关于信仰的陈述为先导的。还有另一个学生指出,看起来《宣讲》里有两个证明而不是一个证明,一个是在第二章中作出的,另一个是在第三章中作出的。如此等等。这样,我们就有了几种对于文本的理解,它们有的是在细节方面彼此不同,有的是在主要方面彼此不同。然而,我们不能忘记,即使是那些在主要方面彼此不同的理解,也有着许多共同之处。实际上,正是因为它们有许多共同之处,所以它们之间的争论才是可能的,因为争论包含着交流,而交流则必须有共同的平台。这种共同的平台当然必定与符号及其意义和排列有关,同时也与使得交流成为可能的前设和信仰的语境有关。

我们进一步假设,在这种讨论的基础上,这个班作为一个整体——也就是说,它的每一个成员——终于接受了对这个文本(即使不是整个文本,至少也是这个文本的某个部分)的相同的理解。例如,假设班上的每个人都理解安瑟伦对于上帝是什么所作的否定性的和比较级的界定(negative and comparative formulation)较之于笛卡尔所作的肯定性的和最高级的界定(affirmative and superlative formulation)①是如何显著地不同和更具说服力。② 我们进一步假设这种共同理解的获得是班上思想交流的结果。那么,这种共同的或群体的理解究竟是什么呢? 如果我们所说的理解(understanding)指的是一种行为,通过这种行为,某个东西被理解了,那么,这种共同的或群体的理解就归结为这个班的每个成员的数种不同的理解,也就是这个班的每个成员的数种不同的行为;在这种意义上,从本体论上说,除了每个人的个体理解行为之外,并没有

---

① 安瑟伦和笛卡尔都对上帝的存在作了所谓的本体论论证。安瑟伦的论证思路是:上帝是可设想的无与伦比的东西(不能想象有比之更伟大者的东西),因此,上帝不仅仅在思想中存在,而且也必定在现实中存在,因为上帝如果仅仅是思想中的存在的话,那么它就不是一个我们能设想的无与伦比的存在。笛卡尔的论证思路是:上帝是我们能构想的最完美的存在,它拥有一切完成性(完美性),因此,它也拥有现实存在。两个人的论证基本是一样的,所不同的是,安瑟伦是通过将上帝界定为"我们可设想的无与伦比的存在"(即不能想象有比它更伟大的东西)来论证上帝的存在,而笛卡尔则是通过将上帝界定为"最完美的存在"来论证上帝的存在。因此,正如本书的作者所说,安瑟伦对上帝作了"否定性的、比较级的界定"("无与伦比的"),而笛卡尔则对上帝作了"肯定性的、最高级的界定"("最完美的")。——译者注

② 参阅格雷西亚(Gracia):《一个至上的伟大存在》("A Supremely Great Being")。

一种群体理解。另一方面,如果理解是指被理解到的意义,也就是通过个体的理解行为所理解到的意义,那么,理解对于群体的所有成员都是共同的。最后,同样显而易见的是,个体理解和共同理解的形成缘由都是群体的互动。的确,这个班以外的某个学生的脑海中也会产生理解,而他的这种理解是与班上的讨论无关的。但在我们所举的例子中,理解的产生是进行讨论的结果。既然如此,问题的关键在于,群体对个体的理解确实有一种重要的因果影响,因为它会使个人面临一些他或她可能没有考虑到的一些看法。这又源于每个人活动于其中的不同的概念语境(conceptual context)。群体为其成员提供了一些他们可能不熟悉的语境,因而拓展了某个文本相对于他们的语义可能性。

现在让我们回到前文讨论过的各种不同的读者并且追问:这些读者中哪一种是文本读者的范例(paradigmatic)?显然,它不是像读者那样去行动的作者,因为这实际上是我必须论证和从直观上看绝非显而易见的观点。同样,它也不是当代读者或中间状态的读者,因为那些读者变化多样并在一些方面远离了文本及其作者,而这些方面使得他们不能被视为文本读者的范例。这样,就还剩下意向中的读者和同时代的读者。这两者看起来都有很高的呼声。前者有很高的呼声是因为,假如作者的心目中有一个读者的话,它就是作者心目中的读者。而后者有很高的呼声则是因为,不论他是不是作者心目中的读者,他都最有可能更适合读者这一角色并且是更有条件去理解文本的读者。因此,这两者都有很高的呼声,我相信他们已普遍被人们视为文本读者的范例。

在我们转至下一节的讨论之前应当指出的另一点是，文本的读者也可以起作者的作用。最为明显的例子是，某个读者误解了一个文本或者以独特的方式对它作出了解释。读者对文本的误解，意味着赋予历史文本的 ECTs 以某种不同于它们在历史文本中的意义的意义，并因此而创作了某种导致一个新的文本的解释。这是解释作者或作为作者的读者的作用之一。第二种作用，就是给历史文本添加了一个文本以帮助别人理解它，这也是起着作者的作用，但由此产生的文本是一种不同的文本。前一种作者的作用适用于前文讨论过的所有类型的读者，因为他们都可能误解文本或者以独特的方式来理解文本，并因此而起作者的作用。问题的关键并不在于同一个人或同一些人可以有时作为读者、有时作为作者起作用。这当然总是可能的。问题的关键在于，同一个人或同一些人可以作为读者起作用，当这种作用的发挥导致了对文本的误解或独特的理解时，凭借这种作用，这个人或这些人也可以作为作者起作用。要理解读者在与文本的关系中是如何起作用的，就需要把所有这些都考虑到。

Ⅱ. 读者的功能

读者的一般功能是理解文本：实际上，一个读者之为读者的特点就在于他要理解文本。与此不同，当作者作为作者行动时，他是作为文本的创造者与文本相关的。因此，他的目的是以某种方式挑选和排列构成文本的那些传达某种特定意义的符号并因此而引发理解。当然，作者创造某个文本的最终目标可能并不仅仅是引发理解。作者可能试图引起读者的某种行为或情绪。或者作者可能只是试图宣泄某种情感。在这些情况下，文本的主要功能可能并不是要引发读者的理解。例如，一个关于开门的命令，其想产生的影响就是被命令的那个人的一种行动。如果那个人被视为文本的读者，那么，读者的功能并不必然地是去理解文本，而是在很大程度上取决于文本的作者通过这个文本想达到什么目的。

对此，有人可能会回答说，即使在这些情况下，读者的某种理解仍然是有效地实现作者的目标的先决条件。[①] 理解在某种意义上对于实现更进一步的目标是必要的，尽管这个目标并不是理解。而且，因为这种理解是要发生在读者方面的，因而读者的功能终究必定包含着理解。

但是，就我的目的而言，这种回答并不完全令人满意，因为它仍然有损于我想捍卫的观点，即文本读者的主要功能是理解文本。实际上，如果我们满足于这种回答，那么，我们就不得不承认并没有什么读者之为读者的主要功能，因为文本除了引发理解外还有很多功能，并因此以多种不同的方式对读者产生影响。

一种不同并且更为有效的回答涉及对文本意向中面向的人或人们与这个人或人们被希望发挥的各种作用之间的区分。[②] 作了这一区分后，我们就可以说，仅当这些人被希望发挥的作用主要是理解某个文本时，他们才是作为读者起作用的。当他们发挥其他的作用时，他们严格说来不能被

---

① 见《文本性理论》第一章。
② 这一区分与第三章中对人与读者间的区分类似。

视为读者；在这种情况下，他们被希望发挥的作用决定了他们的所是。因此，读者的功能的确是理解文本，即使文本的目的是在它意向中面向的人或人们的身上引发某种其他的效应。

让我举个例子。当 P_1 这个人对 P_2 这个人说"以这种方式打扫房子"时，P_1 是想让 P_2 作为一个执行 P_1 的命令的仆人来发挥作用的。处在这种地位，P_2 不是一个读者。但是，P_1 使用一个文本来命令 P_2 去执行某些任务的行为也意味着 P_1 想要 P_2 理解 P_1 所说的话。处在后一种地位，P_2 是一位读者。因此，P_2 既是一个仆人又是一个读者，这两者之间并不冲突，尽管就 P_2 是一个读者而言他并不是一个仆人或就他是一个仆人而言他并不是一个读者，以及他可以是一个仆人而不是读者或他可以是一个读者而不是仆人。

读者的功能是理解，并不意味着读者必须被看做是极被动的，如同一些历史编纂学家过去常常认为的那样。[1] 相反，读者总是主动地对待文本，但作为读者，他与文本的关系以及他的目的，都不同于作者在这些方面所具有的特征。[2] 作者的主要目标是创造一个新的文本，而读者的主要目标是理解一个已经被创造出来的文本。两者都致力于将意义与实体联系起来，但就作者运用他们能够自由支配的各种东西

———————————

[1] 对读者的自由的关注驱使着许多后现代主义者。参见罗兰·巴特(Barthes)：《S/Z》，第 10 页。

[2] 沃尔顿(Walton)最近指出，就艺术客体而言，人们对它的读者和作者之间的不同给予了太多的关注，实际上，他们的作用非常类似；《艺术的风格、作品和过程》（"Style and the Products and Processes of Art"）第 77 页。我赞成这种观点，这一点在后文中很快就会变得清晰，但就文本而言，读者和作者的作用有不同之处，这是不容忽视的；适用于艺术客体的特征在这种情况下不能够被延伸至文本。

来决定他们所创作的文本的特征而言,作者比读者更加自由。读者的自由要少一些,因为他们所面对的是既成的事实;他们要做的事情不是创作文本而是理解已经存在的文本。如果我们来考察一下读者对文本的理解中包含着一些什么,作者的功能与读者的功能之间的不同或许就会变得更加明晰。

　　读者在文本理解中所起作用的主动特征,在多个层面上都十分明显。① 首先,它表现在知悉文本的层面上。如果文本是物理文本,这种知悉就采取感知的形式;如果文本是精神文本,那么,这种知悉就会存在于某种非物理的觉知之中。我们所知悉的大部分文本都是物理文本,因此,为了简明起见,我们将只讨论物理文本。第二,除了知悉或感知文本,读者必须理解构成文本的符号的意义。这包含把每个符号与某种意义联系起来。第三,读者必须认识到这些符号所呈现出来的排列的意义。这并不是说读者必须意识到构成文本的符号的排列规则——在构成读者的人或人们能够清晰地阐述这些规则的意义上意识到。例如,这种意义上的关于英语语法的知识对于英语文本的理解来说并不是必要的——这在口头文本的情况下表现得尤为明显。这里所需要的唯一技巧是从语法排列中推知语意。最后,读者还必须填充文本中所呈现出来的空白。大多数文本都是省略的——它们包含着一些空白,

---

　　①　甚至在涉及这里所提及的这些层面之前,读者在为观察和理解而对某个文本或文本的某个部分进行挑选时,它的积极作用就非常明显。潘诺夫斯基(Panofshy):《作为一门人文科学的艺术史》("The History of Art as a Humanistic Discipline"),第 8 页。坦塞勒(Tanselle)在《文本批评的基本原理》(A Rationale of Textual Criticism)第二章强调和描述了读者的积极作用。

需要读者根据语境用一些材料去填充。文本就像地图一样，只有那些重要的地标才会被标出；就其本身而言，文本所提供的至多是它们所绘制出的概念地形的大致轮廓。① 这些空白中有些是有意留出的，可能是出于修辞学上的需要；而其他的空白则不过是由于作者无意中想当然地认为理当是填充起来了而造成的。在这两种情况下，要准确地理解文本，都需要读者提供适当的材料去填充这些空白。

而且，对于空白，并不总是只有一种方式去填充它们。以作者有意留出的空白为例。② 在某些情况下，它们必须以唯一的方式去填充。例如，大多数中世纪手稿中的某些空白，就属于这种情况。由于能够在其表面写字的材料相对稀少和昂贵，中世纪的作者常常省略了三段论的结论。他们写下前面的两个前提，接下来就是"以及其他"（et cetera）而不写结论。这样，填充空白就是读者的事了。在这些文本被写出来的那个时代，这项工作或许是很容易的，因为注定成为文本读者的人都知道填充这些空白的规则、恰当的术语等。但是，今天任何试图做这项工作的人都知道，对于一个当代读者来说这项

---

① 英伽登（Ingarden）将它们称为"图式化结构（schematized structures）"，这种框架中的填充物是由读者所提供的。见英伽登：《艺术的文学作品》（The Literary Work of Art），第264页；以及埃克（Eco）：《解释的限度》（The Limits of Interpretation），第47页。但读者所提供的填充物并不是费希所说的那种。费希认为，填充物是开放的，因而不可能是错误的或误导的，因为读者"制造（makes）"了文本。见费希（Fish）：《集注本解释》（"Interpreting the variorum"），第482页。对于这种观点的讨论和分析，见阿布拉姆斯：《如何以文本行事》（"How to Do Things with Texts"），第576页及以下诸页。

② 关于通常所说的文本空白，见艾舍尔（Iser）：《展望》（Prospecting），第9页及以下诸页，《阅读过程》（"The Reading Process"），第31—41页；以及莫魏特（Mowitt）：《文本》（Text），第8页。

工作绝非易事,尽管文本作者的意思是那些空白只能以一种方式来填充。

但是,没有理由认为作者不应当盘算以不同的方式来填充他们文本中的空白,其中的某些方式作为可能性或许已被他们想到了,其他的一些方式可能并没有被他们特别地想到,尽管他们可能已经预计到这些方式存在的可能性。例如,没有理由说某个作者不可能将一篇小说的最后一章留下来不写,让读者根据他的想象来提供结局。实际上,在当代文学中就有这种做法的例子。许多幽默也正建立在因文本的不完整而导致的歧义的基础上的。

关于有意的空白的这些讨论,初看起来也适用于无意的空白。毕竟,人们可能会说,如果有一个空白,那么就可能会有一种或更多的方式去填充它。但是,事实可能并非如此。无意的空白的出现是因为作者自认为文本说了某些东西,而实际上文本之所以说了这些东西,只是因为作者无意中提供了(时常是通过语境提供了)某些文本中缺少的要素。在这样的情况下,推测作者只是使用了一种语境而不是多种语境,显得更为合理。实际上,认为对于同一个空白作者使用了多种语境,似乎是预先假定了作者意识到了这些语境并因此而意识到了这个空白,但在这种情况下作者并没有意识到这些。因此,考虑到文本的历史完整性,无意的空白看来不可能由读者以不止一种方式去填充。这一规则的一个明显的例外是:有时可能会有几种等价的方式去填充这个空白。因为在这种情况下,究竟选择哪种方式去填充这个空白没有多大关系。尽管这就是在空白以及读者在有空白的语境中的理解这一点上我所需要说的全部内容，但这些讨论并不完整。①

　　由上述讨论可以得出这样的结论：就其不得不把意义与符号及其排列联系起来并填充有意的和无意的空白而言，读者在文本理解中的作用是主动的。为了使人们不至于还认为这些工作是被动的，我想再作一种考察，我希望它足以表明读者在文本理解中所发挥的主动作用。这是我在别的地方已经详细论证过的观点，即至少某些文本的理解需要对这些文本所提出的观点进行价值判断。② 为了论证这一观点，我指出，当我们试图理解过去时，我们必须进行重建和评价。重建包含填充那些像语境一样没有说出来的东西，评价则包含作出各种价值判断，包括关于事实的价值判断。这也适用于文本。要在其历史维度上理解一个文本，我们必须提供某种语境，并基于对什么是有意义的和什么是没有意义的、什么是真实的和什么不是真实的以及什么从历史观点看是可能的和什么从历史观点看是不可能的看法，就文本的意指作出价值判断。所有这些都表明，读者所进行的活动很难被描述为被动的。

　　最后，还必须补充说明，本章先前作过辨析的读者中，至少有三种读者在文本的创作中作为原因起作用。在一种情况下，这种作用是直接的，因为当作者在文本的创造过程中作为读者起作用时，他对他已经创作出来的那部分文本的理解直接影响着他接下来的创作。作者和读者是同一人，因而他们共享着决定这个文本最终面貌的知识。但是，在其他所有情

----

　　① 我在《文本性理论》(*A Theory of' Textuality*)一书的第四章中谈得更多。
　　② 格雷西亚(Gracia)：《哲学及其历史》(*Philosophy and Its History*)，第72—88页。

况下,读者的作用是间接的,因为读者并没有真正有效地参与到文本的创作之中;只有作者做到了这一点。读者通过作者对文本发挥着间接的因果影响。就意向中的读者而言,在作者创作文本时很明确地将意向中的读者作为文本所面向的对象并相应地构思文本的情况下,这种影响可能是有意识的。但就同时代的读者而言,当作者并没有明确地考虑某个读者而只是他的行为暗示了这个读者的存在时,这种影响则未必是有意识的。在这种情况下,读者的存在和影响是不可否认的,因为作者使用了属于自然语言的特定系列的符号,而且他必须遵循与特定人群对文本的使用相一致的规则。① 哲学家们很多时候都以一种他们认为能够被理解的语言来写东西给哲学家们看,尽管他们并非有意识地写给哲学家们看,社会学家、物理学家等也是如此。因此,读者对文本的影响甚至在读者知悉文本之前就开始了。

但是,并不是每个读者都可以作为文本的部分原因发挥作用。因为一个读者的影响是通过作者来实现的,只有同时也是作者的读者或被作者有意无意地设想的读者才有这种作用;只有作为读者的作者或意向中的读者和同时代的读者才可能参与到这个过程中来。

简言之,读者在文本理解中的作用是主动的,但这并不意味着读者的作用会与作者的作用相混淆。读者之为读者所表现出来的那种主动性,不同于作者之为作者所表现出来的那种主动性。说读者不是被动的,并不意味着读者的主动性必

---

① 菲兰(Phelan):《有效性的回归》("Validity Redux"),第 105 页。在作者与读者进行商讨或观察读者的反应并因此而修改文本时,读者的作用也是间接的。

定是与作者的主动性相等同的,就像某些人所认为的那样。①
如果不能把读者的作用与作者的作用区分开来,那么就会只
有作者,而文本的目的、意义的传达都会落空。在当代的争论
中,强调读者的主动作用的观点看来已经走得太远了。读者
在文本的理解中是主动的,但他并没有创造文本。在读者遇
到文本之前,文本就已经是一种存在着的现实——即使它是
不完整的并可不同的理解,而读者的作用并不是改变它而是
领会它的意思和意义,尽管在某些情况下文本的意思和意义
是无限多样的。在从这种意义上说,读者的作用有点像希望
对过去作出说明的历史学家。读者是面向过去的,而作者的
作用从根本上说是反历史的(antihistorical)。作者的功能是
指向未来的。②

　　在本节结束之前,我们必须提出第一节中所讨论的各种
不同的读者之间的区分是否影响我们所得出的关于读者的功
能的结论的问题。我们发现,的确是有影响的,至少就读者在
文本的创造中可以间接地发挥的因果作用来说是如此,因为
只有作为读者的作者、意向中的读者和同时代的读者起着这
样的作用。但是,就读者最主要的功能也就是对文本的理解
而言,不同类型的读者在这一功能上似乎并没有区别。尽管
作为读者的作者、意向中的读者、同时代的读者、中间状态的
读者以及当代读者可能会在不同的时间、不同的条件下发挥
作用,但他们最主要的目标仍然是理解文本。他们也可能有
第二种功能,就像我们在作为读者的作者、意向中的作者、同

————————

　　①　费希(Fish)认为,读者创作了文本。见《解释"集注本"》("Inter-
preting the *variorum* "),第482页。

　　②　见《文本性理论》第四章。

时代的作者所发挥的因果功能上所看到的。实际上,就当代
读者来说,对作者、意向中的读者、同时代的读者和中间状态
的读者的所知,可以帮助更好地理解某一文本,但这并不会改
变那些读者的主要功能。总之,我们关于各种不同类型的读
者的论述,并不会影响我们在本节中所得出的关于读者的主
要功能的结论。

Ⅲ. 读者的必要

认为文本就是为读者而作的,因而现实的或想象的读者
是文本的一个必要条件,这种观点在相关的文献中通常是被
默认的假定之一,尽管人们很少明确地阐述它。[①] 但是,近来
这种观点受到了诘难,因为有些作者声称他们的写作完全与
读者无关。新小说派(*nouveau roman*)的实践者们,比如阿
兰·罗布-格里耶,认为作家的目的就在于写作,作家所写的
是不是被阅读了实际上并不重要[②](罗布-格里耶的第三部小

---

① 巴特(Barthes)怀抱废黜作者而让读者(如他所说的阅读者)对文
本的统一负责的热望,对此作了明确的阐述。见《作者之死》("The Death
of the Author"),第 148 页。

② 正如埃克(Eco)所指出的,"在一个结构主义的框架中,如果要考
虑受众的作用,这看上去就像是一种令人不安的入侵"。《解释的限度》
(*The Limits of Interpretation*),第 44 页。布莱克和乔姆斯基在《意义和意
向》("Meaning and Intention")的第 24 页以及《知识与自由的难题》(*Prob-
lems of Knwoledge and Freedom*)的第 19 页分别反驳了读者的必要,但戴
维森在《对真理与解释的探究》(*The Inquiries into Truth and Interpretatio*)
的第 272 页并不同意这一观点。关于这个问题,还可以参见利科:《解释
学与人文科学》(*The Hermeneutics and the Human Sciences*),第 108 页;罗
森布兰特(Rosenblatt):《读者,文本,诗歌》(*The Reader, the Text, the
Poem*)第四章,第 48—77 页。

说《嫉妒》，在出版的第一年只卖了 300 册，尽管那个时候他已经很出名了）。根据这种看法，读者对于作者既非必要也不重要；因此，对于文本的存在或理解来说，对读者的考虑不可能是必要或重要的。

这种观点初看起来是合理的。的确，如果某些作者真诚地宣称当他们创作文本时他们并没有打算向任何人传达任何意义，别人又怎么能说他们的目的实际上是想向别人传达意义呢？如果这样说，就意味着我们认为他们在撒谎或我们认为他们并不知道他们的打算。第一种情况很难说得通，除非我们能够说出他们为什么想撒谎的原因。如果我们不能说出这一原因，那么我们就必须假定他们的宣称是真诚的。

而且，这种观点的拥护者们能够很容易地举出例子来说明文本的目的不是向读者传达意义。例如，他们可能会举出某些表述只是为了宣泄情绪的例子，如某人盛怒之下会说出一些脏话。同样，他们可能会指出，一首诗歌的写作，其目的可能在于健身而不是交流。有些人在写完一首诗后会体验到放松和满足的感觉，尽管这首诗不是为任何人写的，并且秘而不宣或写完之后就将它撕毁。最后，有人可能会说，在意识流中以机械的和非反思的方式创作文本的作者，很难被说成是在写某些想要被别人理解的东西。

尽管这一令人印象深刻的例子可以用来支持这样的观点，即读者对于文本来说并非必要的，但某些观察结果（observations）也可以用来反驳这一观点。第一个观察结果是，文本在本质上是语言的，而语言是公共的而非私人的。详述那些在本世纪被用来支持这种观点的许多论据，既无必要也不恰当。只要指出私人语言的概念如今已很少人赞同，这就足够了,而我也认为这个概念是不成立的。① 因此,如果语言是公共的,而文本是由语言构成的,那么,文本本身也必定是公共的。在这里,一个显而易见的问题出现了:如果某人的目的不是与别人交流,那么他为什么会使用一种非私人性的媒介呢? 这说得通吗? 看来,文本的创作正如语言的使用一样,带有交流的意图——不管作者的特定意图是什么。无论读者是否接受这种交流,无论作者的头脑中是否有关于某个特定的读者或随便什么样的读者的观念,都是不重要的,因为作者所采取的步骤、他们用以构成文本的符号、他们排列符号所遵循的规则等,不仅使得读者是必要的,而且使得某个特定的读者也成为必要的。例如,某个作者在文本中使用英语单词,这无疑意味着这个文本的读者是由那些懂英语的人构成的;而某个作者对某种逻辑符号语言的使用,则意味着这个文本是为那些习惯于这种符号表示的人而写的。最后,正如前文所指出的,甚至在作者并非有意地去回顾他们正在创作的文本以完善它们的时候,作者能够作为读者起作用。作者的作用取决于读者的作用,因此,从事文本的创作而不在某种意义上扮演读者的角色,这是不可能的。

然而,我们刚才所举的那些例子又当如何解释呢? 它们难道不是说明读者是多余的吗? 对这个问题的回答是否定的,因为那些例子只是说明了文本有多种功能,而不能说明文本不是为读者而写的。诅咒可能有表达愤怒的功能——我们

---

① 关于私人语言的概念,以及赞成和反对这个概念的可能性的相关论述,见桑德斯(Saunders)、亨策(Henze):《私人语言问题》(*The Private Language Problem*)。甚至像德里达这样的结构主义者也反对私人语言的概念;见《信号事件语境》("Signature Event Context"),第180页。

可以说,表达愤怒是在"以言表意"时所实施的"以言行事"的行为之一。但是,诅咒的功能除了宣泄愤怒之外,也可以是恐吓或震慑某个人,在这种情况下,我们可以假设是想进行某种交流。在目的主要是为了放松而进行的诗歌创作中,对某种语言的使用同样也说明了诗歌除了作者的放松目的之外,还有一种公共的维度。或许作者担心这首诗会泄露他的信息,所以他对它秘而不宣或者甚至将它撕毁,但创作的行为意味着某种公共的交流目的。对于新小说派的实践者和意识流文本,我们同样可以说:作为由语言构成的文本,它们内含着某种公共的维度,而这种公共的维度又意味着某种读者。此外,它们都有作者,而作者的作用是以读者的作用为前提的。纵然作者不打算面向任何其他读者,作者在文本的创作中也会填补读者的角色。

在结束本节讨论前,我要指出,认为读者的作用对于文本来说不是必要的,这种主张通常是建立把同时代的读者和作者都排除在文本读者的构成要素之外的某种读者概念基础之上的。这种主张常常想当然地认为,文本的读者就是意向中的读者,也就是作者有意识地和明确地面向的、对作者正创作的文本进行理解的读者。实际上,如果读者仅仅只是被这样设想,那么,显然并不是每个文本都有一个读者,因为许多作者并未打算让任何人或人群来理解他们所创造的文本。但是,这并不意味着文本没有同时代的读者,因为如果文本是用自然语言创作的,这就意味着它是可以被那些理解和使用这种语言的人所理解的。实际上,以某种语言来进行的特定的文本创作就意味着文本具有某种非私人的特征,并因此而有一个实际的或至少是可能的读者。最后,将读者等同于意向中的读者,这一狭隘的界定遗漏了对文本来说绝对不可缺少的读者,即作者。因为即使是新小说派的实践者和在意识流模式中创作文本的作者,他们在创作文本时也会作为读者起作用。因此,一个文本总会有某个读者,即使作者在创作文本时头脑中根本没有特定的读者。

IV. 读者的特性

在当代学术界中,已有很多关于作者的约束特性的讨论,我在第三章中曾谈论过这个话题。但是,直到最近,特别是在文学界,读者的颠覆特性和约束特性一直普遍地为人们所忽视。① 我首先来讨论颠覆特性。

A. 颠覆特性

我之所以选择"颠覆的"这个词来表达我想讨论的读者的独有特征,是因为这个词具有特殊的否定性的内涵,也因为

----

① 这种忽视是有原因的。例如,在巴特(Barthes)看来,读者(也就是他所说的阅读者)既不能起颠覆作用也不能起约束作用。不能起颠覆作用,是因为离开了读者,文本没有历史的或作者的(authorial)意义,甚至没有现实性;不能起约束作用,是因为读者"没有历史,发展演变史,(或者)心理特点……",见《作者之死》("The Death of the Author"),第148页。但是,一些文本批评家已经注意到这一点。格瑞萨姆(Greetham)在"编辑式阅读"(editorial readings)的语境中特别地谈及"抑制"(suppression)和"损形"(disfiguration),《(文本的)批判和解构》("[Textual] Criticism and Deconstruction"),第15—20页。他获得了来自哈罗德·布鲁姆(Harold Bloom)、阿奇博尔德·希尔(Archibald Hill)、保罗·德·曼(Paul de Man)的支持。希林斯伯格在《作为事件、概念和行为的文本》("Text as Matter, Concept, and Action")的第36页讨论了阅读者和有关文本的颠覆。

从字面上看它的意思是"颠倒"。如今，读者可以而且时常以不同于文本作者理解文本的方式去理解文本，这已经是我们经验中的一个事实。① 考虑下面的例子。

在我的一个研讨班上，在讨论这个问题时，一个学生举了一个有关这一现象的极好的例子。他的室友为一门英语课程写了一个小故事，这个故事是准备念给全班人听的。在这个故事中，他想作出这样的论证，即同性恋的盛行可能会导致人类的灭绝，因为异性恋的行为对于人种的保存来说是必要的。作为一个相当传统并且有些天真的人，他非常认真地作出了这一论证，但他又为这个故事会在班上产生的影响而担忧，因为他知道有几个公开的同性恋学生选修了这门课。不过，他的担忧是多余的。他的同学们都喜欢这个故事，因为他们把这个故事视为在我们这个社会的某些圈子中很常见对同性恋的恐惧的嘲讽。

这是一个非常好的例子，说明了读者如何能够获得一种与文本作者的期望相反的对文本的理解。作者和读者对文本产生不同理解的原因很容易找到的。在不同的情况下，他们是基于不同的假设进行理解的。班上的同学们可能没有想到会有人仅仅从表面意义来对待这个故事，因而他们将这个故事理解为反讽的（顺便指出，反讽恰恰是许多文学作品所追求的目标）。与之相反，作者并不是把这个文本视为反讽的，而是把它理解为非反讽的，因为对于他来言，他的意思就要通

---

① 古德曼(Goodman)和埃尔金(Elgin)：《解释与同一性》("Interpretation and Identity")。见《文本性理论》第四章对这一问题的讨论。或许正是这一点导致福柯说符号并不亲善(benevolent)。《尼采、弗洛伊德、马克思》("Nietzsch, Freud, Marx")，第65页。文本可能会受到读者的滥用，这一点早就被柏拉图注意到。《斐德罗篇》275e，第521页。

过那种方式去表达。

　　读者可能会以可被称为完全是颠覆的方式来理解文本，即以与读者相反的方式来理解文本，引起了两个重要问题：(1)读者是否能够以与作者理解文本的方式不同甚至相反的方式来理解文本却并不误解它们；(2)读者以作者所未曾想到的方式甚至与作者所设想的相反的方式理解文本是否合理。读者的目标应当仅仅是以作者理解文本的方式来理解文本吗？读者从文本中所获得的多于作者寓于文本之中的，或者甚至获得了一些与作者寓于文本之中的相反的东西，这是否合理？实际上，我们可以更进一步地思考并追问读者是否可能比文本的作者更好地理解文本？这些都是需要作出回答的重要问题，而我在别的地方已经进行了回答。① 在这里，我们所关注的问题是误解了文本的读者是否应被视为颠覆的以及颠覆的特性应该在何种意义上来理解。我们能够把误解文本的行为称为颠覆的吗？

　　对这个问题的回答很大程度上取决于颠覆是指什么。为了弄清这个问题，我们先来考察一下文本的误解可能发生于其中的三种不同情况。第一种情况是：即使读者想理解文本并为此做了所有有理由去做的事情，对文本的误解仍发生了。这种情况非常常见，它是由日常经验中相当显而易见的各种各样的因素所导致的，我们现在不必关注它。第二种情况是：对文本的误解是完全依照读者的意愿发生的。换句话说，读者想误解某个文本并这样做了。这在我们的经验中也很常见。在某次激烈的辩论中，一个辩手误解其对手所说的话，可

----

　　① 　见《文本性理论》第四章。

能正是因为想将对手逼入绝境、希望利用任何他可以利用的手段来达到他的目的。在这种情况下，我假定读者（即一个辩手）误解了文本是因为他想要误解，但他这样做并没有理解文本作者的意思。而且，还有第三种可能性，即尽管读者理解作者的意思，但他无视作者的意思，依然我行我素，仿佛作者的意思就是读者希望他表达的意思，于是误解就发生了。第一种误解可称为无意的（unintended），第二种误解可称为有意但非存心的（intended but unsconscious），第三种误解可称为有意且存心的（intended and conscious）。

对第一种误解即无意的误解似乎不应苛责。我们的经验证实了这样一个事实，即误解时常是无意的——实际上，那些误解了文本的人经常为误解的发生而懊悔。但是，第二种和第三种误解，就不是无可指责的了。我们来看看第三种误解——有意且存心的误解。对此，有人可能会反对说，这种误解隐含着一种对文本的正确理解并因此几乎不可能是一种误解。严格地说，这看起来是对的。这种意义上的误解以理解为前提，因而不能被看作是误解。在我理解了皮特所说的意思是玛丽不应该在这个房间里吸烟时，说我是故意认为皮特的意思是玛丽应该在这个房间里吸烟并且把这视为对皮特所说的话的误解，这看起来是不可能的。但是，假如我们记住，在这种情况下有两种不同的行为，最初的理解行为和随后的误解行为，读者之所以要作出这种误解行为是因为他想将这种误解传达给其他的人，以便使作者受到误解，如此等等，那么，对有意且存心的误解的理解就不会有任何困难了。这样看来，我们实际上并没有既是理解又是误解的同一行为，而是有两种行为，一是理解行为，二是误解行为，它们不仅在本体论上是分立的,而且适用于不同的因果分析。

第二种误解是有意但非存心的误解,这种误解的问题在于它假定了一个不是建立在理解的基础上的故意的误解。当我把皮特所说的话的意思仅仅理解为玛丽应该在这个房间里吸烟时,我怎么可能会认为皮特的意思是玛丽应该在这个房间里吸烟并将它视为对皮特所说的话的故意误解呢? 看来,故意的误解要以理解为基础,因而它必定总是存心的。

但是,我并不认为经验会支持这一结论。在很多情况下,我们之所以知道当我们采用对文本的某种特定理解时我们实际上是误解了它,其原因正在于我们明白这个文本不能够以我们所选择的方式去理解,即使我们实际上并不知道这个文本的意思。实际上,在某些情况下,我们知道作者的意思不可能是我们说他要表达的意思,因为这对他的论证来说显然是无益的,或者是因为作者在别的地方已经否认了这种看法,但我们却还是要把这样的意思归于文本,因而故意地误解了文本。

在明确了误解的三种不同情况之后,我们现在可以回到"颠覆的"一词,来看看读者究竟可以有怎样的颠覆性。说某个读者是颠覆的,人们可能是指三种不同的情况:(1)读者误解了某个文本,但他并不是有意地误解;(2)读者有意地误解了某个文本,但他并不知道文本的意思;(3)读者有意地误解了某个文本,他知道文本的意思。在我看来,这三种情况中,只有后两种情况真正用得上"颠覆的"一词。当读者有意地使文本与其意义相分离时,他们就是颠覆的,但如果他们的误解不是有意的,那么他们就不是颠覆的。当读者颠覆性地行动时,他们并不是作为读者而是作为作者来行动的,尽管他们可能自称为读者。在这种情况下，他们的功能在我们在第三章中所描述过的某种意义上就表现为解释性的，在那一章中读者被理解为正在追寻他自己构想出来的某种理想文本。在这些情况下，就读者扮演了其他的角色同时又歪曲了文本的意义而言，读者的确是颠覆的。

到目前为止，我们在谈论读者的颠覆特性时，对文本的读者并没有进行区分。但是，我们先前看到，一个文本有四种不同的读者：被视为读者的作者、同时代的读者、中间状态的读者和当代读者。显然，除了第一种读者以外，关于颠覆特性的讨论无疑适用于后三种读者。例如，不难设想一个同时代的读者在理解文本时是如何进行颠覆的。我们时常可以在政治辩论中看到这一点：文本被抽离语境并因此而被蓄意地曲解。当代作者和中间状态的作者也是如此。我们常常可以发现哲学家们这样对待历史文本：他们对那些文本的理解充满了历史错误。有时，这是源于意识形态或辩护上的考虑的某种有目的的倾向所导致的结果；有时，它们是建立在错误的历史编纂学原则基础上的拙劣的方法论程序（poor methodological procedures）所导致的未曾料想到的后果；有时，这类态度源于哲学家的参照系，这种参照系左右了他或她的视角。① 看来，颠覆特性难以适用的唯一读者是被视为读者的作者，但即使是就他们来说仍然有一些情况会让人们认为颠覆性也是可能的。

考虑这样的情况：某个作者已经创作了一个文本来表达

---

① 格雷西亚（Gracia）：《哲学及其历史》（*Philosophy and Its History*），第 223 页及以下诸页。

某种观点,后来他意识到这种观点是危险的,会危及他的安全,因为决定他安危的那些人不同意或谴责这种观点。假设这个作者被那些关注该文本所表达的这种观点的人责备时,这个作者表示通过该文本他要传达的根本就不是这种观点,而是其他某种正好与质问他的人的观点完全一致的观点。在这种情况下,难道不能说作者正在颠覆文本并因而以一种蓄意地歪曲文本意义的方式来理解文本吗?而且,他之所以这样做并不是因为他可能忘记了他最初要表达的意思因而是无意的,而是因为他想改变文本的意义以保全自己。我在这里所说的不是像奥古斯丁和伽利略那样收回(retractions)自己的观点,而是作者所表现出来的有意歪曲他们所创作的文本的意义的企图。

在创作过程正在持续的时候,断言作者可能会变成颠覆的读者,并没有多大的意义,但是,承认作者能够在创作过程已经完成之后的时期变成颠覆的读者,这一点也不奇怪。它之所以会发生,是因为作者要通过误解他们已创作出来的文本来获得最大的利益。①

B. 约束特性

除了颠覆特性以外,人们可能也会提出这样的问题,即读者是否也会以类似于作者发挥约束作用那样的方式来发挥约

---

① 然而,根据我们在第三章中的讨论,有人仍然可能会说,尽管作为作者的那个人还是同一个人,但文本的历史作者已经不复存在了,因为使得文本遭受误解的那个人无法创造出历史文本。比如,这同样适用于那些因为记忆的丧失而不能创造出某个文本并因此使得文本遭受误解的人。但如果这个人能够创作出文本,那么情况就不一样了,即使他由于某种原因而并不想这样做。

束作用。我们在第三章中曾对读者的约束特性展开了讨论，所以这里没有必要就约束本身说得太多；就我们的目的来说，第三章的讨论已经很充分了。我们只要记起这里所理解的约束涉及对他人施加限制并因此而控制和支配他们，这就足够了。

就作者限定了读者对文本的理解的可能范围而言，作者可以被理解为对他所创作的文本的读者进行控制和支配。而且，我们看到，不是历史作者，而是伪历史作者、复合作者和解释作者能够发挥约束作用。这样，我们就要问了：首先，说读者通过过度控制和支配而也具有约束特性，这是否合乎情理；其次，约束的对象究竟是谁。

就前文已明确解释作者和复合作者也是读者而言，我们在某种程度上对这些问题已经作出了回答。作为读者，他们理解文本，也理解当他们与其他读者进行交流时他们的理解会向其他读者施加限制。当他们对文本的理解引导和限制着其他读者的理解时，他们就是在对其他读者进行控制和支配。实际上，同时代的读者可能会对中间状态的读者和当代读者进行控制，中间状态的读者可能会对当代读者进行控制。显然，由于这些读者彼此之间有一种时间上的先后顺序，所以控制是单向性的并指向当代读者。

然而，这还不是问题的全部，因为读者也可以对包括历史作者在内的作者进行控制，甚至在那些读者并非现实地存在之时。这是凭借作者对读者的看法而发生的。由于考虑到那些可能会接触他所创作的文本的读者，作者可能不仅在他能说些什么上感受到约束，而且也会在他说这些东西的方式上感受到约束。尤其是哲学家们会经常意识到这些约束，并会以各种不同的方式来对待它们。例如,阿维洛依(Averroes)就向他的哲学读者们——他意向中的读者——建议说,他们应该小心他们所说的话,因为只有那些足够聪明、受过足够好的教育、有足够的空闲去思考哲学问题的人,才能放心地与之交流哲学信息。因为那些或者天分不足、或者没有受过足够的训练、或者没有时间而不能理解哲学家们所言的人很容易误解哲学家们所说的话,并会给哲学家们带来苦恼。① 这就是一种读者对作者进行控制的证言。

但是,我们可能会问,读者对其他读者甚至作者进行控制,就能够总是被理解为在起约束作用吗? 对于这个问题的回答是否定的,因为这种约束作用取决于相关的对象和情形。我不得不用英文写作,是因为我的读者阅读英文向我施加了一定的限制,是因为有时在我看来我用母语写作会写得更好。但是,这些限制并不是约束,因为我对我的读者的要求的遵循并没有带来什么严重的和有害的后果——就我的说英语的读者可能会感到我所创作的文本不够清晰或缺乏那种母语是英语的人能够给予文本的韵味而言,也可能会有些有害的后果。另一方面,如果情况就像阿维洛依所说的那样,我也不能批评我任教的这所大学的校长,否则我会失去工作,我们显然受到了一种有害的限制,因而受到了约束。

类似的讨论也适用于读者对其他读者进行控制的情况。一个读者对另一个读者进行控制,如果这种控制妨碍了第二个读者正确地理解文本,那么,这种控制就是约束。假设一位

---

① 阿维洛依(Averroes):《宗教和哲学的和谐》(*On the Harmony of Religion and Philosophy*),第 63 页及以下诸页。

教师正在讲解某个公式,学生A以某种方法来理解它,学生B的理解被学生A的理解所引导,而实际上A误解了这个公式。这或许可以被视为起了约束作用,但是,如果A的理解是正确的,而B的目标是正确地理解这个公式,那么,A对B的影响就不是约束性的。当然,我所假设的是没有涉及外来因素的限制的情况。如果有外来因素的限制,那么,即使结果是令人满意的,A的影响也会是约束性的,但在这种情况下,A还是不是作为一位读者在行动是值得怀疑的。

因此,正如作者一样,读者可以发挥约束作用,但并不必定如此。约束性不是读者的本性,正如它也不是作者的本性一样。

Ⅴ.读者的主体性

关于读者的主体性问题,在第三章中对作者的主体性的讨论之外,我没有太多的东西要补充。与作者一样,读者也是主体,两者在影响文本的方式上有很多类似之处。

正如作者的情况一样,在讨论读者与文本的关系时,主体性的认识论维度是最为重要的。而且,主体性同样被解释为由读者的概念和经验构成的框架。在读者是群体的情况下,这种框架是相关的个体观点和概念的累积;在读者只是某个人时,这种框架就是这个人的相关概念和经验。

读者的主体性作为语境起作用,在这种语境中读者遭遇到了文本,而文本被理解也以这种语境为基础,因为在主体性中构成文本的实体与文本的意义之间的联系被建立起来。而且,在这种主体性里,在构成主体性的概念和经验中,读者找到了主体得以填充文本中的空白的规则和要素。最后,在主体性的语境中,读者的理解行为得以发生并因此而领会文本的意义。

作为主体性,作者的主体性和读者的主体性并没有什么不同。他们的不同有另外两个来源。一是由于作者和读者作为个体是相互区别的主体(除了前文讨论过的被视为读者的作者的情况以外)。个体主体之间的相互区别使得概念框架和经验的多样性成为可能——在我们的经验世界中,这种可能性实际上是一种必然性,它以非常重要的方式改变了每个主体和文本之间的关系。

正如应当被预想到的那样,作者的主体性和读者的主体性的不同的第二个来源,与作者和读者的不同作用有关。作者作为文本的创造者起作用,而读者则被认为是文本的理解者。这样,作者的主体性与文本以及文本会是怎样的之间具有直接的因果关系。与之形成对照的是,读者的主体性,除了作为读者的作者以外,仅在读者对文本的理解中起着直接的因果作用。就作者在文本的创作中会有意无意地考虑到读者并以会给意向中的读者带来他所希望的影响的方式来塑造文本而言,读者的主体性对文本本身的因果作用只是间接的。这样,作者的主体性直接地影响着文本是怎样的。而读者的主体性只是间接地影响着文本,但它直接决定着读者对文本的理解。①

在关于作者的讨论中,我们区分了作者的主体性中的两

---

① 这一原则的例外情况是,由于其文化功能,文本受到来自读者的创造性的理解,见《文本性理论》第四章。

个方面：一个方面是作者带入文本创作中的非个体的经验和
文化因素，另一个方面是作者独有的纯个人因素。现在，如果
以某种类似的方式来理解读者的主体性，那么，我们肯定会得
出这样的结论：读者的主体性包括读者所独有的一套概念、信
念和经验。但是，这就带来了一个问题。因为如果读者的主
体性包括读者所独有的一套概念、信念和经验，而读者对文本
的理解又根植于这种主体性，那么，就会得出这样的结论：每
个读者对文本的理解可能都不相同，并且与文本作者理解文
本的方式也不相同。

不过，由于两方面的原因，情况并没有初看起来那样严
重。第一个原因是，读者的主体性包含着共同的文化因素，这
些共同的文化因素起着桥梁和纽带的作用，正如语言实际上
所起的作用那样。第二个原因是，即使不同的人的经验和信
念会有着很大的不同，但它们都是人类的经验和信念，因此它
们根植于共同的基础。主体性并不意味着完全的不同和由此
而来的疏离。既承认作者和读者的主体性中某些因素的独特
性，也承认他们能够以相同的方式理解文本，这是可能的。共
同的因素使得相同的理解成为可能；不同的因素使得作者所
发挥的创造性成为可能，并导致了读者对文本的不同理解和
误解。

Ⅵ. 结　　论

在结束本章的讨论之前，我来强调一下本章中的主要观
点。最为重要的是，与近来某些哲学家和文学批评家所持的
观点相反，我认为，读者是文本性的必要条件。如果没有现实

的或潜在的读者,也就不会有文本。实际上,因为我已经论述过作者在创作过程中会作为读者起作用,所以我的观点是,一个文本总会有一个读者,即使在某些情况下读者仅限于文本的作者。

第二个需要强调的观点是,文本读者的功能是理解文本。与以前广泛流传的看法不同,这种功能并不全然是被动的,而是既含有被动的成分又含有主动的成分。读者并非只是接受理解;对文本的理解是一种主动的参与和劳作,包含着填充空白、将人造物与意义相联系、重建以及评价。

读者的这种主动特征带来了读者可能颠覆文本想表达的意思的可能性。在这个问题上,我在这里所持的看法是,读者可能会以三种不同的方式误解文本:无意地、有意地但并不知道文本的意义、有意地但知道文本的意义。仅在后两种意义上,读者才能被说成是起颠覆作用的,因为在第一种意义上,对文本意义的改变是无意的。

关于读者的约束特性,我们的结论是,读者既可以对其他的读者也可以对作者起约束作用。但是,这种功能并不是读者的本性的构成要素,它取决于我们所说过的情况、读者所追寻的目标以及周围的环境。

读者原本就是各种各样的。除作者在创作文本的过程中也会部分地作为文本的读者起作用之外,还有意向中的、同时代的、中间状态的和当代读者。因此,读者之间的差异是非常大的,他们接触文本的语境各不相同,导致了对文本的不同理解。而且,读者可以是由单个人构成也可以是由很多人构成,这也会导致对文本的不同理解。这些不同的理解不是由于构成读者的人数上的不同造成的。实际上,这些不同的理解源于读者的主体性,即在读者是个人的情况下源于个体的经验和观点,在读者是群体的情况下源于共同的文化特质和信念。而且,由于读者是通过作者的意图来间接地影响文本的,作者的意图是建立在他对读者的所知的基础上的,因此,读者作为主体的面貌对于文本的理解特别重要。

结　语

在前文的论述中，我提出了一种关于文本的本体论地位、文本的同一性、文本与作者和读者的关系的观点。它完善了文本性理论的基本要素，我在《文本性理论》中曾阐述了这一理论的逻辑和认识论基础。

我在这里所探索的文本性理论的这个部分的主旨是：文本在本体论上是复杂的并由被视为与意义有着精神联系的实体构成。这些实体可以是个体的或普遍的、物理的或精神的、实体或实体的特征。但是，文本只能由被视为被特征特异化了的实体或实体的特征所构成。而且，文本总是具有意义的聚合体，但如同它们的意义一样，文本可以是个体的或普遍的。

个体文本有着适宜于这种个体的存在和所在。与此相反，普遍文本在存在和所在上是中性的，它们的历史真实性是它们的个例的历史真实性。

文本的同一性的条件——无论我们所说的是无时间性的、共时性的还是历时性的同一性——包括构成文本的实体及其意义的同一性的条件。相应地，在大多数情况下，文本的识别和再识别需要有对这些条件的认识。

作者的概念并不是单义的。人们可以对一个文本的多种作者进行区分，并因此也可以对作者的多种功能进行区分，尽管历史作者通常被视为作者的范例。历史作者对文本中新颖性的要素负责；他们创造了文本并因此对于文本而来是必要的。

经常为人们所讨论的作者的约束特性并不总起约束作用，也根本不适用于历史作者。当约束作用发生时，它是由读者关于历史作者的看法造成的，这也就是伪历史作者的概念所指称的东西。

读者同样也不是单义的，他们的功能也不是单方面的。与历史作者同时代的读者是读者的范例，他的功能是理解文本。文本绝不会没有读者，因为作者含有读者的功能。像作者一样，读者也能够起约束作用；而当他们歪曲了文本的意义时，他们能够起颠覆作用。

这些看法是想反映我们对于文本的最基本的直觉，消除那些直觉所特有的一些矛盾之处，加深我们对由文本所提出的哲学问题的理解。它们并不自诩是完善的。对我们已经完成的工作哪怕只是粗略地瞟几眼，都有可能发现有待填补的缺憾。例如，除了顺便提及之外，我很少论及联系到文本可以提出的伦理的、政治的和美学的问题。我没有关注近来一些关于文本的文献所提出的权利、意识形态和经济方面的问题。我省略了对诸如文件、版本、草稿、话语等及其他类似概念的讨论，这些都是编者的常用概念。我忽略了很多涉及文本与文化、社会、历史之间的关系的问题，尽管我在《文本性理论》中已经对这些问题给予了一定的关注。甚至在我所讨论的领域中,如在本体论中,许多回答也都有待回答,而一些别的问题根本就没有提出来。例如,我没有讨论由像戏剧文本那样的某些文本的独有特征所引起的本体论和分类学问题,尽管我认为我的理论中包含着有效解决这些问题的必要因素。而且,我对关注文本的同一性的文本批评家们特别感兴趣的那些问题也没有给予足够的重视,尽管我也认为我的理论中包含着成功地处理这些问题的必要因素。之所以省略了对这些问题的讨论,我的唯一理由是,如果要以令人满意的方式填补这些缺憾,就会使得这本书的篇幅过于庞大。不过,尽管有这些不足,我仍然希望我所提出的观点能为那些关注文本性的人构筑一个良好的开端。

　　我所提出的观点,虽然可能是不完善的,但为理解文本奠定了基础,它至少在阐明由文本性所提出的一些问题及其相互联系,阐述一种能被用作进一步讨论的出发点的自洽的理论方面取得了一些进展。

　　我并不认为我所提出的理论就是定论或终极真理。我希望那些跟我一起探索问题的人能够在他们的努力中有所收获,在我的讨论中找到那种能够激发他们进一步探讨我所提出的问题并形成他们自己关于那些问题和其他相关问题的看法的东西。思想的真正生命是鲜活的,所以我期望对这本书的阅读所带来的是活力而不是静默。从这种意义上说,我宁愿它引起的是热烈的论争而不是悄无声息的认同。

主要参考文献

这一参考文献主要列出了本书所引用的文献资源,其中也包括一些背景资料。如果需要一种更为广泛的和补充性的文献资源列表,可以参见《文本性理论》一书的参考文献。

Abrams, M. H. "How To Do Things with Texts." *Partisan Review* 46 (1979): 566–588.

———. "The Deconstructive Angel." *Critical Inquiry* 3 (1977): 425–438.

Adler, Mortimer. and Van Doren, Charles. *How To Read a Book*, rev. ed. New York: Simon and Schuster, 1972.

Allaire, Edwin B. "Berkeley's Idealism Revisited." In Colin M. Turbayne, ed., *Berkeley: Critical and Interpretative Essays*, pp. 197–206. Minneapolis: University of Minnesota Press, 1982.

———. "Bare Particulars." *Philosophical Studies* 14(1963): 1–7.

Aquinas, Thomas. *Summa theologiae*, ed. De Rubeis, Billuart. et al., 4 vols. Turin: Marietti, 1926–1927.

Aristotle, *Basic Works*, ed. Richard McKeon. New York: Random House, 1941.

———. *Categories*. In Richard McKeon, ed., *The Basic Works of Aristotle*, pp. 3–37. New York: Random House, 1941.

———. *On Interpretation*. In Richard McKeon, ed., *The Basic Works of Aristotle*, pp.38–61.New York: Random House,1941.

Augustine. *De libero arbitrio* , ed. V. Capanaga, et al. In *Obras Completas de San Agustin*, vol.3, pp. 213 – 437. Madrid: Biblioteca de Autores Cristianos.1971.

————.*De doctrina Christiana*, ed.*W.M.Green. Corpus scriptorum ecclesiasticorum latinorum*, vol.80. Vienna: Tempsky,1963.

Austin, J. L. *How To Do Things with Words*, ed. J. O. Urmson. Cambridge, MA: Harvard University Press,1962.

Averroes.*On the Harmony of Religion and Philosophy*, trans. G. F. Hourani.London: Luzac and Co.,1961.

Ayer, A. J. "Individuals." *Philosophical Essays*, pp. 1 – 25. London: Macmillan and Co.,1954.

Bakhtin, Mikhail M.*Speech Genres and Other Late Essays*, trans.Vern W.McGee, ed. Caryl Emerson and Michael Holquist. Austin: University of Texas Press,1986.

Barnes, Annette. *On Interpretation: A Critical Analysis.* Oxford: Basil Blackwell,1988.

Barthes, Roland. "The Death of the Author." In *Image, Music, Text*, trans.Stephen Heath, pp.142–148.New York: Hill and Wang,1977.

————.*The Pleasure of the Text*, trans.R.Miller.New York: Hill and Wang,1975.

————.*Théorie du texte*, in *Encyclopaedia Universalis*, vol.15.*Paris: Encyclopaedia* Universalis, 1973.

————.*S/Z*. Paris: Editions du Seuil,1970.

Bateson, F.W.*Essays in Critical Dissent.* Totowa, NJ: Rowan and Littlefield,1972.

Beardsley, Monroe C. "Fiction as Representation." *Synthese* 46, 3 (1981):291–311.

————."Aesthetic Intentions and Fictive Illocutions."In P.Hernadi, ed., *What Is Literature?* pp. 161 – 177. Bloomington: Indiana University Press,1978.

Beckett, Samuel. *Texts for Nothing*, trans. Samuel Beckett. London: Cader and Boyars,1974.

Bellemin-Noël, Jean.*Le texte et l'avant-texte.* Paris: Larousse,1972.

Black, M. " Meaning and Intention: An Examination of Grice ' s Views." *New Literary History* (1972–1973) :257–279.

Booth, Wayne. *The Rhetoric of Fiction.* Chicago: University of Chicago Press, 1961.

Borges, Jorge Luis. " Pierre Menard, Author of the *Quixote* ." trans. James E. Irby. In Donald A. Yates and James E. Irby, eds. *Labyrinths*, pp. 36–44. Norfolk, CN: New Directions, 1962.

Bowers, F. *Essays in Bibliography, Text, and Editing.* Charlottesville: University Press of Virginia, 1975.

———. *Bibliography and Textual Criticism. Oxford: Clarendon Press, 1964.*

———. *Textual and Literary Criticism.* Cambridge: Cambridge University Press, 1959.

Brennan, Andrew. *Conditions of Identity: A Study in Identity and Survival. Oxford: Clarendon Press, 1988.*

Bunge, Mario. " Qué es un individuo?" *Theoria* 1, no. 1 (1985) : 121–128.

Cain, William E. " Authors and Authority in Interpretation." *Georgia Review* 34(1980) :617–634.

Carleton, Thomas Compton. *De signo.* In *Philosophia universa (Logica, Disputatio* 42), pp. 156–163. Antwerp, 1649.

Castañeda, Héctor–Neri. "Individuation and Non–Identity." *American Philosophical Quarterly* 12(1975) : 131–140.

Charolles, M. "Coherence as a Principle in the Interpretation of Discourse." *Text* 3, no.1(1983) :71–97.

Chisholm, Roderick M. " Identity Through Time." In H. E. Kiefer and M. K. Munitz, eds., *Language, Belief, and Metaphysics*, pp. 163 – 182. Albany: SUNY Press, 1970.

Chomsky, Noam. *Problems of Knowledge and Freedom.* New York: Pantheon, 1971.

Cohen, Philip. *Texts and Textualities.* New York: Garland, forthcoming.

———. Ed , *Devils and Angels: Textual Editing and Literary Theory.* Charlottesville and London: University Press of Virginia, 1991.

———. and Jackson, David. "Notes on Emerging Paradigms in Editorial Theory." In Philip Cohen, ed., *Devils and Angels: Textual Editing and Literary Theory*, pp.103–123. Charlottesville and London: University Press of Virginia, 1991.

Conimbricenses. *De signo. In Commentarii Collegii Conimbricensis et Societatis Jesu. In Universam Dialecticam Aristotelis Stagiritae*, Secunda pars, pp.4–67. *Lugduni: Horatius Cardon*, 1606.

Cruttwell, Patrick. "Makers and Persons." *Hudson Review* 12 (1959–1960): 481–507.

Currie, Gregory. "Work and Text." *Mind* 100(1991): 325–339.

———. *An Ontology of Art.* London: Macmillan. 1989.

———. "What Is Fiction?" *The Journal of Aesthetics and Art Criticism* 43, no.4(1985): 385–392.

Danto, Arthur C. *The Transfiguration of the Commonplace: A Philosophy of Art.* Cambridge, MA: Harvard University Press, 1981.

Dascal, Marcelo. "Language and Money: A Simile and Its Meaning in Seventeenth Century Philosophy of Language." *Studia Leibnitiana* 8, no.2 (1976): 187–218.

Davidson, Donald. *Inquiries into Truth and Interpretation.* Oxford: Oxford University Press, 1984.

Davis, T., and Hamlyn, S. "What Do We Do When Two Texts Differ? *She Stoops to Conquer* and Textual Criticism." In *Evidence in Literary Scholarship: Essays in Memory of James Marshall Osborn*, ed. René Wellek and Alvaro Ribeiro, pp.263–279. Oxford: Clarenden Press, 1979.

De Luca, Vincent. "A Wall of Words: The Sublime as Text." In *Unnam'd Forms: Blake and Textuality*, eds. N. Hilton and T. A. Vogler, pp. 218–41. Berkeley and Los Angeles: University of California Press, 1986.

De Man, Paul. "The Rhetoric of Blindness: Jacques Derrida's Reading of Rousseau." In *Blindness and Insight: Essays in the Rhetoric of Contemporary Criticism*, pp.102–141. Minneapolis: University of Minnesota Press, 1983.

Derrida, Jacques. *The Resistance of Theory.* Minneapolis: University of Minnesota Press, 1986.

———. *Positions*, trans. Alan Bass. Chicago: University of Chicago Press, 1981.

————."Signature Event Context." *Glyph* 1(1977) :172–197.

Dickie, George. *Art and the Aesthetic: An Institutional Analysis.* Ithaca, NY: Cornell University Press, 1974.

————. *Aesthetics: An Introduction.* Indianapolis: Bobbs – Merrill, 1971.

Dipert, Randall R. "Types and Tokens: A Reply to Sharpe," *Mind* 89 (1980) :587–588.

Donnellan, K. "Reference and Definite Descriptions." *Philosophical Review* 75(1966) :281–304. Reprinted in S. Schwartz, ed., *Naming, Necessity and Natural Kinds*, pp. 42 – 65. Ithaca, NY: Cornell University Press, 1977.

————."Proper Names and Identifying Descriptions." *Synthese* 21 (1970) :335–358.

Ducrot, Oswald, and Todorov, Tzvetan. *Encyclopedic Dictionary of the Sciences of Language*, trans. C. Porter. Baltimore: Johns Hopkins University Press, 1979.

Dutton, D. "Artistic Crimes." In D. Dutton, ed., *The Forger's Art: Forgery and the Philosophy of Art*, pp. 172–187. Berkeley and Los Angeles: University of California Press, 1983.

Eco, Umberto. *The Limits of Interpretation.* Bloomington and Indianapolis: Indiana University Press, 1990.

Eggert, Paul. "Textual Product or Textual Process: Procedures and Assumptions of Critical Editing." In Philip Cohen, ed., *Devils and Angels: Textual Editing and Literary Criticism*, pp. 57–77. Charlottesville and London: University Press of Virginia, 1991.

Eisenberg, Paul. "Jorge J. E. Gracia's *Philosophy and Its History.*" Unpublished commentary delivered at the 1994 Eastern Division meetings of the American Philosophical Association. Spanish translation forthcoming in *Revista Latinoamericana de Filosofia.*

Faigley, Lester, and Meyer, Paul. "Rhetorical Theory and Reader's Classifications of Text Types." *Texts* 3, no.4(1983) :305–325.

Feigl, Herbert. *The "Mental" and the "Physical".* Minneapolis: University of Minnesota Press, 1967.

Fish, Stanley. *Is There a Text in This Class? The Authority of Interpre-*

tive Communities.Cambridge ,MA ; Harvard University Press ,1980.

————. "Interpreting the *Variorum.*" *Critical Inquiry 2* (1976) : 465-485.

Foucault ,Michel. "Nietzsche ,Freud ,Marx." In G. L. Ormiston and A. D. Schrift , eds. , *Transforming the Hermenentic Context : From Nietzsche to Nancy* , pp.59-68. Albany : SUNY Press ,1990. Original French text in *Nietzsche*, in Calhiers de Royaumont ,Philosophie No. VI ,VIIe colloque—4-8 juillet 1964 ,pp.183-192. Paris : Les Editions de Minuit ,1967.

————. "What Is an Author?" trans. Donald F. Bouchard and Sherry Simon. In Donald F. Bouchard , ed. , *Language, Counter-Memory, Practice : Selected Essays and Interviews*, pp. 113 - 138. Ithaca, NY : Cornell University Press ,1977.

Gabler ,Hans Walter. "The Text as Process and the Problem of Intentionality." *Text : Transactions of the Society of Textual Scholarship 3* (1987) :107-116.

————. "The Synchrony and Diachrony of Texts : Practice and Theory of the Critical Edition of James Joyce' s *Ulysses.*" *Text : Transactions of the Society of Textual Scholarship 1* (1981) :305-326.

Gadamer ,Hans-Georg. *Truth and Method,* 2nd ed. , trans. Garrett Barden and Robert Cumming. New York : Crossroad ,1975.

Glickman ,Jack. "Creativity in the Arts." In Lars Aagaard-Mogensen , ed. , *Culture in Art,* pp. 130 - 146. Atlantic Highlands, NJ : Humanities Press ,1976.

Goldstein ,Leon J. "Historical Being." *The Monist 74,* no.2 (1991) : 206-216.

Goodman ,Nelson. "Comments on Wallheim' s Paper." *Ratio* (1978) : 49-51.

————. *Languages of Art : An Approach to a Theory of Symbols .London : Oxford University Press,* 1968.

————. and Elgin, Catherine Z. "Interpretation and Identity." In *Reconceptions in Philosophy and Other Arts and Sciences,* pp. 49 - 65. London : Routledge ,1988.

Gracia ,Jorge J.E.*A Theory of Textuality : The Logic and Epistemology.* Albany : SUNY Press, 1995.

———."Textual Identity," *Sorites* 2(1995):57-75.

———."Author and Repression." *Contemporary Philosophy* 16,no.4 (1994):23-29.

———."Can There Be Texts Without Historical Authors?" *American Philosophy Quarterly* 31,no.3(1994):245-253.

———."Can There Be Texts without Audiences? The Identity and Function of Audiences." *Review of Metaphysics* 47(1994):711-734.

———."Cutting the Gordian Knot of Ontology:Aquinas on Universals."In D.Gallagher,ed., *Thomas Aquinas' Legacy*, pp.16-36.Washington,D.C.:Catholic University of America Press,1994.

———.*Philosophy and Its History.* Albany:State University of New York Press,1992.

———."Texts and Their Interpretation." *Review of Metaphysics* 43 (1990):495-542.

———.*Individuality:An Essay on the Foundations of Metaphysics.Albany:State University of New York Press*, 1988.

———.*Introduction to the Problem of Individuation in the Early Middle Ages*, 2nd rev.*ed.*Munich and Vienna:Philosophia Verlag,1988.

———."Numerical Continuity in Material Substances:The Principle of Identity in Thomistic Metaphysics." *Southwestern Journal of Philosophy* 10(1979):72-93.

———."A Supremely Great Being." *The New Scholasticism* 48 (1974):371-377.

———."Falsificacióny valor artístico." *Revista de Ideas Estéticas* 116(1971):327-333.

Greetham, D. C. *Theories of the Text.* Oxford:Oxford University Press,1995.

———."The Manifestation and Accommodation of Theory in Textual Editing."In Philip Cohen,ed., *Devils and Angels:Textual Editing and Literary Criticism*, pp.78-102.Charlottesville and London:University Press of Virginia,1991.

———."[Textual] Criticism and Deconstruction." *Studies in Bibliography* 44(1991):1-30.

———."Textual and Literary Theory:Redrawing the Matrix." *Studies in Bibliography* 42(1989):1-24.

Greg,W.W."The Rationale of Copy-Text,"*Studies in Bibliography* 3 (1950-1951):19-36.Rep.in J.C.Maxwell,ed.,*The Collected Papers of Sir Walter Greg*, pp.374-391,Oxford,1966.

Grigely, Joseph. *Textualterities*. Ann Arbor: University of Michigan Press,forthcoming.

————."The Textual Event." In Philip Cohen, ed., *Devils and Angels:Textual Editing and Literary Criticism*, pp.167-194.Charlottesville and London:University Press of Virginia,1991.

Hancher, Michael. "Three Kinds of Intentions." *Modern Language Notes* 87(1972):827-851.

Harari,Josué. *Textual Strategies:Perspectives in Post - Structuralist Criticism*.Ithaca,NY:Cornell University Press,1979.

Harris,Wendell.*Interpretive Acts:In Search of Meaning*.Oxford:Clarendon Press,1988.

Hay,Louis."Does Text Exist?" *Studies in Bibliography* 41(1988): 64-76.

Hernadi,Paul."Literary Theory." In *Introduction to Scholarship in Modern Languages and Literatures*, ed.J.Gibaldi, pp.98-115.New York: Modern Language Association of America,1981.

Hill,Archibald."Some Postulates for Distributional Study of Texts." *Studies in Bibliography* 3(1950-1951):63-95.

Hirsch,E.D.,Jr."Three Dimensions of Hermeneutics." *New Literary History* 3(1972):245-261.

Hobbes,Thomas. *Leviathan. On the Matter, Forme and Power of a Commonwealth Ecclesiastical and Civil*, ed.Michael Oakshott. New York: *Collier Books*, 1962.

Howard-Hill,T.H."Variety in Editing and Reading:A Response to McGann and Shillingsburg."In Philip Cohen,ed.,*Devils and Angels:Textual Editing and Literary Criticism*, pp.44-56.Charlottesville and London: University Press of Virginia,1991.

————."Playwrights' Intentions and the Editing of Plays." *Text* 4 (1988):269-278.

Ingarden,R.*The Literary Work of Art:An Investigation on the Borde-*

rlines of Ontology, Logic, and Theory of Literature, trans. with an Introduction by George G. Grabonicz. Evanston. IL: Northwestern University Press, 1973.

Iser, Wolfgang. *Prospecting: From Reader–Response to Literary Anthropology*. Baltimore: Johns Hopkins University Press, 1989.

————. "The Reading Process: A Phenomenological Approach." In Jane P. Tompkins, ed., *Reader Response Criticism*, pp. 50–69. Baltimore: Johns Hopkins University Press, 1980.

————. *The Implied Reader: Patterns of Communication in Prose Fiction from Bunyan to Beckett*. Baltimore: Johns Hopkins University Press, 1974.

Jameson, Fredric. "The Ideology of the Text." In *The Ideologies of Theory*, vol. 1, pp. 17–71. Minneapolis: University of Minnesota Press, 1988.

Jones, Peter. *Philosophy and the Novel: Philosophical Aspects of "Middlemarch," "Anna Karenina," "The Brothers Karamazov," "A la recherche du temps perdu," and of the Methods of Criticism*. Oxford: Clarendon Press, 1975.

Juhl, P. D. "The Appeal to the Text: What Are We Appealing To?" *The Journal of Aesthetics and Art Criticism* 36, no. 3 (1978): 277–287.

Katz, Jerrold J. *Propositional Structure and Illocutionary Force: A Study of the Contribution of Sentence Meaning to Speech Acts*. New York: Thomas Y. Crowell, 1977.

Kearns, John T. "Sameness or Similarity?" *Philosophy and Phenomenological Research* 29 (1969): 105–115.

Kenney, E. J. *The Classical Text: Aspects of Editing in the Age of the Printed Book*. Berkeley: University of California Press, 1974.

Kermode, Frank. "Institutional Control of Interpretations." *Salmagundi* 43 (1979): 72–86.

Knapp, S., and Michaels, W. B. "Against Theory 2." *Critical Inquiry* 14 (1988): 49–68.

————. "Against Theory." *Critical Inquiry* 8 (1982): 723–742.

Koestler, Arthur. "The Aesthetics of Snobbery." *Horizon* 7 (1965): 80–83.

Krausz, Michael. "History and Its Objects." *The Monist* 74, no. 2

(1991):217-229.

Kripke,Saul A.*Naming and Necessity.* Cambridge,MA:Harvard University Press,1987;reprint of 1980 edition.

Kristeva , Julia. "Theory of the Text." trans. Ian McLeod. In Robert Young, ed., *Untying the Text,* pp. 31 – 47. London: Routledge, Kegan Paul,1981.

Lessing, Alfred. "What Is Wrong with a Forgery?" *Journal of Aesthetics and Art Criticism* 23(1964):461-471.

Levine,Michael P. "Historical Anti – Realism: *Boethian* Historians Tell Their Story." *The Monist* 74,no.2(1991):230-239.

Lewis,Charlton T., and Short,Charles. *A Latin Dictionary.* Oxford: Clarendon Press,1966.

Long, Douglas C. "Particulars and Their Qualities." *Philosophical Quarterly* 18(1968):193-206.

Mailloux,Stephen . *Interpretive Conventions: The Reader in the Study of American Fiction.Ithaca, NY: Cornell University Press,* 1982.

Makkreel, Rudolph A. "Reinterpreting the Historical World." *The Monist* 74,no.2(1991):149-164.

Margolis,Joseph. "The Ontological Peculiarity of Works of Arts." *Journal of Aesthetics and Art Criticism* 36,no.1(1977):45-50.

McGann,Jerome J.*The Textual Condition.* Princeton.NJ:Princeton University Press,1991.

———."Theory of Texts." *London Review of Books,* 16 Feb.1988, pp.20-21.

———.*A Critique of Modem Textual Criticism* .Chicago: University of Chicago Press,1983.

———.*Historical Studies and Literary Criticism.* Madison,Wl: University of Wisconsin Press,1985.

———.ed ., *Textual Criticism and Literary Interpretation* .*Chicago: University of* Chicago Press,1985.

McKenzie,D.F.*Bibliography and the Sociology of Texts,* Panizzi Lectures.London: British Library,1986.

McLaverty,James. "Issues of Identity and Utterance: An Intentionalist Response to ' Textual Instability.' " In Philip Cohen, ed., *Devils and*

Angels: *Textual Criticism and Literary Theory*, pp.134-151. Charlottesville and London: University Press of Virginia, 1991.

————. "The Mode of Existence of Literary Works of Art: The Case of the *Dunciad Variorum.*" *Studies in Bibliography* 37(1984): 82-105.

————. "The Concept of Authorial Intention in Textual Criticism." *The Library* 6, n.2(1984): 121-138.

Meiland, J. W. "Interpretation as a Cognitive Discipline." *Philosophy and Literature* 2(1978): 23-45.

————. *The Nature of Intention.* London: Methuen, 1970.

Mill, John Stuart. *A System of Logic, Ratiocinative and Inductive; Being a Connected View of the Principles of Evidence and the Methods of Scientific Investigation.* New York: Harper and Brothers, 1850.

Miller, J. Hillis. "Ariachne's Broken Woof." *Georgia Review* 31 (1977): 44-60.

Miller, Nancy K., ed. *Arachnologies: The Woman, the Text, and the Critic.* New York: Columbia University Press, 1986.

Mowitt, John. *Text: The Genealogy of Anti-Disciplinary Objects.* Durham, NC: Duke University Press, 1992.

Morgan, Michael L. "Authorship and the History of Philosophy." *The Review of Metaphysics* 42, no.2(1988): 327-355.

Nehamas, Alexander. "Writer, Text, Work, Author." In Anthony J. Cascardi, ed., *Literature and the Question of Philosophy*, pp.267-291. Baltimore: Johns Hopkins University Press, 1987.

————. "What an Author Is." *The Journal of Philosophy* 83(1986): 685-691.

————. "The Postulated Author: Critical Monism as a Regulative Ideal." *Critical Inquiry* 8(1981-1982): 133-149.

O'Doherty, Brian. *Inside the White Cube: The Ideology of Gallery Space.* Santa Monica and San Francisco: Lapis Press, 1986.

Ohmann, Richard. "Speech, Literature, and the Space Between." *New Literary History* 4(1972-1973): 47-63.

————. "Speech Acts and the Definition of Literature." *Philosophy and Rhetoric* 4(1971): 1-19.

Panofsky, Erwin. "The History of Art as a Humanistic Discipline." In

Meaning in the Visual Arts: Papers in and on Art History, pp. 1 – 25. Garden City, NJ: Doubleday, 1955.

Parker, Hershel. *Flawed Texts and Verbal Icons.* Evanston, IL: Northwestern University Press, 1984.

Pebworth, Ted-Larry, and Sullivan, Ernest W., II., "Rational Presentation of Multiple Textual Traditions." *Papers of the Bibliographical Society of America* 83(March 1989) : 43-60.

Peckham, Morse. "Reflections on the Foundations of Textual Criticism." *Proof* 1(1971) : 122-155.

Peirce, Charles Sanders. *Collected Papers*, ed. Charles Hartshorne and Paul Weiss, 6 vols. Cambridge, MA: Harvard University Press, 1931.

Petöfi, J.S. "A Frame for Frames ." *Proceedings of the Second Annual Meeting of the Berkeley Linguistics Society* 2(1976) : 319-329.

Phelan, James. "Validity Redux: The Relation of Author, Reader, and Text in the Act of Interpretation." *Papers in Comparative Studies* 1 (1981) : 80-111.

Plato. *Phaedrus.* In Edith Hamilton and Huntington Cairns, eds. , *The Collected Dialogues of Plato, Including the Letters*, pp. 475 – 525. New York: Pantheon Books, 1961.

Porphyry. *Isagoge,* trans. Edward W. Warren. Toronto: Pontifical Institute of Mediaeval Studies, 1975.

Proctor, William. and Abbott, Craig S. *Introduction to Bibliographical and Textual Studies.* New York: Modern Language Association of America, 1985.

Putnam, Hilary. *Reason, Truth and History.* Cambridge: Cambridge University Press, 1981.

Quine, W. V. "Indeterminacy of Translation Again." *The Journal of Philosophy* 84(1987) : 5-10.

Ricoeur, Paul. *Hermeneutics and the Human Sciences*, ed. J. Thompson. Cambridge: Cambridge University Press, 1987.

———. "Creativity in Language: Word, Polysemy, Metaphor." In Charles E. Reagan and David Stuart, eds. , *The Philosophy of Paul Ricoeur: An Anthology of His Work* , pp.109-133. Boston: Beacon Press , 1978.

———. *Interpretation Theory: Discourse and the Surplus of Meaning.*

Austin: *University of Texas Press*, 1976.

————."Metaphor and the Main Problems of Hermeneutics," *New Literary History* 6(1974) :95–110.

————."The Model of the Text: Meaningful Action Considered as a Text." *Social Research* 38(1971) :529–562.

Rorty, Amélie Oksenberg, ed. *The Identities of Persons*. Berkeley: University of California Press, 1976.

Rorty, Richard. *Philosophy and the Mirror of Nature*. Princeton, NJ: Princeton University Press, 1979.

Rosenblatt, Louise M. *The Reader, the Text, the Poem: The Transactional Theory of the Literary Work*. Carbondale and Edwardville: Southern Illinois University Press, 1978.

Russell, Bertrand. *Logic and Knowledge, Essays 1901–1950.*, ed. R.C. Marsh. London: Allen and Unwin, 1956.

————. *Human Knowledge: Its Scope and Limits*. New York: Simon and Schuster, 1948.

————. *An Inquiry into Meaning and Truth .London: Allen and Unwin, 1940.*

Said, Edward. *The World, the Text and the Critic*. Cambridge, MA: Harvard University Press, 1983.

Saunders, John Turk, and Henze, Donald F. *The Private Language Problem*. New York: Random House, 1967.

Scaltas, Theodore. "The Ship of Theseus." *Analysis* 40 (1980): 152–157.

Schank, Robert C. *Conceptual Information Processing*. Amsterdam and New York: North Holland and Elsevier, 1975.

Schmitz, Kenneth. "The Actual Nature of Philosophy Disclosed in Its History: Comments on Jorge J. E. Gracia's *Philosophy and Its History* ." Unpublished commentary delivered at the 1994 Eastern Division meetings of the American Philosophical Association. Spanish translation forthcoming in *Revista Latinoamericana de Filosofia*.

Searle, John R. *Intentionality: An Essay in the Philosophy of Mind*. Cambridge: Cambridge University Press, 1984.

————. "Reiterating the Differences: A Reply to Derrida." *Glyph* 1

(1977):198-208.

————. "The Logical Status of Fictional Discourse." *New Literary History* 5(1975):319-332.

————.*Speech Acts: An Essay in the Philosophy of Language.* Cambridge: Cambridge University Press, 1969.

Shillingsburg, Peter L."Text as Matter, Concept, and Action." *Studies in Bibliography* 44(1991):31-82.

————. "The Autonomous Author, the Sociology of Texts, and Polemics of Textual Criticism." In Philip Cohen, ed., *Devils and Angels: Textual Editing and Literary Criticism*, pp.22-43. Charlottesville and London: University Press of Virginia, 1991.

————. "An Inquiry into the Social Status of Texts and Modes of Textual Criticism." *Studies in Bibliography* 42(1989):55-79.

————.*Scholarly Editing in the Computer Age: Theory and Practice.* Athens: University of Georgia Press, 1986.

Shusterman, Richard. "The Anomalous Nature of Literature." *British Journal of Aesthetics* 18(1978):317-329.

Skinner, Quentin. "Conventions and the Understanding of Speech Acts." *Philosophical Quarterly* 20(1970):118-138.

Smith, Barbara Herrnstein. "Literature as Performance, Fiction, and Art." *Journal of Philosophy* 67(1970):553-562.

Smith, Edward L., Jr. "Text Type and Discourse Framework." *Text* 5, no.3(1985):229-247.

Stern, Laurent. "Factual Constraints on Interpreting." *Monist* 73 (1990):205-221.

Stout, G.F. "The Nature of Universals and Propositions." *Proceedings of the British Academy* 10(1921). Reprinted in *Studies in Philosophy and Psychology*, pp.384-403. London: Macmillan, 1930.

Suárez, Francisco. *Metaphysical Disputation V.* In Jorge J.E. Gracia, *Suárez on Individuation.* Milwaukee, WI: Marquette University Press, 1982.

————.*Disputationes metaphysicae.* In Carolo Berton, ed., *Opera omnia*, vols.25 and 26. Paris: Vivès, 1981.

Tanselle, G. Thomas. *A Rationale of Textual Criticism.* Philadelphia: University of Pennsylvania Press, 1989.

————.*Textual Criticism since Greg: A Chronicle*, 1950–1985. *Charlottesville: University Press of Virginia*, 1987.

————."Historicism and Critical Editing." *Studies in Bibliography* 39(1986):1–46.

————."Recent Editorial Discussion and the Central Questions of Editing." *Studies in Bibliography* 34(1981):23–65.

————."The Editing of Historical Documents." *Studies in Bibliography* 31(1978):1–56.

————."The Editorial Problem of Final Authorial Intention." *Studies in Bibliography* 29(1976):167–211.

————."Greg's Theory of Copy–Text and Editing of American Literature." *Studies in Bibliography* 28(1975):167–229.

————."Textual Study and Literary Judgment." *Publications of the Bibliographical Society of America* 65(1971):109–122.

Thorpe, James. *Principles of Textual Criticism*. San Marino, CA: Huntington Library, 1972.

Tolhurst, W. E. "On What a Text Is and How It Means." *British Journal of Aesthetics* 19(1979):3–14.

————.and Wheeler, S.C. "On Textual Individuation." *Philosophical Studies* 35(1979):187–197.

Tomas, Vincent, ed. *Creativity in the Arts. Englewood* Cliffs, NJ: Prentice–Hall, 1964.

Unamuno, Miguel de. "On theReading and Interpretation of *Don Quixote.*" In J. R. Jones and K. Douglas, eds., *Miguel de Cervantes, Don Quixote*, pp.974–79.New York: W.W.Norton, 1981.

Urmson.J.O. "Literature." In *Aesthetics: A Critical Anthology*, ed. G. Dickie and R.J.Sclafani, pp.334–341.New York: Martin's Press, 1977.

————."The Performing Arts." In *Contemporary British Philosophy*, 4th series, ed. H. D. Lewis, pp. 239–252. London: George Allen and Unwin Ltd., 1976.

Wachterhauser, Brice. "Interpreting Texts: Objectivity or Participation?" *Man and World* 19(1986):439–457.

Walton, Kendall L. "Style and the Products and Processes of Art." In Berel Lang, ed., *The Concept of Style*, pp.72–103.Ithaca, NY: Cornell University Press, 1987.

Weber, Samuel. *Institutions and Interpretation.* Minneapolis: University of Minnesota Press, 1987.

Wellek, René, and Warren, Austin. *Theory of Literature,* 3rd. ed. New York: Harcourt, 1956.

Whitehead, Alfred North. *Process and Reality,* corrected ed. by D. R. Griffin and D. W. Sherburne. New York: The Free Press, 1978.

Wicker, Brian. *The Story – Shaped World. Fiction and Metaphysics: Some Variations on a Theme.* Notre Dame, IN: University of Notre Dame Press, 1975.

Wilsmore, Susan. "The Literary Work Is Not Its Text." *Philosophy and Literature* 11(1987):307–316.

Winston, P. H. *Artificial Intelligence.* Reading, MA: Addison – Wesley, 1977.

Wittgenstein, Ludwig. *Tractatus Logico–Philosophicus,* trans. C. K. Ogden. London: Routledge & Kegan Paul Ltd., 1981.

Wollheim, Richard. *Art and Its Objects: An Introduction to Aesthetics,* 2nd ed., 1968. Rpt. Cambridge and New York: Cambridge University Press, 1980.

———. "On an Alleged Inconsistency in Collingwood's Aesthetic." In *On Art and the Mind* , pp.250–260. London: Allen Lane, 1973.

Wolterstorff, Nicholas. "Toward an Ontology of Art Works." *Nous* 9, no.2(1975):115–142.

Zemach, E. M. "Nesting: The Ontology of Interpretation." *The Monist* 73(1990):296–311.

人 名 索 引

阿格德-摩根森(Aagaard-Mos-
　　gensen,Lars)
艾布特(Abbott,Craig S.)
阿布拉姆斯(Abrams)
阿德勒(Adler,Mortimer)
阿莱尔(Allaire,Edwin B.)
安瑟伦(Anselm)
阿奎那(Aquinas)
亚里士多德(Aristotle)
奥古斯丁(Augustine)
奥斯汀(Austin,J.L.)
阿维洛依(Averroes)
阿维斯布朗(Avicebron)
艾耶尔(Ayer,A.J.)

巴赫金(Bakhtin,Mikhail M..)
巴登(Barden,Garrets)
巴恩斯(Barnes.Annette)
巴特(Barthes,Roland)
巴斯(Bass,Aian)
巴特森(Bateson,F.W.)
比尔兹利(Beardsley,Menroe C.)

贝克特(Beckett,Samuel)
贝尔曼-诺埃尔(Bellemin-Noel,
　　Jean)
贝克莱(Berkeley,George)
伯顿(Berton,Carolo)
布莱克(Black.M)
布鲁姆(Bloom,Harold)
布斯(Booth,Wayne)
博尔赫斯(Borges,Jorge Luis)
彼查德(Bouchard,Donald F.)
鲍尔斯(Bowers,F.)
布伦南(Brennan,Andrew)
布格(Bunge,Mario)

凯恩(Cain,William E.)
凯恩斯(Cairns,Huntington)
托马斯·卡普顿·卡勒顿(Car-
　　leton,Thomas Compton)
卡斯卡迪(Cascardi,Anthony J.)
卡斯塔涅达(Castañeda,Héctor-Neri)
塞万提斯(Cervantes,Miguel de)
查索勒斯(Chasolles,M.)

主 题 索 引

vs 读者的类型（type of~）

——意向中的读者（intended~）

——中间状态的读者（intermediary ~）

——读者与解释作者（interpretative author）

——作为解释者的读者（~as interpreter）

——对读者的所知（knowledge of~）

——读者与意义（meaning）

——读者的必要（need for~）

——读者 vs. 口头文本（oral text）

——范例性的读者（paradigmatic~）

——读者的约束特性（repressive character of~）

——读者的相同（sameness of~）

——读者与符号（signs）

——读者的主体性（subjectivity of~）

——读者的颠覆特性（subversive character of~）

作者（author）

——现实作者（actual~）

——作者 vs. 艺术客体（art object）

——作为读者的作者（~as audience）

——作者 vs. 读者（audience）

——作者 vs. 创作者（composer）

——复合作者（composite~）

——当代作者（contemporary~）

——作者的功能（function of~）

——历史作者（historical~）

——人类作者（human~）与非人类作者（nonhuman~）

——作者的同一性（identity of~）

——个体的作者（individual~）

——作者的意向（intention of~）

——解释作者（interpretative~）

——作者与意义（meaning）

——作者与多样的解释（multiple interpretations）

——作者的必要（need for~）

——文本的作者（~of a text）vs. 文本中的作者（~in the text）

——作者 vs. 口头文本（oral text）

——原始的历史作者（original historical~）

——作者的原创性（originality of~）

——作者 vs. 人（person）

——伪历史作者（pseudo-historical ~）

——作者与约束（repression）

——作者的相同（sameness of~）

——符号的作者（~of sign）

——作者 vs. 社会（society）

——作者 vs. 主体（subject）

——作者的主体性（subjectivity of~）

——后继的历史作者（subsequent historical~）

——代理作者（surrogate~）

——作者 vs. 翻译者（translator）

——作者的类型（type of~）

——作者 vs. 普遍文本（universal text）和个体文本（individual text）

新颖性（~in individual and u-niversal texts）

——新颖性 vs.崭新（newness）

——相对新颖性（relative ~）vs.绝对新颖性（absolute~）

本体论描述（ontological charac-terization）

本体论地位（ontological status）

——艺术客体的本体论地位（~ of art object）

——文本的本体论地位（~ of text）

本体论（ontology）

口头文本（oral text）

——口头文本 vs.作者（author）

——口头文本与读者的功能（function of audiences）

——作为范例的口头文本（~ as paradigmatic）

——口头文本与笔头文本的关系（relation to written text）

——口头文本的表达（utterance of~）

以言取效（perlocuticlnary act）

人（person）

——人 vs.作者（author）

——人 vs.群体（group）

——人 vs.历史作者（historical author）

——人与同一性（identity）

——人 vs.社会（society）

物理的和非物理的文本（physical and nonphysical texts）

多重文本（polytext）

后文本（post-text）

前文本（pre-text）

专名（proper names）

——关于专名的因果理论（causal theory of~）

——专名 vs.通名（common names）

——专名和限定摹状词（definite descriptions）

——专名的摹状词理论（de-scriptivist view of~）

——专名的指称理论（referential theory of~）

——专名与作者的约束（repression of author）

——关于专名的三重观点（threefold view of~）

命题（proposition）

伪历史作者（pseudo-historical author）

——伪历史作者 vs.当代文本（contemporary text）

——历史作者创造出来的伪历史作者（~ created by historical author）

——作为剧中人的伪历史作者（~ as dramatis persona）

——伪历史作者的存在（existence of~）

——虚构的伪历史作者（~ as fictional）

——伪历史作者的功能（function of~）

——作为历史作者的伪历史作者（~ as historical author）

interpretations of~）

——多人创作的文本（multiply authored~）

——文本的新颖性（novelty of~）

——嗅觉文本（olfactory~）

——文本的本体论地位（ontological status of~）

——口头文本（oral~）

——原始的历史文本（original historical~）

——物理文本（physical~）vs.非物理文本（nonphysical~）

——作为多重文本的文本（~as polytext）

——作为可能性的文本（~as possibilities）

——作为过程的文本（~as processes）

——作为行动结果的文本（~as products of action）

——文本的再识别（reidentification of~）

——作为关系的文本（~as relations）

——文本的相同（sameness of~）

——可感知的文本（sensible~）

——不可感知的文本（nonsensible~）

——文本 vs.符号（sign）

——文本 vs.实体（substance）

——实体—特征文本（substance – feature）

——作为实体/特征聚合体的文本（as substance/feature aggregate）

——文本的共时性的相同（synchronic sameness of~）

——触觉文本（tactile~）

——作为殊型的文本（~as tokens）

——普遍文本（universal~）

——对文本的使用（use of~）

——文本的使用者（user of~）

——作为言语的文本（~as utterance）

——文本的价值（value of~）

——视觉文本（visual~）

——文本 vs.作品（work）

——笔头文本（written~）

文本的意义（textual meaning）

——文本意义的功能观（functional view of~）

——文本意义的观念论（ideational view of~）

——文本意义的指称观（referential view of~）

殊型（token）

翻译者（translator）

类型（type）

——读者的类型（~of audience）

——作者的类型（~of author）

——语境的类型（~of context）

理解（understanding）

——理解的共同体（community of~）

——不同的理解观（different conceptions of~）

——群体或个人的理解（~by group or individual person）

——笔头文本 vs.精神文本(mental text)

——笔头文本 vs.口头文本(oral texts)

——笔头文本与口头文本的关系(~relations to oral text)

译 后 记

本书作者乔治·J.E.格雷西亚先生是一位在当代美国哲学界享有很高声誉的著名哲学家,现为美国纽约州立大学布法罗分校哲学系和比较文学系的杰出教授和 Samuel P.Capen 讲席教授,曾任该校哲学系主任,并长期担任美国形而上学学会、中世纪和文艺复兴哲学学会、伊比利亚和拉美思想学会、国际拉美和加勒比海研究联合会和美国基督教哲学协会的主席职务,是美国哲学学会拉美裔哲学委员会的首任会长,现在还担任着美国哲学学会东部分会执委会委员及项目委员会主任。格雷西亚先生是一位极其多产的学者,在过去的半个多世纪里,他在形而上学、哲学史、语言哲学、哲学解释学、中世纪经院哲学、宗教哲学、伦理学、拉美哲学、种族问题研究等众多领域出版了 40 多部著作,发表了 200 多篇论文,论著被翻译为多国文字,在国际学术界产生了广泛的影响。

格雷西亚先生是英语世界中哲学解释学领域中的代表性人物,他在哲学解释学方面的代表作是《文本性理论:逻辑与认识论》(该书已由我和李志博士翻译为中文并由人民出版社于 2009 年出版)和这部《文本:本体论地位、同一性、作者和读者》，它们是彼此独立而又具有内在紧密联系的两部著作。前一部著作主要探讨了文本概念的内涵和外延、文本的分类法等逻辑问题以及对文本的理解和解释、文本的可辨识性等认识论问题，其内容属于文本性理论的逻辑和认识论基础，它们构成了后一部著作的理论前提；后一部著作则着重探讨了文本的本体论地位以及与文本的同一性、作者和读者相关的各种具体的认识论和方法论问题。通过这两部著作的探讨，作者建构了一种完整的文本性理论。正如作者所自述的那样，与当代哲学中的那些碎片化的分析不同，他的这种文本性理论对文本性问题进行了整体考察，为人们提供了一幅关于文本性的总体图景，其系统性、详尽性和明晰性给人留下了深刻印象。相信关注文本性理论的人定能从这部著作中获益。

本书的翻译受到中宣部文化名家暨"四个一批"人才工程自主选题项目的资助，并得到武汉大学马克思主义理论与中国实践协同创新中心的大力支持。本书作者格雷西亚先生、人民出版社法律与国际编辑部主任、责任编辑洪琼先生一直关注本书翻译工作的进展，并给本书的翻译和出版提供了大力支持。在此，一并致以诚挚的谢意！

汪信砚

2015 年 10 月 1 日于武昌珞珈山

策划编辑:洪 琼

责任编辑:洪 琼

图书在版编目(CIP)数据

文本:本体论地位、同一性、作者和读者/(美)格雷西亚 著.
汪信砚,李白鹤 译-北京:人民出版社,2015.12
(当代西方学术经典译丛)
ISBN 978-7-01-015516-6

Ⅰ.①文… Ⅱ.①格… ②汪… ③李… Ⅲ.①本体论-
研究 Ⅳ.①B016

中国版本图书馆 CIP 数据核字(2015)第 274582 号

文本:本体论地位、同一性、作者和读者
WENBEN BENTILUNDIWEI TONGYIXING ZUOZHE HE DUZHE

[美]乔治·J.E.格雷西亚 著 汪信砚 李白鹤 译

人民出版社 出版发行
(100706 北京市东城区隆福寺街 99 号)

北京中科印刷有限公司印刷 新华书店经销

2015 年 12 月第 1 版 2015 年 12 月北京第 1 次印刷
开本:710 毫米×1000 毫米 1/16 印张:21
字数:260 千字

ISBN 978-7-01-015516-6 定价:69.00 元

邮购地址 100706 北京市东城区隆福寺街 99 号
人民东方图书销售中心 电话 (010)65250042 65289539

原书名:Texts:Ontological Status,Identity,Author,Audience

原作者:Jorge J.E.Gracia

本书根据纽约州立大学出版社 1996 年版译出